明史简述 增补本

吴晗 著

华东师范大学出版社

图书在版编目（CIP）数据

明史简述：增补本／吴晗著．—上海：华东师范
大学出版社，2014.9

ISBN 978－7－5675－2634－1

Ⅰ.①明… Ⅱ.①吴… Ⅲ.①中国历史－明代 Ⅳ.
①K248

中国版本图书馆 CIP 数据核字（2014）第 233326 号

明史简述（增补本）

著 者 吴 晗
项目编辑 许 静 储德天
特约编辑 邱承辉
审读编辑 陈毓磊
封面设计 吕彦秋

出版发行 华东师范大学出版社
社 址 上海市中山北路 3663 号，邮编 200062
网 址 www. ecnupress. com. cn
电 话 021－60821666 行政传真 021－62572105
客服电话 021－62865537（兼传真） 门市电话 021－62869887（邮购）
地 址 上海市中山北路 3663 号华东师范大学校内先锋路口
网 店 http：//hdsdcbs. tmall. com

印 刷 者 北京京都六环印刷厂
开 本 787×1092 16 开
印 张 16.5
字 数 260 千字
版 次 2015 年 1 月第 1 版
印 次 2017 年 1 月第 2 次印刷
书 号 978－7－5675－2634－1/K.418
定 价 38.00 元

出版人 王 焰

（如发现本版图书有印订质量问题，请寄回本社市场部调换或电话 021－62865537 联系）

目　录

明史简述

本篇讲述了明太祖建国、明成祖迁都北京、北虏南倭、东林党之争、建州女真的兴起、郑和下西洋及资本主义萌芽等明代历史上最重大的问题及重要的历史人物，剖析了明代的政治特点和社会风俗，使我们对明朝的兴衰有较全面和基本的认识。

前　言

现在讲明史。首先声明一下，这门课我已有十五六年没讲了，荒废很久；同时又缺乏准备，因为我 3 号刚从国外回来，21 号又要走，各方面的工作都堆在一起，时间排得很满，没有很好地准备。所以，这次只能凭过去的印象，把自己所曾经思考过的一些问题以及对这些问题的认识，提出来供同志们参考、讨论。这些意见都不成熟，仅供参考，并不是定论。

这次只能讲 1368 年到 1644 年这个历史时期内的一些重大事件和重要问题，不准备像普通高等学校那样一般地讲。如果每一件事情都具体地讲，恐怕一年也讲不完。因为时间的限制，只能讲最基本的、最重要的、关键性的问题。

准备分两部分讲：

第一部分，明朝历史的基本情况。

毛主席在《中国革命和中国共产党》这一名著中给我们树立了一个研究历史的典范：要研究一个国家、一个民族的历史，重要的是抓住它的特征，到底它和其他国家、其他民族有什么不同。这样，才能了解这个国家、这个民族，了解它的各个历史时期许多问题的所以发生。所以我们首先讲明朝整个历史时期跟过去的时代到底有哪些不同，过去历史上所没有的，而这个时期才发生的是哪些问题、哪些事情。

这一部分讲这么几个小问题：

一、明太祖的建国。朱元璋建立了一个什么样的国家？如何建立的？也就是它的政权是什么性质，依靠什么，在什么基础上建立起来的？

二、明成祖迁都北京。明朝原来的首都在南京，明太祖为什么建都南京？到了明成祖时又为什么迁都北京？迁都北京与当时的社会情况有什么关系？对以后的历史发生了什么影响？

三、贯串明朝整个历史时期的两个大问题。一个是倭寇问题，就是日本海盗的侵略。这是外部问题，这个问题贯串了整个明朝历史；另一个是内部的民族关系问题，主要是明朝和北边蒙古族的关系。当时有所谓"北虏"、南倭的说法，称蒙古人为"北虏"，这是污蔑性的称呼。

四、建州女真族的问题。一般史书上往往容易混淆这一点，认为建州是明朝以后才有的。事实上不是这样，明朝一开始就有建州，建州女真早就在东北一带活动。我们研究明朝历史时，不能把这一点忽略了。

第一部分基本上就讲这么几个问题。有时间的话，还准备讲讲东林党的问题。

第二部分，准备提出几个问题：

一、郑和（三宝太监）下"西洋"的问题。这是历史上从来没有过的事，不但明朝以前没有，就是明朝以后也没有。前后三十多年内，郑和到南洋去了七次，最远达到非洲。他为什么去呢？去了之后的结果怎么样？在这些问题上，过去的历史学家有很多不同的意见，不同的看法。

二、资本主义萌芽问题。这是最近几年来历史学界讨论得比较多的一个问题，有不同的看法、不同的意见。到底资本主义萌芽从什么时候开始？怎么样才算是萌芽？为什么它只是一个萌芽，而不能够成长？准备提出一些看法。

三、农民战争问题。中国历史上发生过许多次的农民战争，大大小小有几百次，最大的也有十几次。但是明朝历史上有一个很奇怪的现象，就是明朝建国不久就发生农民战争。明太祖是从农民战争中起家的，他建立政权之后，马上就有农民起来反对他。这种斗争一直到明朝灭亡也没有停止过。明代农民战争爆发次数之多，我看历史上任何一个朝代都不能比。这是一个农民战争的时代。为什么？要回答这个问题。

有时间的话，还准备谈一谈八股文的危害，它在历史上所起的反动作用。我们现在不会写八股文，也不懂得八股文。可是明清两代六百年间都是写八股文的，它对中国学术文化的发展造成了严重的危害。

　　主要是讲上面这两个部分。如果时间允许的话，还可以讲几个历史人物。譬如保卫北京的于谦、海瑞，与海瑞同时的张居正。

　　上面所说的这些问题，过去都有过一些想法和看法。这些想法和看法不一定成熟，不一定正确。其中有些写了论文，有些没有来得及写。

　　现在讲第一部分。

第一部分
明朝历史的基本情况

明太祖的建国

　　首先，我们应该弄清国家的含义。近几年来的学术讨论中，有人往往把我们这个时代关于国家的含义等同于历史上的国家的含义。这是错误的、不科学的。我们今天所说的国家，包括政府、土地、人民、主权各个方面。由于政权性质的不同，国家可以分为好几类，有人民民主国家、资本主义国家、民族主义国家，等等。历史上国家的含义就跟这不一样。简单地说：历史上的国家只能是某一个家族的政权，不能把它等同于今天我们所说的国家。曹操的儿子曹丕临死前写了一篇遗嘱，说：自古无不亡之国。这里所说的"国"是什么呢？就是指某个家族的政权，是指刘家的、赵家的、李家的或者朱家的政权。这些政权经常更替，一个灭亡了，另一个起来。所以曹丕说自古无不亡之国。但是一个政权灭亡了，当时的国家是不是也灭亡了呢？没有。譬如汉朝刘家的政权被推翻了，曹操的儿子做了皇帝，还是有三国，我们的历史并没有中断。曹家的政权被推翻了，司马氏做了皇帝，国家也没有灭亡。所以，历史上的所谓亡国，就是指某一个家族的政权被推翻，国家还是存在的，人民还是存在的。因此我们所说的明太祖建国，也是指他建立的朱家的政权。这个国跟我们今天的中华人民共和国有本质的不同，它只代表一个家族、一个集团的利益，而不代表整个民族的共同的利益。把这个含义弄清楚，我们才可以讲下面的问题，就是朱元璋的政权依靠的是什么。

一、土地关系问题

要讲土地关系问题，不能不概括地讲讲当时的基本情况。在 14 世纪中叶，大致是从 1348 年到 1368 年的二十年中间，发生了大规模的农民起义、农民战争。规模之大，几乎遍及全国，从东北到西南，从西北到中南，到处都有农民战争发生。不单是有汉族农民参加，各地的少数民族也参加了，如东北的女真族（就是后来的建州族）、西南的回族都参加了斗争的行列。时间之久前后达二十年。战争激烈的情况，在整个历史上都是少有的。

在二十年的战争中，反对元朝的军事力量大致可以分为两个体系：一支是红军。因为参加起义的人都在头上包一块红布作为标志，在当时政府的文书上称为"红军"，也有个别的叫作"红巾军"。这是反对元朝的主要力量。现在有些历史学家不大愿用"红军"这个名称，大都称为"红巾军"。大概有这样一个顾虑：怕把历史上的红军同我们党建立的红军等同起来。在我的记忆里有这样一件事：大约二十年前，国民党政府的一个什么馆，要我写明史。书写好之后交给他们看，他们什么意见也提不出来，最后说：你这上面写的"红军"改不改？要改就出版，不改就不出版。我说：不出版拉倒（这本书现在没有出版）！他们怕红军，不但怕今天的红军，也怕历史上元朝的红军，因此他们要我改掉。我不改，因为根据历史记载，这支起义军本来就是红军，不是白军。这不说明什么政治内容，而只是说他们头上包了一块红布而已。红军又分成两部分：一部分在东边活动，一部分在西边活动。具体说，东边是指今天的安徽、河南、河北一带，西边是指江汉流域（长江、汉水流域）。江汉地区的红军很多，包括"北锁红军"和"南锁红军"。反对元朝的另一支军事力量是非红军系统：在浙江有方国珍，在元末的反元斗争中，他起兵最早；在江苏有张士诚；在福建有陈友定。这几支军队都不属于红军系统。当时为什么能爆发这样大规模的农民起义呢？我想在讲元朝历史的时候已提到了，这里就不再重复。

下面讲讲红军提出了些什么问题。

红军当中的一些领导者，他们在反元斗争展开之后发布了一个宣言（当时叫檄文），里面有这么两句话："贫极江南，富夸塞北。"（文件的全文已看不到了，只留下这么两句）这说明什么呢？说明红军反对元朝的统治，要推翻元朝的统治。这是一个有各族人民参加的阶级斗争。当时元朝的政治中心，一个在大都（北京），一个在上都。元朝政府经常派出很多官吏和军队到南方去搜刮物资，把这些物资运到北方去供少数人享受。元朝的皇帝在刚上台时，为了取得军事首领、部族酋长的支持，对他们大加赏赐，按照不同的地位给他们金、银、绸缎一类的物资。遇到政治上有困难时，为了获得支持以巩固自己的统治，也采取这种办法。每次赏赐的数目都很大，往往要用掉一年或者半年的收入，国家财政收支的一半甚至全部都给了他们。这些物资是从哪里来的呢？是从全国人民身上搜刮来的。几十年光景，造成了"贫极江南，富夸塞北"的局面。这样的统治使老百姓活不下去了，他们就起来斗争，改变这个局面，所以提出了这样鲜明的口号。

红军初期的主要领导人韩山童，是传布白莲教起家的（他家里世世代代都是传布白莲教的）。由于通过宣传白莲教，通过宗教迷信活动可以组织一部分力量，于是他就提出"明王出世"、"弥勒佛降生"的口号。明王是明教的神，也叫"明尊"或"明使"。明王出世的意思是光明必然到来，光明一到，黑暗就给消灭了，最后人类必然走上光明极乐的世界。弥勒佛是佛教里的著名人物。传说在释迦牟尼灭度（死）后，世界就变坏了，种种坏事全部出现，人的生活苦到不能再苦。幸得释迦牟尼在灭度前留下一句话，说再过若干年，会有弥勒佛出世。这佛爷一出世，世界立刻又变得好起来：自然界变好了；人心也变慈善了，抢着做好事，太太平平过日子。种的五谷，用不着拔草翻土，自己会长大，而且下一次种有七次的收成。这种宗教宣传，对当时受尽苦难的农民产生了深刻的影响，他们希望有人来解救他们。所以，在广大农民中间，白莲教就用"明王出世"、"弥勒佛降生"这样的口号作为号召来组织斗争力量。

这种宗教宣传对农民能够发生作用，可是对知识分子就不能够发生作用了，特别是一些念《四书五经》的儒生不相信这一套。因此，对他们必须有另外一种口号。红军的领袖们就利用一些知识分子对元朝统治的不满，对宋朝怀念的心情，提出了"复宋"的口号。他们假托自己是赵家的子孙。韩山童是河北人，起兵之后被元朝政府杀害，他的儿子韩林儿跑掉了。以后刘福通就利用元朝政府治理黄河的机会组织反元斗争。当时黄河泛滥成灾，元朝政府用很大力量调了很多民夫、军队来做黄河改道的工作。民夫和军队都集中在一起，刘福通就乘机组织民工发动反元斗争。军事行动开始之后，他们就假托韩林儿是宋徽宗的第九代子孙，刘福通是南宋大将刘光世的后代。他们以恢复宋朝的口号来团结一部分知识分子。所以红军有两套口号：一方面宣传"明王出世"、"弥勒佛降生"来团结和组织农民；另一方面以恢复宋朝政权相号召，团结社会上有威信的知识分子。而中心则是阶级斗争，推翻剥削阶级。

刘福通起兵之后，声势很大，得到了各个地方的响应。在江苏萧县有芝麻李起兵响应，安徽凤阳有郭子兴起兵响应，一下子就发展到几十万军队。他们从山里把韩林儿找出来，让他做了皇帝，建立了统治机构。同时分路出兵攻打元朝：一支由华北打到内蒙，以后东占辽阳，转入高丽；另一支打到西北；还有一支打到四川。

以上讲的是东部红军的情况。

西部红军的主要领导人叫彭莹玉，他是一个和尚，原来在江西袁州组织过一次武装起义，失败以后，就跑到淮水、汉水流域，秘密传教，组织力量。后来他找到徐寿辉，组织武装力量，进行反元斗争。徐寿辉被他的部下陈友谅杀掉以后，西部红军的主要领导人就是陈友谅。此外，徐寿辉的另一个部将明玉珍跑到四川，在那里也建立了政权。

从二十年的长期战争中，我们可以看出这样几种基本情况：

第一，不管是东边韩林儿这一支，或者是西边陈友谅这一支，他们遇到的最坚强的敌人不是元朝的军队。这时元朝军队已经失去了建国初期那种勇敢、剽悍的特征，无论是军官也罢，士兵也罢，都腐化了，不能打仗了，在与红军作战时，往往是一触即溃。既然元朝军队不能打仗，为什么战争还能延续二十年呢？原因就在于坚决抵抗红军的是一些地主阶级的武装力量。这些武装力量，元朝政府把它称为"义军"。这些力量很强大，最强的有察罕帖木儿、扩廓帖木儿父子所领导的这一支；此外，李思齐、张思道、张良臣等也都很有实力。至于小的地主武装就举不胜举了。这些地主武装为什么这样坚决地反对农民起义呢？因为红军坚决反对阶级压迫。应该说当时的农民革命领袖并没有消灭地主阶级的思想，若要把现代人的意识强加于古人，那是错误的。那个时代的人不可能有消灭地主阶级的思想，但是，他们恨地主阶级，因为他们世代受地主阶级的剥削、压迫，现在他们自己有了武装力量，就要对这些地主阶级进行报复。在这样情况下，各地的地主阶级都组织力量来抵抗红军。其中最强的是察罕帖木儿和李思齐这两支力量。所以，红军在几路出兵的千里转战中，所遇到的主要敌人不是元朝的正规军，而是这些地主阶级的武装。在红军遭到这些地主武装的顽强阻击而受到损失之后，元朝政府就承认这些地主武装，封给察罕帖木儿、李思齐、张思道、张良臣及其部队以官位和名号。

一方面是红军，他们要改变"贫极江南，富夸塞北"的局面；另一方面，顽强抵抗红军的主要是地主阶级的武装力量，其中主要的数量最多的是汉人地主的武装力量。这就是从1348年到1368年二十年战争中的第一个基本情况。

第二，在二十年的斗争中，尽管起义的面很广，战争区域很大，军事力量发展得很快，但是始终没有形成统一的指挥。不管是刘福通这个系统，或者是徐寿辉这个系统，都是各自为政，互不配合。尽管在战争的过程中，东边的胜利可以支持西边，西边的胜利可以支持东边，可是战略上没有统一的部署，缺乏统一的领导。不只是东边这一支和西边这一支两者之间出现这种情况，就是在刘福通领导下的军事力量也是这样。军队从几路分兵出发，不能采取通盘的步骤，而是你打你的，我打我的。尽管他们也有根据地（刘福通建都开封，陈友谅建都武汉），但是在当时交通不便的情况下，前方和后方的联系很差，这支军队和那支军队之间的情况互不了解。尽管他们的军事力量都很强大，一打起仗来往往是几百里、几千里的远征，所到的地方都能把敌人打败，所消灭的敌人也很多，可是并不能把所占领的地方安定下来，没能建立起各个地方的政权。因此红军走了之后，原来的蒙古和汉人地主的联合政权又恢复了。最后，这几支军队都由于得不到后方的接济，得不到友军的配合而逐个被消灭了。他们虽然失败了，但在历史记载上很少发现有投降元朝的，绝大多数都是战斗到最后。相反，不属于红军系统的那些反元力量，像浙江东部的方国珍（佃户出身），以苏州为中心的张士诚（贩私盐的江湖好汉出身），他们也是反抗元朝的，也都有自己的政权，建号称王，可是在顶不住元朝的军事压迫的时候，就投降元朝，接受元朝的指挥。过一个时期看到元朝军事力量不行了，又起来反对元朝。方国珍也罢，张士诚也罢，都这样经常反复。他们虽然反对元朝，但并没有像红军那样提出政治的、宗教的阶级斗争口号。在二十年战争中，最后取得胜利的不是这些人，而是在韩林儿的旗帜下成长起来的朱元璋。

朱元璋出身于红军。他家里很穷苦，没有土地。从他祖父起，就经常搬家，替地主干活。最后，他父亲在安徽凤阳（当时的濠州）的一个小村子里落了户。朱元璋小的时候给人家放牛羊，以后因为遇到荒年，瘟疫流行，他的父、母、哥哥都死了，他自己没有办法生活，便在庙里当了和尚。庙里是依靠地租过活的（过去寺院里都有大量的土地），遇到荒年，寺院里也收不到租，当和尚也还是没有饭吃。朱元璋只好出去化缘、要饭。他在淮水流域要了三年饭。这三年要饭的生活对朱元璋一生的事业有很大的关系。因为我们上面讲到的彭莹玉就是在这一带地方进行活动，通过宗教宣传、组织反元斗争的。这样，朱元璋就不能不受到他的影响。同时，这三年的流浪生活也使朱元璋熟悉了这一带的地理、山川形势和风俗民情。三年后，朱元璋重新回到庙里。这时，濠州的郭子兴已经起兵，成为红军的将领之一。因为朱元璋和红军有来往，元朝政府就很注意他。他的处境很危险。但这时朱元璋还很彷徨，两条道路摆在面前：是革命呢，还是反革命呢？经过一番考虑，他最后还是投奔了红军，在郭子兴的部下当了一名亲兵。朱元璋自己后来写文章回忆，说他当时参加这个斗争并不很坚决，而是顾虑很多的。参加了郭子兴的部队以后，他很勇敢，也能够出主意，能够团结一些人。后来成了郭子兴的亲信，郭子兴就把自己的养女马氏许配给他，这样他就成了郭子兴的女婿。军队里称他为朱公子。朱元璋在反元斗争中用计谋袭击了一些地主武装，把这些地主武装拉了过来。同时他又回到自己的家乡去吸收了一批人，当时有二十四个人跟他参加了红军，以后都成了有名的将领，开国名将徐达就是其中之一。郭子兴死了之后，朱元璋代替了郭子兴，成为韩林儿旗帜下的一支军事力量的将领。这时，他的力量还并不强大。那么，他为什么能够赢得战争的胜利，取得全国的政权呢？有这么几个因素：

第一个因素是正当朱元璋开始组织军事力量时，刘福通部下的红军正在跟元朝的军队作战，元朝军队顾不上来打朱元璋。朱元璋占领区的北面都是红军，这样，就把他的军队和元朝的军队隔开了。所以，当红军和元朝军队作战时，朱元璋可以趁此机会壮大自己的武装力量，占领许多城市。

第二个因素是他取得了地主阶级知识分子的支持。他起兵之后不久，就有一些知识分子投奔他，像李善长、冯国用、刘基、宋濂、章溢、叶琛（chēn）等。这些人都是浙江、安徽地区的地主阶级知识分子，在地方上有些威望，而且都有武装力量。这些知识分子替朱元璋出主意，劝他搞生产、搞屯田。在安徽时，朱升劝他"高筑墙、广积粮、缓称王"。这就是要他先把根据地搞好，在后方解决粮食问题，一开始不要把目标搞得太大。李善长、刘基劝他不要乱杀人，不要危害老百姓，要加强军队纪律，要巩固占领的城市；并经常把历史上成功的经验和失败的教训告诉他。朱元璋本人也很用功地学习历史，他在进行军事斗争或政治安排时，总是要征求这些人的意见，研究历史上的经验教训。

这里有一个问题，朱元璋出身于红军，他反对地主，而地主阶级为什么要支持他呢？这不是一个很大的矛盾吗？要了解这个问题，必须从当时的具体历史情况来看。朱元璋本人要打击地主，因为他受过地主阶级的压迫。可是在进行军事斗争的过程中，他感到光像过去那样打击地主、消灭地主，不仅很难取得地主阶级的支持，而且会遭到地主阶级的顽强抵抗。所以，在他还没有成为一个军事统帅的时候，他就改变了红军的传统，开始和地主阶级合作，取得他们的支持。这是问题的一方面。另一方面，地主阶级怎么愿意支持他呢？前面不是说过，红军在北上的战争中所遇到的最大阻力不是元朝军队，而是地主阶级的武装吗？原因很简单，就是安徽、浙江地区的地主阶级，他们看到元朝政府已经不能维持下去了，他们不能再依赖元朝政府的保护，而他们自己的武装力量又无论如何也抗拒不了朱元璋的进攻；更重要的是他们理解到朱元璋欢迎他们，采取跟他们合作的方针。他们与其坚决反抗朱元璋而被朱元璋消灭，还不如依靠朱元璋，得到朱元璋的保护，以维护自己的阶级利益。所以，当朱元璋派人去请刘基的时候，刘基开始拒绝，可是经过一番考虑之后，最后终于接受了。

朱元璋的军队加入了这样一批力量之后，它的性质逐渐改变了。所以在他以后去打张士诚时所发布的一个宣言中，不但不再承认他自己是红军，反而骂红军，攻击红军，把红军所讲的一些道理称为妖言。尽管这时他在形式上还是接受韩林儿的命令，用韩林儿的年号，他的官爵也是韩林儿封的，但实质上他已经叛变了红军。到了1368年，他已把陈友谅、张士诚消灭，派大将徐达进攻北京，这时又发布了一个宣言。在这个宣言中像红军所提出的"贫极江南，富夸塞北"的口号都没有了。主要提些什么问题呢？夷夏问题。就是说少数民族不能当中国的统治者，只能以夏治夷，不能以夷治夏。他要建立和恢复汉族的统治。在这样的情况下，战争的性质改变了，不再是红军原来的阶级斗争的性质，而是一个汉族与蒙古族的民族战争。

1368 年，朱元璋的军队很顺利地打下了北京。元顺帝跑到蒙古，历史上称为北元。元顺帝虽然放弃了北京而回到蒙古，可是他的军事力量并没有受到太大的损失，还仍然保持着比较强大的军事力量和完整的政治机构。他并不认为自己统治的王朝已经结束了，他经常派兵来打北京，要收复失地。所以在明朝初年明朝和北元还有几次很激烈的战争。到了洪武八年，北元的统帅扩廓帖木儿死了，蒙古对明朝的威胁才减轻了一些，但仍然没有结束。这时北元和高丽还保持着密切的关系，高丽的国王还照样是北元的女婿（每一个高丽国王都要娶蒙古贵族女子做妻子），在政治上仍然依附于北元。这种关系一直维持到洪武二十五年。这一年，高丽内部发生斗争，大将李成桂为了取王朝而代之，他依靠明朝的支持，在国内发动政变，推翻了旧的王朝，建立了一个新的朝代。从此，高丽臣服于明朝。同时，李成桂在求得明太祖的同意之后，把国名高丽改为朝鲜。此后一直叫朝鲜，不再称高丽了。朝鲜国内的政治变革，反映了明朝和北元的斗争关系和势力的消长。

总结上面所说的历史情况，得到这样的结论：经过二十年长期的战争，一方面是红军（包括东、西两部分）和非红军（像方国珍、张士诚）；另一方面是元朝军队，更重要的是各个地方的汉人地主武装力量。在战争过程中这些汉人地主武装大部分被消灭了。也由于二十年的长期战争，各地人口大大减少，土地大量地荒废。因此 1368 年明太祖建国之后，他就不能不采取一些措施，改变这种情况。一个以农业为主要生产手段的国家，农业生产得不到保证，它就不能维持下去。因此，在明朝初年采取了一系列的办法：

第一，大量地移民。例如移江浙的农民十四万户到安徽凤阳，迁山西的一部分人口到河南、河北、安徽去。移民的数量是很大的，一移就是几万家，甚至十几万家。迁移的民户到了新的地方之后，政府分配给他们土地。这些土地是从哪里来的呢？就是一些在战争中被消灭的大地主的土地和无主荒地。此外，政府还给耕牛、种子、农具，并宣布新开垦的荒地几年内不收租，鼓励他们的生产积极性。

第二，解放匠户。元朝有所谓匠户制度。成吉思汗定下了这样一种办法：每打下一个城市之后，一般的壮丁都杀掉，但是有技术的工人，无论是铜匠、铁匠或其他行业的工匠都保留下来。把每个大城市的技术工人都集合在一起为官府生产，这些人就称为匠户。这些匠户几乎没有人身自由，世世代代为官府服役。明太祖把他们部分地解放了，给他们一些自由，鼓励他们生产。匠户数目很大，有几十万人。

第三，凡是战争期间，农民的子弟被强迫去当奴隶的，一律解放，给予自由。这样，增加了农业生产的劳动力。

第四，广泛地鼓励农业生产。明太祖采取了很多措施，规定以各地农业收成的好坏作为考核地方官工作成绩的重要标准之一，地方官每年要向中央报告当地人口增加多少，农作物的产量增加多少；大力鼓励农民种植桑树和棉花，规定每一户的土地必须种多少棉花、多少桑树和果树。而且用法令规定：只要能够种棉花的地方就必须种棉花，能够种桑树、果树的地方就必须种桑树、果树。这样，农民的副业收入增加了。关于朱元璋鼓励种棉花的措施值得特别提一下。在朱元璋以前，更具体地说，在1368年以前，我们的祖先穿的是什么衣服呢？有钱的人夏天穿绸、穿缎，冬天穿皮的（北方）或者穿丝棉。老百姓穿的是什么呢？穿的是麻布。有一本看相的书，就叫《麻衣相法》。当时棉花很少，中国自南北朝的时候就有棉花进口，但数量少。到宋朝时棉布还是很珍贵。可是到了明太祖的时候，由于大力提倡种植棉花，以及当时由于种种原因，纺纱、织布的技术提高了，因而棉布大量增加。这样，我们祖先穿的衣服就改变了，过去平民以穿麻衣为主，现在一般人都能穿上棉布衣服。并且形成了几个产棉区和松江等出产棉布的中心。也是在这个时期，棉花种子从中国传入了朝鲜。结果在不太长的时间内，朝鲜人也穿上了棉布衣服。

在农业生产发展，农业经济恢复的基础上，朱元璋采取了支持商业的方针。在南京和其他一些地方，都专门为商人盖了房子，当时叫作"塌房"，以便他们进行商业活动。

所以，经过从1348年到1368年的二十年的长期战争，由于战争延续的时间长，涉及的区域广，战争的情况又极为残酷，使得社会上人口死亡很多，荒芜了很多土地。但是，经过洪武时期二十多年的努力以后，社会生产逐渐恢复并发展了，经济繁荣了。

那么，最后，问题归结到什么地方呢？朱元璋的政权依靠谁呢？

上面说过，元朝的大地主在战争中基本上被消灭了，在这种情况下，土地关系发生了重大的变化，第一种情况，过去土地比较集中，一个大地主占有很多土地，拥有很多庄园。现在这些大地主被消灭了，他们的土地被分配给了无地、少地的农民，或者是新来的移民。这样，一家一户几亩地，土地分散了，这是基本的情况。土地分散的后果是什么呢？在政治上是阶级矛盾的缓和。原来那些人口密度很高的地区（江苏、浙江一带），现在一部分地主被消灭了，一部分人口迁徙出去，留下来的农民有了部分土地，有了一些生产资料，这样，阶级关系就比过去缓和了。第二种情况与这相反，就是那些没有被消灭的地主，像李善长、冯国用、刘基、宋濂这些人，他们原来的土地不但保留下来了，而且有了发展。他们大都成为明朝的开国功臣，做了大官。第三种情况是出现了新的地主阶级。像朱元璋回家招兵时，跟他出来的二十四个人后来都成了他的大将、开国功臣，朱元璋给他们封公、封侯。这些人在政治上有了地位，经济地位也跟着提高了。明朝初年分配土地的结果，他们都成了新的地主阶级。

情况这么复杂，那么，整个说来，农民的土地问题解决了没有呢？没有解决。封建剥削还是存在，农民还是要向地主交租，还是受地主阶级的压迫，在某些地方甚至还有所加强。明太祖是红军出身，是反对地主阶级的，现在他自己成了全国最大的地主。因此，就发生了前面所提到的那种情况：明太祖建国之后，农民的反抗斗争就随之开始，一直到明朝灭亡。什么原因呢？因为阶级关系没有改变，土地问题没有解决。但是由于元末大地主阶级的土地分散的结果，使得在一定的历史时期内，某些地区的阶级斗争有所缓和。在这个基础上才有可能出现以后的郑和下"西洋"的事情。

上面所说的，牵涉到最近史学界讨论的一个问题，就是农民起义能不能建立农民政权的问题。这个问题有不少争论，涉及所谓皇权主义问题。中国的农民有没有皇权主义？有的人说有，有的人说没有。我们现在从朱元璋这个具体的人，以及从当时的具体历史事实来研究这个问题。我想，可以得出这样的结论：历史上任何农民战争最后必须要建立一种政权。政权有大有小，有的农民起义领袖自称为将军，因为他只知道将军是最大的；有的自称为"三老"；有的称王；有的称皇帝。他们能不能采取别的称号呢？能不能不利用这些当时实际存在的、为大家所熟悉的名称，而采取跟当时历史实际没有关系的名称呢？或者说农民有没有这种可能，就是他们在建立政权时，不采取他们所反对的政权形式，而另外创立一种跟原来的政权完全不同的政权形式呢？没有！他们只能称将军，称三老，称王，称帝，不可能称几百年、几千年之后的苏维埃共和国，不可能称总统或者主席。

因此，在谈到农民革命能不能建立政权的问题时，结论只能是：1. 它必然要建立政权。没有政权怎么办事？大大小小总要有一个机构；2. 它组织的政权跟当时现行的政权不可能完全相反，它只能运用它所熟悉的东西，而不能采取它所不知道的东西；3. 这个政权不可能是为农民服务的政权。因为它为了使自己能够长期存在下去，所能采取的办法只可能是封建国家压迫农民的办法，而不可能有其他办法。如果它要真正成为农民自己的政权，它就必须解决这样的问题：推翻地主阶级的统治，实行土地革命。但是这样的思想认识，在长期的封建社会里是不可能有的。任何国家的封建社会都没有发生过。它只能对个别地主进行报复，你这个地主欺侮过我，杀了我的人，我现在也把你杀掉，把你的房子烧掉，把你的东西抢来。这些都是可能做到的。但是要把整个地主作为一个阶级推翻，这在当时是不可能的。要知道，反封建这种口号的提出，还是近代的事情。而且就是在今天世界各国，除了我们已经完成了这个任务之外，还有很多地区没有解决这个问题。印度也算是一个共和国，但是它不反封建，印度的地主阶级照样存在。我们不能以 19 世纪、20 世纪才出现的思想去要求封建社会的农民。而且从理论上来说，农民政权要建立起来，而且要巩固下去，它的收入从何而来？它的财政开支从何而来？那时没有现代化的大工业，国家财政开支只能取之于农民。除此之外，别无出路。所以，它只能采取封建国家对农民压迫的形式，而不可能有别的形式。因此，历史上所有的农民革命没有例外地在它取得政权之后，必然变质，他们从反对地主阶级开始，结果是自己又变成了地主阶级，新的地主阶级代替旧的地主阶级。这就是历史上农民革命不断起来的根本原因。

　　在土地比较分散的基础上，尤其是在这样一个空前的大国的情况下，朱元璋建立了一个高度中央集权的政权。关于政治机构问题，当时要完全改变明朝以前的政治机构，既不容许这样做，也没有必要这样做。元朝的中央政权机构有中书省（相当于我们现在的国务院），中书省的长官有左丞相、右丞相、平章、参知政事等官。中书省下面有管具体事情的各部。为了统治全国，元朝政府把中书省分出一部分到地方上，代表中央管理地方工作，叫行中书省，简称行省。行省的职权很大，民政、财政、军事一切都管。掌管监察的机关叫御史台，地方上有行御史台，简称行台。在这样的情况下，发生了权力分散的问题。所以后来元朝政府对地方的统治愈来愈弱。明朝初年（洪武元年到洪武十三年）继承了元朝的这个制度，中央还设有中书省，地方上设立行中书省。这就是上面所说的，农民革命不能创造出新的东西来，它只能模仿和继承已有的东西。

　　这种局面给朱元璋提出了一个问题，就是如何巩固和加强自己的统治问题。明初政权逐渐产生了很多矛盾，第一，明朝的政权是地主阶级的政权，但明初地主阶级分为旧地主和新兴地主两派。朱元璋起兵于淮河流域，而刘基等则是参加了红军的江浙地主。两个地主集团之间存在着矛盾。当时有一首诗说："城中高髻半淮人。"衣服穿得漂亮的、有钱的，多是两淮流域的人。两淮流域的新兴的地主阶级、官僚贵族，其中绝大多数不但拥有广大的庄园，而且还有大量的奴隶、家丁。有些将军还有假子。假子是朱元璋兴起的办法。他在起兵时把一些青年收作自己的儿子，像沐英、李文忠都是他的干儿子，也是他手下有名的将领。他往往在派一个将军出去作战时，同时派一个假子去监视。在这种作风的影响下，他下面的许多将军也有很多假子，他们拥有武装力量，有土地，有很多奴隶。这样，就形成为许许多多小的军事力量。他们往往不遵守政府的规定，违法乱纪。明太祖要把这些劳动力放在国家的控制下，他们却要放在自己的庄园里。这是第二个矛盾，两淮流域新兴的地主集团和国家，即和朱元璋的统治之间的矛盾。这两个矛盾从 1379 年到 1381 年逐步展开。两淮流域地主集团的代表人物胡惟庸在这个斗争中被杀了。除了上面所说的两个矛盾之外，还有第三个，胡惟庸个人和朱元璋之间的矛盾，这是君权和相权之间的矛盾。皇帝应该管什么事，宰相应该管什么事，历史上没有明文规定过。在设置中书省的情况下，许多事情都由中书省掌握，中书省认为这件事情有必要请示皇帝就请示，认为没有必要请示的，就自己办了。胡惟庸这个人有野心，也很有才能，他在中书省多年，排斥了一些人，也提拔了一些人，造成他在中书省的强固地位。有许多事情他自己办了，明太祖根本不知道，以后明太祖发现了就很生气。这样，矛盾就发生了，而且日益尖锐。洪武十三年，这三个方面的矛盾终于全面爆发。按照明朝的规定，军队指挥权掌握在皇帝手中。这样，明太祖在这个斗争中取得了胜利，他假借一个罪名把胡惟庸杀了，还牵连杀了不少人。

胡惟庸被杀以后，明太祖根本改变了元朝以来的中书省、行中书省制度，取消了中书省。而且立了个法令，规定以后子子孙孙都不设宰相这个官。谁来办事呢？把原来中书省下面的六个部（吏、户、礼、兵、刑、工）的地位提高，来管理全国的事情，直接对他负责。结果他自己代替了过去的宰相，相权和君权合而为一，大大加强了中央集权。在地方上则取消了行中书省，把原来行中书省的职权分开，即民政、司法、军事分别由三个机构管理：布政使司（主管官叫布政使）管民政、财政，按察使司（主管官叫按察使）管司法，都指挥使司（主管官叫都指挥使）管军事。这三司都直接对皇帝负责。这种把一切权力都揽在皇帝个人手中的高度集权的状况，是在明朝以前没有过的。所以，封建专制主义经过一千几百年的发展，到了朱元璋的时候，形成了一个历史上从来没有过的高度中央集权制的政治系统。这样的政治制度跟当时的土地形态基本上是相适应的。过去土地很集中，皇帝权力的支柱是大地主。现在土地分散了，朱元璋依靠谁呢？依靠粮长。他收粮时，不是采取各地方官收粮的办法，而是采取粮长制。即某一个地方，谁的土地最多、纳粮最多的，就让他当粮长。每年收粮万石的地区就派纳粮最多的地主四人当粮长，由粮长负责这个地区的租粮的收运。政治制度的这种改变，适应了土地比较分散的情况，也保证了朱元璋的经济收入。因此，他对粮长很重视，每年都把这些人召到南京去，亲自接见，和他们谈话。发现了其中某些有能力的人，就提拔他们。他的政权依靠什么呢？就依靠这些人。他的统治基础就在这里。所以，明朝初年相当长的一个时期内一些官职的任用是来自粮长。粮长之外，各地还有很多富户和耆（qí）民，朱元璋也经常把他们找来，发现有才能的，就任用他们为官。所以，他的政权是以中小地主作为支柱的。政治机构的这种发展变化，是和当时的土地形态、经济关系相适应的。

可是，在这样高度集权的情况下又发生了另一个新问题：皇帝到底是一个人，不是机器，什么事都要自己管，什么报告都得看，国家这么大，事情这么多，他怎么管得了呢？他只有每天看公文，变成文牍主义者。我曾给他做过统计，从洪武十七年（1384）9月14到21日，八天内他收的文件有1666件，计3391件事情。他平均每天要看两百份文件，处理四百多件事情。这怎么可能长久搞下去呢？非变成官僚主义者不可。因此就发生了这样的矛盾：一方面他非看文件不可，怕别人欺骗他；另一方面，愈看愈烦，特别是那些空泛的万言书，更使他恼火。有一次，一个官员上了一份万言书，他看了好几千字，还没有看出什么问题，生了气，就把这个官员找来打了一顿屁股。打完之后又叫人继续念这个报告，念到最后五百字才提出一些问题，提出几条建议，而且还不错，这才知道打错了人。第二天，他向那个官员承认错误，他说：不过你的文章不该写这么长，最多写五百字就够了，为什么要写一万字呢？所以他就发起了一个反对文牍主义的运动，提出了一个写文章的格式，要求简单，讲什么事就写什么事，不要东扯西拉，从上古说到今天，没完没了。他希望通过这个办法使自己能够处理实际事务，结果还是不行。他一个人怎么能管那么多的事？以后他又另外想了个办法，找了一些有文才、能办事的五六品官到内阁来做机要秘书，帮他做事。为了勉励这些人，就给他们一个称号，叫作大学士。上面加上宫殿名称，如武英殿、文渊阁、东阁、文华殿等。这时，内阁还只是宫殿的名称，不是政治机构的名称。因为这些人是在内廷里办事，所以就叫殿阁大学士。后来，明成祖的时候，把这个办法制度化了，国家大事都集中在内阁办。内阁大学士在这里办事愈久，政治权力就愈大，官位就愈高，有的做到六部的尚书。这样，内阁大学士虽然没有过去丞相的名称，但事实上等于宰相。入阁也就是拜相。内阁大学士中的第一名称为首辅，就是第一个辅助皇帝的人。这时，内阁便正式成为政治机构了。

这个改变，在历史上是个很大的改变。皇帝的权力高度集中，提高了六部的地位，以后又设立内阁。明朝一直继承着这个制度，清朝也实行这个制度。所以，在政治制度上清朝是继承了明朝的。

随着经济的发展变化，土地占有形态也发生了变化。明朝前期土地比较分散，经过几十年之后，土地又慢慢集中了。到了明朝中叶，土地集中的情况已经很严重。到了万历时，土地集中到这样的程度，在张居正的信件里有一份材料，说一个姓郝的地主拥有土地七万顷。明朝建国时的土地不过是八百五十万顷，现在这一家的土地就等于建国时全国土地的百分之一。从明武宗（就是《游龙戏凤》中的那个正德皇帝）之后，皇帝大搞皇庄，左占一块地，右占一块地。北京附近的皇庄就有很多。不但是皇帝搞庄园，就是贵族也搞庄园。嘉靖的时候，封皇子到各地去做亲王，有一个亲王就有二万顷土地。万历封福王到河南洛阳，准备给他四万顷土地。这些土地是从哪里来的呢？都是从老百姓手里夺来的。把原来的自耕农变成了亲王的佃户。土地集中愈来愈严重，农民的生活愈来愈困难。凡是有皇庄的地方，不但皇庄内部的佃农要受管理皇庄的太监的统治，甚至周围的老百姓也要受皇庄管事人员的压迫和各种超经济剥削。你要过桥就要交过桥税，要摆渡就要交摆渡税。京戏《打渔杀家》中有一个萧恩抗鱼税。明末有一个大地主钱谦益，做大官，文章写得很好，却是一个没有骨头的人，后来投降了清朝。他占有几个湖，要湖边的老百姓向他交税。老百姓气极了，就把他的房子烧了，他的一个收藏了很多古书的"绛云楼"也被烧掉。所以《打渔杀家》这样的事在历史上是有根据的。

由于土地形态的变化，一方面使原来的政治机构不能适应，结果造成明朝政治上停滞的状态。明朝后期有这么两个皇帝：一个是嘉靖皇帝（明世宗），一个是万历皇帝（明神宗）。这两代有共同点：明世宗做了很多年皇帝，但是他经常在宫廷里，不跟大臣们见面。万历皇帝也是如此。闹得有一个时期，六部很多长官辞了职，没人管事。他也不管，使朝廷很多问题不能解决。另一方面，由于土地高度集中，也促使农民起义以更大的规模开展起来，最后形成以李自成、张献忠为首的全国规模的大起义。

二、明太祖为什么建都南京

明太祖之所以建都南京，主要是因为江苏、浙江、安徽这些地方比过去繁荣，是经济发达的地区，是粮食和棉花的产区。他建立了中央政权以后，有很多官员和军队，这些人吃什么呢？这就不能不依靠东南地区的粮食来养活。建都别的地方行不行？不行。以往的朝代建都洛阳、开封、西安，但这些地方交通不方便，粮食也供应不了。为了经济上的原因，他决定建都南京。可是这样发生了另外一个问题：军事上的问题怎么解决？元顺帝虽然跑掉了，但是他的军事实力并没有受到严重损失，他还保存着相当多的军队，并且时时刻刻在想办法反攻。因此，加强北边的防御，防止蒙古的反攻是非常必要的。不这样做，他的政权就不能巩固。但是建都在南京，对于在北方进行防御战争就比较困难了。当然，北边有一道万里长城，可是长城也要有人守才能发挥作用。因此，必须在北方驻重兵防守。可是把军队交给谁呢？交给将军行不行？不行，他不放心。如果他把十多万军队交给某个将军，一旦这个将军叛变，他就没有办法了。因此，他采取了分封政策，把自己的儿子封到沿边地区。第四个儿子燕王朱棣封在北京，其余的，宁王封在热河，晋王封在山西，秦王封在陕西，辽王封在辽东，代王封在大同，肃王封在甘肃。这些都叫做塞王。每一个王府都配有军队。亲王除了指挥自己的军队之外，在接到皇帝的命令以后，还可以指挥当地的军队。在有军事行动时，地方军队都要接受当地亲王的指挥。这样，就把每一个边防地区的军队都直接控制在中央的指挥之下了。

明太祖一方面建都南京，这样来解决粮食问题、服装问题；另一方面派自己的儿子到沿边地区去镇守，防止蒙古族南下；而且每年派亲信将领到北京来练兵，视察各个地方的军事情况，指挥军队，过一二年回去，然后又派人来，这样来巩固北方的边防。他自己认为这个办法是比较稳妥的。但是在他死后，情况发生了变化。他的大儿子早死了，孙子建文帝继位。当时他的第四个儿子燕王在北京，军事力量很强大，结果就发生了皇室内部的斗争。建文帝依靠的是一些知识分子，这些人认为亲王的军权太大，中央指挥不动，可能发生叛变，像汉朝时候的"七国之乱"一样。因此他们劝建文帝削藩，削减亲王的权力，把违法乱纪的亲王关起来或者杀掉。这样就引起了各个藩王的恐慌，最后燕王起兵打到南京。南京政权内部发生了变化，有的将军和亲王投降了燕王，建文帝自杀（关于建文帝的问题，我们以后还可以讲讲）。建文帝被推翻以后，燕王在南京做了皇帝，就是明成祖。可是北方的军事指挥权交给谁呢？为了解决这个问题，明成祖决定把都城迁到北京。

我们讲了明太祖建国的问题。围绕这个问题，对当前正在争论的一些问题提出了一些看法。现在就农民起义、农民战争到底能不能建立自己的政权的问题进一步提供一点意见。

农民战争、农民起义到底能不能建立政权呢？答复是肯定的。既然农民战争是要推翻旧的政权，它必然要建立一个新的政权。这个政权有大有小，有地区性，名称可以是多种多样的。但是，这个政权是不是农民自己的政权呢？是不是跟封建地主阶级的政权相对立的政权呢？从所有历史上的农民战争来看，不能得出这样的结论。农民战争在建立政权以前，它是要摧毁、冲击或者削弱旧的地主阶级的政权的；但是，等到它自己建立了政权之后，它不可能不根据旧的地主阶级政权的样子来办事，它不可能离开当时为人们所熟悉的、行之多年的一套政治机构。要知道，摧毁旧的国家机器这样的理论在《共产党宣言》里还没有提到，是在巴黎公社之后才总结出来的。无产阶级革命必须打碎旧的国家机器，建立新的国家机器，是只有在有了科学的共产主义理论，有了巴黎公社的经验之后才能得出的结论。既然是这样，中国历史上的农民战争怎么可能先知先觉，在还没有巴黎公社的经验的情况下，就能摧毁旧的国家政权，建立起农民自己的政权呢？这是不可能的。因此，在农民战争取得胜利之后，它所建立的政权必然变质。这也是一个历史规律，无论对谁都是一样的。汉高祖刘邦还不是变质了?! 朱元璋还不是变质了?! 明朝末年，李自成打到北京做了皇帝，他还不是变质了?! 李自成在进入北京以前，能取得广大农民支持的原因之一，就是过去明朝政府收租很重，人民负担很重，他现在不收租了，叫作"迎闯王，不纳粮"，以不纳粮为号召。可是能不能持久呢？老百姓都不交粮了，他的军队吃什么？他的政权的经济基础、财政基础放到哪里？他难道能够喝空气过日子？不行，维持不下去。因此，他进北京后没有待多久就失败了。即使当时清军不入关，他的政权也不能延续多长时间，也不能巩固。因为他没有生产作基础，没有经济基础。农民种地不纳粮了，对农民来说很好；可是那时候没有大工业，一旦农民不纳粮，不但他的军队没有吃的，连政府的经费也没有来源了。这样，那个政权是不能维持下去的。它要维持下去，也非采取明朝的办法不可，就是向农民收租。

上面讲的是第一个问题。

第二个问题，中国历史上的农民战争有没有皇权主义。有不少人说俄国的农民有皇权主义，中国的农民没有，好像中国的农民是另外一种农民。中国的农民没有皇权主义，那么他们有什么主义呢？任何一次农民战争，它要建立一个政权不可能不根据现存的政权来办事，它不能离开现实。农民起义的领袖们只能够把当时为他们所熟悉、所理解的政权形式作为自己的政权形式。可是有些人硬要把中国的农民战争区别于其他国家的农民战争。当然，这个国家和那个国家的农民战争是有很多不同之处的。但是，从皇权主义这一点来说，不能不是相同的，理由是它们都不能够离开现实政治。当时的农民除了他们所熟悉的政权形式之外，不可能创造出当时还不可能有的政权形式来。不只是农民战争如此，连旧时代的一些神话、传说也是如此。大家都熟悉的《西游记》，孙悟空大闹天宫，天上的组织形式，玉皇大帝的那一套机构还不是反映了人间的机构？龙宫中龙王老爷的机构同样不能离开当时的现实，都是当时社会现实的反映。

第三个问题，对明太祖这个历史人物的评价问题。明太祖这个人到底是好人还是坏人？是应该肯定还是应该否定？当然应该肯定。因为他做了好事，他结束了长达二十年的战争混乱局面，统一了中国。统一这件事，在历史上是了不起的事情。而明太祖的统一中国，在历史上还有另外一种性质和意义。当时以北京和大同为中心，包括河北、山西及内蒙一部分的这个地区，从唐末以来叫"燕云十六州"。从唐玄宗天宝末年，具体地说，从公元 755 年起，这个地区发生了"安史之乱"。以后虽然用很大的力量把这个战争结束了，但这个地区还是分裂了，少数民族化了。五代十国的时候，这个地区被一个卖国的奴才皇帝石敬瑭割让给了辽。从此，北京就成为辽的南京。在辽和北宋对立的时期，北宋从宋太祖起一直到宋神宗，曾经多少次想收复这个地方，几次出动军队，结果都失败了，没有能够统一。北宋末年，金灭掉辽，并继而推翻北宋政权，这样，便出现了金和南宋对峙的局面。后来元朝统一了。这时，不但是燕云十六州少数民族化，而且是整个国家都在蒙古族的统治之下。明太祖通过二十年的大规模的农民战争，把历史上长期没有解决的问题解决了，即把从公元 755 年起，一直到 1368 年长期在少数民族统治或者影响之下的北方广大地区统一了。过去多少世代没有能够完成的任务，到明太祖完成了，这是一个很大的历史功绩。所以，从那个时候起，北京一直是中国的政治中心。在这样的基础上，我们中华人民共和国才有条件建都北京。

其次，朱元璋统一中国之后，采取了许多鼓励生产的措施。因而，三十多年以后，人口慢慢增加了，开垦的土地面积也慢慢扩大了。到他晚年的时候，全国已开垦的土地有八百多万顷，合八亿多亩。今天我们的耕地是多少呢？大概是十六亿亩，也就是说，明太祖时期的耕地相当于我们现在的一半。人口增加了，耕地扩大了，生产发展了，人民生活也比过去好了，这应该说是他做了好事，在历史上起了进步作用。

还有一点，他建立了一个高度的封建中央集权的国家。这样一种政治制度，明清两代基本上没有什么改变。

因此，我们可以得出这样一个结论：明太祖在历史上是一个有地位的、了不起的人物，是应该肯定的。

反过来说，这个人是不是一切都好呢？不是的，他有很多缺点，做了不少坏事。不要说别的，我们就举这样一条，他订了一些制度，写成一本书叫《皇明祖训》。订制度是可以的，可是有一点，他不许他的后代改变。这个做法就有了问题，时代变了，情况不同了，可是老办法不许改变，用老办法适应新形势。这样，就影响到以后几百年的发展，把后代的手脚都捆住了。蒋介石有一句话，叫作"以不变应万变"。明太祖就是这样，以不变应万变。这是一种唯心主义的办法，很不合理。以后在政治上、经济上往往不能改变，可是又不敢改变，原因何在？就是被这个东西捆住了。他定了这样的制度：把他的儿子封为亲王，封在那个地方以后，国家给这个亲王多少亩土地，每年给多少石粮食。这个制度定下来以后，过了一百多年，中央政府就不能负担了。像河南省征收来的粮食，全部给明太祖封在河南的子孙都不够，成为当时最大的一个负担。到了明朝末年，朱元璋的子孙有十几万人，这些人一不能做官，二不能种地，三不能搞手工业，四不许做生意，只能坐在家里吃饭，而且要吃好饭。这样，国家就养不起了。当然，他在其他方面的缺点还很多，我们今天不能作全面的评论。

现在我们讲第一部分的第二个问题。

明成祖迁都北京

　　上一次讲了明太祖定都南京。到了第三代明成祖（十三陵长陵埋的那个皇帝）时，把朝廷搬到北京来了。这件事情在历史上有什么意义？他当时为什么非迁都不可？

　　前面讲到，明太祖的军队打到北京以后，元顺帝跑掉了，元朝失去了在长城以内地区的统治权。尽管如此，元顺帝的军事力量、政治机构都还存在。因此，他经常派遣军队往南打，要收复失地。他认为这个地方是他的，他们已经统治了八九十年。而当时明朝的都城是在南京。为了抵抗蒙古的进攻，明太祖只好把他的许多儿子封在长城一线做塞王。可是现在情况变了，明成祖自己跑到南京去了；此外，原来封在热河的亲王叫宁王，宁王部下有大量蒙古骑兵，明成祖南下争夺帝位之前，先到热河，见到宁王就绑票，把宁王部下的蒙古骑兵都带过来了。他利用这些蒙古骑兵作为自己的军事主力，向南进攻取得了胜利。从此之后，他就不放宁王回热河，而把他封到江西去。这样一来，在长城以北原来可以抵抗蒙古军进攻的力量便没有了。原来他自己在北京，现在自己到了南京，因而就削弱了明太祖时代防御蒙古军进攻的力量，防御线有了缺口，顶不住了。因此，他不能不自己跑到北京来指挥军队，部署防御战。因为他自己经常在北京，当然政府里的许多官员也都跟来北京，北京慢慢变成了政治中心。于是他开始修建北京，扩建北京城，大体上是根据元朝的都城来改建的。元朝时北京南边的城墙在哪里呢？在现在的东西长安街。明朝就更往南了，东西长安街以南这个地区是明朝发展起来的。德胜门外五里的土城是元朝的北城，明朝往南缩了五里。明成祖营建北京是有个通盘安排的，他吸取了过去多少朝代的经验。所以街道很整齐，几条干线、支线把整个市区划成许多四四方方的小块。有比较完整的下水道系统，有许多中心建筑。从明成祖到北京以后，前后三十多年，重新把北京建成了。和这个时期的世界其他各国比较，北京是当时世界各国首都中建筑比较合理、有规划的、最先进的城市。没有哪一个国家的首都比得上它。有人问：北京还有外城，外城是什么时候建筑的？外城的修建比较晚，是在公元1550年蒙古军包围北京的紧急情况下，为了保卫首都才修建的。但是因为这个工程太大，只修好了南边这一部分，其他部分就没有修了。至于现在的故宫、天坛那些主要建筑，也都是在那个时代打下的基础。应该说明，现在的故宫并不是原来的故宫，认为明成祖修的宫殿一直原封未动地保留到现在是错误的。故宫曾经经过多次的扩建和改修。过去三大殿经常起火，烧掉了再修。起火原因很简单，就是太监放火。宫廷里有许多黑暗的事情，太监偷东西，偷到不可开交的时候，事情包不住了，就放火一烧了事。烧掉了再修，反正是老百姓出钱。明清两代宫廷里经常闹火灾就是这个道理。故宫的整个建筑面积有十七万平方米左右，光修故宫就用了二十年的时间。我们人民大会堂的建筑面积是十七万四千多平方米，比整个故宫的有效面积还大。明朝修了二十年，我们只修了不到一年的时间，这个比较是很有意思的。由于从明成祖一直到明英宗连续地营建北京，政治中心就由南京转到北京来了，北京成为国都了。

以北京作为一个政治、军事的中心，就近指挥长城一线的军事防御，抵抗蒙古族的军事进攻，保证国家的统一，从这一点来说，明成祖迁都北京是正确的。如果他不采取这个措施的话，历史情况将会怎样，就很难说了。

即使明成祖迁都北京，并集中了大量的军队在这里，但在明朝历史上还是发生了两次严重的军事危机。一次是在公元1449年，一次是在1550年，中间只相隔一百零一年。

第一次危机叫"土木之役"。土木是什么意思呢？在今天官厅水库旁边的怀来县，有一个地方叫土木堡。当时蒙古有一个部族叫瓦剌，它的领袖叫也先。也先带兵来打明朝，他的军事力量很强大，从几方面进攻，一方进攻辽东，一方攻打山西大同。那时明朝的皇帝英宗是个年轻人，完全没有军事知识，他相信太监王振。王振也是完全没有军事知识的。王振劝他自己带兵去抵抗，他就糊里糊涂带了五十万大军往当时正被瓦剌部队包围的大同跑。还没有到那里，大同的镇守太监郭敬就派人来向皇帝报告，说那里情况很严重，不能去。于是就班师回朝。王振是河北蔚县人，他想要英宗带着五十万大军到他家乡去玩玩，显显自己的威风。刚出发，他又一想，五十万大军所过之处，庄稼不就全踩完了！对自己的利益有损害，又不愿去了。这样来回一折腾，走到土木堡那个地方，敌人就追上来了。当时正确的办法应该是进入怀来城内坚守。下面的将军也要求进城。王振不干，命令部队就地扎营。但是这个地方附近没有水源，不宜于坚守。结果五十万大军一下子被敌人全部包围了，造成了必败的形势。在这个高地上待了两天，五十万人没吃没喝。到第三天他让部队改变营地。部队一改变营地，敌人就趁机冲锋。结果全军覆没，皇帝被俘虏了，王振也死于乱军之中，造成了很严重的军事危机。这是历史上最不光彩、最丢人的一次战争。

这时候北京怎么办呢？没有皇帝，五十万大军全部被消灭了，北京只剩下一些老弱残兵，情况很紧张。许多官员纷纷准备逃难，家在南方的主张迁都南京，认为北京反正守不住了。在这种情况下，比较有见解的兵部侍郎（相当于现在的国防部副部长）于谦，反对迁都，他认为北京能够守住。如果迁都到南京去的话，北方没有一个政治中心，那么整个黄河以北的地区便都完了。他坚决主张抵抗，反对逃跑。他的主张得到了人民的支持，也得到了明英宗的兄弟郕（chéng）王（不久即帝位，就是明景帝）的支持。于是就由于谦负责，组织北京的保卫战。于谦组织了军事力量，安排了防御工作，跟人民一起保卫北京；并且在政治上提出了一套办法，他告诉所有的军事将领说：我们现在已经有了皇帝，要坚守地方。这样，加强了全城军民保卫北京的决心。果然，也先把俘虏去的明英宗带到城外诱降，说：你们的皇帝回来了，赶快开门。他以为这样可以不战而取得北京城。但是守城的官兵们依照于谦的指示，坚决地回答说：我们有了新的皇帝了。各地方都是坚决抵抗，没有一个受骗的。结果英宗在也先手里成了废物，不能起欺骗作用了。由于依靠了人民群众，北京的保卫战取得了胜利。这时，各地的援军也不断前来。也先见占不到便宜，便只好退兵。这样，北京保卫住了，整个黄河以北的地区保卫住了。

明英宗在也先手里起不了作用，有人就替也先出主意：明朝的皇帝留在这里没有用，还要养他，不如把他送回去，在明朝中央政权内制造弟兄俩之间的矛盾。这样，也先就把明英宗送了回来。明英宗回来后不能再做皇帝，被关起来了。八年之后，明景帝生了病，政府里有一派反对明景帝和于谦的人，还有一些不得志的军人、政客，他们把景帝害死，把英宗放出来重新做了皇帝。英宗出来之后，就把于谦杀害了。

明景帝和于谦对于保卫北京立下了很大的功劳，对人民是有功的。景帝是个好皇帝，他的坟墓不在十三陵。七八年以前，我和郑振铎同志一起在颐和园后面把他的坟墓找到了，并重新修理了一下，作为一个公园。因为他是值得我们纪念的。

从以上说的情况可以看出，如果不是建都在北京，那么 1449 年也先军队的进攻是很难抵抗的。

过了 101 年，即 1550 年，蒙古的另外一个军事领袖俺答又率兵包围了北京。情况也非常严重。也是因为北京是一个首都，是一个政治和军事中心，经过艰苦的斗争，俺答也像也先一样，由于占不到便宜而退回去了。

北京在明朝历史上经受住了这样两次考验。由此可以说明明成祖迁都北京是必要的和正确的，无论从军事上和政治上来说，他都做对了。

但是，仅仅只把政治、军事中心建立在北京还是不够的。当时东边从辽东起，西边到嘉峪关止，敌人从任何地方都可以进来。当然，从山海关往西有一道万里长城。可是城墙是死的，没有人守还是不能起作用。所以，必须要在适当的军事要点布置强大的军事力量。因此，明朝政府在北方沿边一线设立了所谓"九边"。"九边"是逐步发展起来的。开始只建立了四个镇，即辽东、宣府、大同、延绥（suí）。跟着又增加了三个镇：宁夏、甘肃、蓟州。以后又加上太原、固原二镇。这九个军事要塞，在明朝合称"九边"，是专门对付蒙古族的。每一个军事中心都有很多军队，譬如明朝后期，光在蓟州这个地方就有十多万军队。

九边有大量的军队，北京也有大量的军队。这些军队吃什么呢？光依靠河北、山东、山西这几个地区的粮食是不够供应的，必须要从南边运粮食来。要运粮食，就要有一条运输线。当时没有公路、铁路，只能通过运河水运，把东南地区的粮食集中在南京，通过运河北上。一年要运三四百万石粮食来北京养活这些人。所以运河在当时是一条经济命脉。这种运输方法，当时叫作漕运。为了保护这条运输线的安全，明朝政府专门建立一个机构，派了十几万军队保护运河沿线。明朝是如此，清朝也是如此。

把军事、政治中心放在北京，北方的问题解决了。可是发生了另外一个问题：南方发生了事情怎么办？于是就把南京改为陪都。陪都也和首都一样，除了没有皇帝之外，其他各种组织机构，北京有一套，南京也有一套。北京有六部，南京也有六部。因为南京没有皇帝，便派一个皇帝亲信的人做守备。当时的大学叫国子监，国子监也有两个：一个叫"北监"，一个叫"南监"。北监在北京，就在孔庙的旁边。北监、南监都刻了很多书，叫北监本和南监本。当然，陪都和首都也有区别，首都的六部（吏、户、礼、兵、刑、工，六部的部长叫尚书，副部长叫侍郎）有实权，而陪都的六部没有实权。所有的事情都集中在首都办。南京的这些官清闲得很，没有什么事情可做。这些人大都是些政治上不得志的人，在北京站不住脚，有的年纪大了，做不了什么事，就要他到南京去做一个闲官，有饭吃，有地位，可是没有什么事情可做。我们研究这个时代的历史要了解这一点。那么，他在南方搞一套机构的目的是什么呢？第一，以南京为中心来保护运河交通线；第二，以南京为中心，加强对南方人民的统治。南方各个地区发生了人民的反抗斗争，就可以就近处理、镇压。

明成祖迁都北京，这不但是抵抗蒙古族南下的一个最重要的措施，同时也为北京附近地区生产的发展，文化水平的提高，都市的繁荣创造了有利的条件。有了这个基础，清朝入关后才能继续建都北京。我们在全国解放之后，才有条件继续建都北京。这是一个历史发展的过程。我们国家建都北京，是经过了慎重、周密的考虑的。当时在讨论这个问题时，也有人提出不同的意见，他们认为北京是一个学术中心，首都最好建在别的地方，不要建在北京。北京一建都，就成为政治中心了。这些人认为政治是很不干净的东西，所以反对建都北京。甚至在我们建都北京之后，还有不同的论调。一些人认为旧北京城不能适应我们今天的政治要求，因此应该在复兴门外建一个新北京，把旧北京甩开。他们举了很多条理由。但是我们有一条：北京在 1949 年有一百几十万人口，你要把国家的中央机关放在复兴门外，孤孤单单地和人民脱离了，这在政治上是错误的。过去十几年以来，不断有这样的争论。现在事实证明：第一，今天建都北京是正确的；第二，在北京的旧基础上来扩建新北京也是正确的。中央机关——无产阶级的最高政权机关脱离人民行不行呢？当然不行，那是原则性的错误。当然还有其他方面的争论，今天不能多讲了。这是从明成祖迁都北京，顺便讲到我们今天的北京。

北"虏"南倭问题

　　这里谈谈另外一个问题，就是如何对待明朝和蒙古族的关系问题。明朝和蒙古的关系始终是敌对的。从 1368 年之后，一直到明朝灭亡，几百年间始终是敌对的关系。我们今天来研究过去的历史，应该实事求是地处理这个问题。在历史上是敌对的关系，你就不能说那个时候我们已经贯彻了民族政策，汉族和兄弟民族都是友好相处的。这是一方面。另一方面，今天我们国家是各民族团结的大家庭，实行民族团结的政策，各民族互相尊重，友好相处。在这样的情况下，我们怎么来看待历史上的民族关系？譬如明朝和蒙古的关系，北宋和契丹的关系，清朝满族和汉族的关系，等等。对这些问题，有不少人感到难以处理。其实很简单，从今天学习历史的角度来说，从几千年各个民族发展的历史来说，我们应该把我们国家历史上的民族关系当作内部矛盾来处理。无论是蒙古或者契丹，无论是西夏或者女真，都是这样。经过几年的研究，我们得出这样的看法：就是凡是今天在我们中华人民共和国的疆域之内的各民族，不论是哪一个民族，历史上的关系，都是我们自己内部的问题，不能当作敌我矛盾来处理，不能把它们当作外国。要是当作外国，那问题就严重了。我们不能继承解放以前那些历史书、教科书和某些论文中的带有民族偏见的错误观点。总之，我们今天的看法可以分为两个方面：一方面必须实事求是，历史是怎么样就怎么样写。明朝和蒙古是打了几百年的仗，这个历史事实不能改，在当时是敌对关系，这一点不能隐讳，也不能歪曲。另一方面，凡是我国疆域以内的各民族，不管它在历史上是什么关系，今天我们看都是内部问题，内部矛盾。两个兄弟吵架，不能作为侵略和被侵略来处理。今天，蒙古族是我们五十几个兄弟民族里面的一个，我们今天来讲这段历史的时候，就不能像当时那样对蒙古族采取诬蔑、谩骂、攻击的语言，要互相尊重。明朝是骂蒙古的，蒙古也骂明朝，这是历史事实。但这是他们在骂，不是我们在骂，我们应该实事求是地记录。如果我们也用自己的话来骂就不对了。你有什么道理骂蒙古族？你根据什么事情骂？所以要正确处理历史上的民族关系。

至于区别战争的性质问题，是正义战争还是非正义战争的问题，我们不能把少数民族打汉族的战争不加区别地都说成是正义的，也不能把汉族为了自卫而进行的战争都说成是非正义的。应该就事论事，就战争发生的原因、经过、情况、是非来判断战争的性质。比如说，汉朝和匈奴的关系。匈奴来打汉朝，他抢人家的东西，屠杀人、畜；汉朝为了自卫，就应该还击，这当然是正义的。唐朝和突厥的关系也是一样。突厥经常来打，唐朝为了自卫进行还击，也是正义的。明朝和蒙古的关系。蒙古人要南下，明朝组织力量反抗，这同样也是正义的。但是，历史上汉族与少数民族之间的战争，也不是正义都在汉族的一边，这需要根据当时历史情况作出具体分析，不能一概而论。汉族经常欺侮一些小民族，打人家，这是非正义的。少数民族中的一些统治阶级为了自己的阶级利益，闹分裂，闹割据，打汉族，也同样是非正义的。所以要具体分析，不能笼统地对待。不是哪个民族大、哪个民族小的问题，也不是简单的谁打谁的问题，而是要根据战争的情况、双方人民的利益来判断战争的正义性与非正义性。

明朝和蒙古的关系始终是敌对的关系，这个问题以后到清朝才解决。清朝打明朝经过了长期的战争，在这个战争中清朝采取联合蒙古的政策，取得了蒙古的支持。在入关之后，清朝对待蒙古的政策是通过婚姻关系来保持满、蒙两个民族之间的和平，清朝皇帝总是把自己的女儿嫁给蒙古的酋长。乾隆过生日时，来拜寿的一些蒙古族酋长都是他的女婿、孙女婿、曾孙女婿。所以，万里长城在清朝失去了意义。秦始皇修筑万里长城在历史上是起了作用的。早在战国时代，北方一些国家，像燕国、赵国为了抗拒外族的侵略，已经修筑了一些城墙。秦始皇统一六国之后，把这些国家所修的城墙连结起来加以扩展，就成为万里长城。我们现在看到的长城是经过许多朝代修建的，特别是青龙桥八达岭这一段不是秦始皇修的，而是明朝后期修的。我们在评论历史上某一件事情的好坏时，应该用辩证的方法。秦始皇修万里长城花了很大的力量，死了不少人，这是坏的一方面；可是另一方面，长城在漫长的历史过程中也的确起了作用。虽然它不能完全堵住北方各民族向南发动战争，但是，无论如何，它起了一部分作用，至少因为有了这样一个防御工事，使得长城以南众多的人口可以从事和平的生产。把长城的作用估计过高，认为有了这一条防线，北方的少数民族就进不来了，这是错误的。它们还是进来了，而且进来不止一次。但是，由于有了这个防御工事，使得北方一些少数民族的军事进攻受到阻碍，这种作用，直到明朝还是存在的。所以明朝还继续修缮长城。只有到了清朝，这样的作用才不再存在了。当然，清朝和蒙古也有几次战争，不过跟明朝的情况比较起来就不同了。明朝和蒙古始终是敌对的关系。清朝不是这样，清朝和蒙古只是个别时候发生过战争。今天情况就更不同了，国家性质改变了，我们采取民族团结、民族区域自治的政策，内蒙古自治区是我们中华人民共和国的组成部分之一，现在长城只是作为一个历史文物而保留着。世界上有七大奇迹，长城是其中之一，是世界上最伟大、最古老的工程之一。

明朝和蒙古的关系，是明朝历史上的一个特征，跟过去的情况不一样，跟以后的情况也不一样。此外，明朝和倭寇的关系，即所谓南倭问题，也是这个时代很突出的一个问题。明朝以前没有这样的情况，明朝以后也没有这样的情况。

研究明朝和倭寇的关系，光从中国的情况、中国的材料出发，还不可能得到全面的理解，还必须研究日本的历史。不研究日本的历史就很难理解当时为什么会有那么一些人专门从事抢劫，进行海盗活动，而且时间是如此之长，破坏是如此之严重。但是看看当时日本国内的情况，问题就很容易理解了。所以我们先讲讲日本的情况。

明朝的历史是从 1368 年开始的。而日本从 1336 年起，内部分裂为南朝、北朝。京都是北朝的政治中心，吉野是南朝的政治中心。这个分裂的局面，长达六十年之久。一直到 1392 年南朝站不住了，才投降了北朝。分裂期间，日本有两个天皇：京都有一个天皇，吉野有一个天皇。正当日本南北朝分裂的时候（1336—1392），明朝建立起来了。明朝建立初年，正是日本南北朝分裂的后期。

当时日本的政治形势怎么样呢？日本有天皇，可是那个天皇是虚的、无权的，是一个傀儡。不只是那个时候的天皇是傀儡，凡是明治维新以前的天皇都是傀儡，地位很高，可是政治上没有实际权力。掌握实权的是谁呢？是将军。当时的将军称为征夷大将军。将军有幕府，当时的幕府叫室町幕府，也叫足利幕府。那时日本处在封建社会，有很多封建领主。这些封建领主有很多庄园，占有很多土地，有自己的军事力量，他们不完全服从幕府的命令，各自在自己的势力范围内实行封建割据。足利幕府建立之后，由于它的经济基础很薄弱，不能完全控制他们。所以，在足利幕府时代，由于地方经济的发展，封建领主势力强大，在幕府控制下的中央财政发生了困难。怎么办呢？它就要求和明朝通商，做买卖。足利幕府的第三代叫足利义满，他派人到明朝来，要求和明朝通商。明朝政府当然欢迎，但是对日本的情况不了解，对国际形势缺乏知识，不知道日本国内已经有了天皇，糊里糊涂地就封足利义满为日本国王。足利义满希望通过和明朝通商来加强自己的经济地位，减少财政困难。但是，由于当时日本是处在一种分裂割据的状态，那些大封建领主并不听他的话。而在那些大封建领主下面有一批武士，由于得不到土地，生活困难，于是他们就到海上去抢劫，成为倭寇。这就是倭寇的来源。所以当时的情况是，一方面幕府和明朝有交往；另一方面幕府下面那些封建领主一批批地来破坏这种交往，到处抢劫。幕府不能控制那些诸侯、封建领主，最后发生了内战。从1467年到1573年这个时期，是日本历史上的"战国时期"。这个时期延续了一百多年，日本国内到处打来打去，战争频繁，人民不能正常地进行生产，因而土地荒废，粮食不够。这样，就使更多的人参加到倭寇的队伍中来。这就是日本在战国时代，也就是明朝中期（1467—1573）之后，倭寇侵略更加严重的原因。

从中国的情况来说，中国遭受倭寇的侵犯从明朝一开始就发生了。在明朝建国以前，倭寇已经侵略高丽。那时候，高丽王朝的政治很腐败，没有能力抵抗。接着倭寇南下骚扰我国沿海各地，从辽东半岛到山东半岛，到江苏、浙江、福建、广东，到处侵犯。洪武二年（1369）明朝政府派海军去抵抗倭寇。1384年之后又派了一个大将在山东、江苏、浙江沿海地区修了五十九个军事据点防御倭寇。1387年又在福建沿海地区修建了十六个军事据点。所以，从洪武时代起，倭寇就已在危害中国。在永乐时代，1419年倭寇大举进攻山东沿海地区，明朝军队狠狠地打了它一下，把这一股倭寇全部消灭了。倭寇的侵扰引起了明朝政府内部在政治上的争论。当时明朝政府专门设立了三个对外贸易机构，叫作"市舶司"。这三个市舶司设在广州、宁波和泉州。这些地方是当时的对外通商口岸，外国人可以到这里来做买卖。当倭寇侵略发生之后，有的人认为，倭寇之起是由于对外通商的缘故，因为你要做买卖，所以日本海盗就来了。最好的办法就是把市舶司封闭掉，对一切国家一概不做买卖。这种论调在明朝政府中占了优势，结果在公元1523年把三个市舶司撤销了。

撤销市舶司之后发生了另外一个问题。浙江、福建、广东等东南沿海地区，人口密度高，人多耕地少，不少人没有生产资料。这些人做什么呢？在通商的时候他们借一点资本出去做买卖，买一些外国货到中国来卖，把中国的土产卖出去。因此，这些人是依靠通商来维持生活的。这是一种情况。另外还有一种情况，就是东南沿海的一些大地主，他们看到对外通商的收入比在农业生产上进行剥削要多好几倍，因此从事对外贸易。他们自己搞了很多海船载运中国土产出国，同时把外国商品带回来卖。沿海大地主依靠通商发财，这在当时叫作"通番"。"通番"的历史已经很久了，宋朝后期就有许多大地主组织船队出海通商的事。宋代关于这一类事情的记载很多，元朝也有。民间有这样一个传说：说明朝有一个大富翁叫沈万三，他家里有一个聚宝盆，这个盆里可以出很多宝贝。这是传说，事实并不是这样。事实是他搞对外贸易发了财。有人说他富到这样的程度：明太祖修建南京城时，有一半是他出的钱；此外，每年还要他出很多钱，因为在明朝和元朝作斗争的时候，他曾经站在元朝这一边。所以后来明太祖干脆把他的家产全部没收了，把他充了军。有的说是充军到云南，也有的说是充军到东北。这个故事说明，当时是有这么一部分人是依靠通商和对外贸易来发财的。所以，当时东南沿海地区的情况是，一方面许多贫民依靠对外通商来维持生活，其中有一些穷苦的人长期停留在国外，这一批人就成为华侨。现在南洋各个地方都有华侨，大体上以广东、福建人为多；另一方面，沿海一些大地主依靠通商来发财。因此，当1523年，由于倭寇不断骚扰沿海，明朝政府封闭了市舶司，断绝了对外通商关系时，就发生了新的问题：一方面很多穷苦人失去了生活来源；另一方面，沿海大地主失去了发财机会。他们要求恢复通商。在这种情况下，某些地主集团便采取反抗手段。你禁止通商，他就秘密通商。他们自己组织船队出去，其中有一些照样发了财，有一些就遭到倭寇的抢劫；而另外一些则采取和倭寇合作的办法，他们也变成了倭寇。他们组织船队出去，能够做买卖就做买卖，不能做买卖就抢。因此，倭寇主要是日本海盗，但其中也有一部分是中国人。

除了倭寇之外，当时还有一种情况，即在 16 世纪初年（1513），葡萄牙人到东方来了。这些葡萄牙人一方面进行通商活动，另一方面也进行海盗活动。不但进行海盗活动，而且占据了我国福建沿海的一些岛屿。

1546 年，也就是日本的"战国时代"，倭寇对沿海的侵略更加严重了，浙江宁波一带受到严重的损害。明朝政府派了一个官员总管浙江、福建两省的军事，防御倭寇。这个官员叫朱纨，他坚决执行禁海方针，任何人都不许出去。坚决用军事力量打击倭寇，打击葡萄牙海盗。把抓到的九十多个海盗头目——有日本人，有葡萄牙人，也有中国人——都杀掉了。这样一来引起政治上的一场轩然大波。因为被杀的这些人里面，有一些是沿海的大地主派出去的，把这些人杀了，就损害了沿海大地主阶级的利益。这些大地主集团在北京中央政权机构里的代言人（主要是一些福建人）大叫起来了，他们向皇帝控告朱纨，说他在消灭海盗时，错杀了良民和好百姓。这样就展开了政治斗争。在政府里和地方上形成两派：一派要求对外通商，一派反对通商。大体上沿海一些大地主坚决主张通商，而内地一些大地主反对。为什么内地的大地主反对呢？因为他们不但得不到通商的好处，而且海盗扰乱的时候，还要出钱，他们吃了亏。通商派和反通商派的斗争很激烈，代表闽、浙沿海大地主利益的许多官员都起来反对朱纨。朱纨也向皇帝上疏为自己辩护，并且很愤慨地说："去外国盗易，去中国盗难；去中国濒海之盗易，去中国衣冠之盗尤难。"这样，浙江、福建沿海的大地主集团更加恨他，对他的攻击更厉害了。结果明朝政府就把他负责的浙江、福建两省的军事指挥权撤销了，并且派了一个官员来查办这件事。最后朱纨在"纵天子不欲死我，闽浙人必杀我"的情况下自杀了。

朱纨失败了，倭寇问题没有解决。1552 年之后，情况更加严重。在浙江沿海一带，倭寇长驱直入。一直到 1563 年的十一年中间，不但江苏、浙江、福建的许多城市、农村受到倭寇的烧杀、抢劫，倭寇甚至还打到南京城下，打到苏州、扬州一带。

这个时候，明朝的军事力量已经腐化了。明朝在地方的军事制度是卫所制，一个卫有 5600 人，一个千户所有 1120 人，一个百户所有 120 人。军队和老百姓分开，军户和民户分开。军人是世袭的，父亲死了以后，儿子接着当兵。明朝初年的军事力量是相当强大的，因为它有经济作基础，那时，明朝实行屯田政策，军队要参加生产。办法是国家拨一部分土地给军队，军队里抽一部分人，参加农业生产。自己生产粮食供应军队的需要，国家再补贴一部分。所以，尽管军队的数量很大，最多时达到二百多万人，可是国家的财政开支并不大。以后由于许多地主、官僚把屯田吞没了，把军队的钱贪污了，所以屯田的面积愈来愈小，粮食收入愈来愈少。同时，有些军官把士兵拉来替他搞私人劳动，在家里服役。此外，由于军队和老百姓是分开的，军户和民户是分开的，军人的服装、武器要自备；把河北人派到云南去，山东人派到浙江去，世世代代当兵，结果部队中逃亡的比例愈来愈大。从明朝初年一直发生军队减员的现象，以后愈来愈严重，往往一个单位的逃亡比例达到十分之七八，一百人当中只剩下二三十人。怎么办呢？明朝政府就采取这样的办法：张三如果逃跑了，就把他的弟弟、侄子抓去顶替。如果他家里没有人可以顶替，就抓他的邻居去代替。但是这些被抓去顶替的人又逃跑了。所以军队数量愈来愈少，质量愈来愈低。军官也腐化了。

从明太祖到明成祖，在沿海建立了许多军事据点，组织了海军，建造了一些战船。到这时这些战船因为用的时间太久了，破破烂烂，不能再用了。按照规定，船过一定时期要修一次。可是由于修船的钱也被军官贪污了，没办法修，所以战船愈来愈少。

由于上面这几方面的原因，明朝的军事力量腐化了，军队不能打仗了。在 1552 年之后，往往是数量不多的倭寇登陆之后，一抢就是几十个城市，抢了就跑。各地方尽管有很多军队，但是不能抵抗。人民遭受到深重的灾难。特别应该指出的是，倭寇所侵犯的这些地区都是粮食产区，是最富庶的地方。像江苏（包括长江三角洲）、浙江及福建沿海地区，都是最富庶的地区，经济最发达的地区。这些地方长期遭到抢劫直到什么时候呢？一直到 1564 年才改变这种局面。这时，出现了戚继光、俞大猷等有名的军事将领。戚继光看到原来的军队不能作战了，就自己练兵。他了解到浙江义乌县的农民很勇敢，便招募了义乌县的农民三千人，成立了一支新军，进行严格的军事训练。他根据东南地区的地形，组织了一个新的阵法，叫作"鸳鸯阵法"。这个阵法的主要特点是各个兵种互相配合，长武器和短武器结合使用。更重要的是他有严格的军事纪律，对兵士进行严格的军事训练。经过两三年之后，他的这支军队便成了最有战斗力的军队。当倭寇侵入浙江的时候，在台州地区，戚继光的军队九战九胜，把浙江地区的倭寇消灭光了。以后把福建地区的倭寇也消灭了。他和俞大猷及其他地区的军事将领经过十年左右的努力，彻底解决了倭寇问题。

可是，在倭寇问题解决之后，又发生了新的问题。这时日本国内的情况发生了变化，原来的幕府被推翻了，新的军阀起来了。这就是丰臣秀吉。丰臣秀吉用军事力量统一了国内。不过这是表面上的统一，实际上国内各地还是一些封建领主在统治着。这些封建领主拥有强大的军事力量，他不能完全控制。为了把尚未完全控制的封建领主（大名）的目标转向国外，并消耗他们的实力，以稳固自己的统治，于是丰臣秀吉就发动一次侵朝战争，派军队去打朝鲜。他写信给朝鲜国王，说他要去打明朝，要朝鲜让路，让他通过朝鲜进入我国东北。他的军事野心非常狂妄，准备征服整个中国；然后把他的天皇带到中国来，以宁波为中心，建立一个庞大的帝国。步骤是：第一步占领朝鲜；第二步占领中国；第三步以中国为中心，向南洋群岛扩张。面临着这样的形势，明朝政府怎么办？有两种主张：一种认为日本打朝鲜与中国无关；另一些人看到了唇亡齿寒的关系，认为朝鲜是我们友好的邻国，丰臣秀吉占领朝鲜以后就会向中国进攻，因此援助朝鲜也就是保卫自己。经过一番争论，后一种意见占了优势，明朝派了军队出去援助朝鲜。这时候，朝鲜已经很混乱，大部分地区被日本军队占领，国王逃跑。明朝政府动员全国的力量来帮助朝鲜，前后打了七年（1592—1598）。由于中国人民的援助，朝鲜军队的奋勇抗战，特别是朝鲜海军名将李舜臣使用一种叫"龟船"的战舰，发挥了很大的作用，最后把日本侵略军打败了。1598 年，丰臣秀吉病死。日本侵略朝鲜的军队跑掉了，战争结束了。

所以，我们和朝鲜的历史关系很深远，在甲午战争前三百年，中国就出兵援助过朝鲜，共同反抗外来的侵略。在中华人民共和国建立之后，我们的经济还没有恢复，美帝国主义就越过"三八线"，向朝鲜民主主义人民共和国进攻。情况很严重。我们又进行了抗美援朝运动，派出了志愿军支援了朝鲜人民。

这一段历史使我们得到这样的认识：日本军国主义者不是这个时代才有，而是有其长远的历史原因。它总是要侵略别人的，从倭寇起，以后不断地向外侵略，1592年侵略朝鲜，甲午战争时期占领我国东北，1937年以后占领了我国大部分地方。我们进行了抗日战争才取得了胜利。要了解和熟悉日本的情况，必须要了解和熟悉我们自己的历史情况，这样才能对我们很接近的国家有正确的看法。当然，说日本的军国主义有长远的历史原因，绝对不等于说日本人民都是侵略者。如果得出这样的结论，那就是错误的。但是日本的统治者，不管是过去的封建主，或者是近代的军国主义者，都是侵略成性的。中国与日本是一衣带水的邻邦，两国之间有着悠久的历史文化联系。但是在近代的半个多世纪中，由于日本军国主义的侵略，给中日两国人民带来了灾难。现在中日两国人民，都要从惨痛的历史中吸取有益的经验教训，使惨痛的历史永不重演，建立和巩固两国人民的友好关系。

明朝的历史情况与过去不同，与倭寇的斗争，与蒙古贵族的斗争贯穿着这个时代。明朝以前没有这样的情况，明朝以后也没有这样的情况，这是明朝历史的特征。要抓住这个特征才能够了解明朝人民的负担为什么那么重。因为北边有蒙古问题，沿海有倭寇问题，就要有军队打仗。军队要吃饭、要花钱，这些负担都落在人民身上。所以明朝的农民受着无比深重的苦难。在这样的情况下，从明朝开国一直到灭亡，都不断发生农民战争。农民战争次数之多，规模之大，时间之久，分布地区之广，在历史上没有任何一个时期可以和明朝相比。

东林党之争

　　东林党之争是明朝末年历史上的一个特征。

　　首先应该明确这样一个问题，历史上所谓党与我们今天所说的党是两回事，不能把历史上所说的党和今天的政党混同起来。历史上所说的党并没有什么组织形式，参加哪个党是没有任何形式的，既不要交党费，也没有组织生活，更没有党章和党纲。然而在历史上又确实叫作党。历史上所谓党是指的什么呢？是指政治见解大体相同的一些人的集团，也就是统治阶级内部某些人无形的组合。明朝的东林党，它的情况大致是这样：在江苏无锡有个书院叫东林书院，这是一所学校。当时有两个政府官员，叫顾宪成和顾允成两兄弟，在北京做官的时候，由于他们的政治见解与当时的当权人物相抵触，便辞官不做，回家后在东林书院讲学。他们很有学问，在地方上声望很高，为人也正派。这样，和他们意气相投的人跟他们的来往便越来越多了。不但在地方上，就是在北京，有一些官员跟他们的来往也比较多。他们以讲学为名，发表一些议论朝政的意见。这样，从万历二十二年（1594）开始，一直到明朝被推翻，前后五十年间，在明朝政治上形成了一批所谓东林党人，和另外一批反对东林党的非东林党人。非东林党人后来形成齐（山东）、楚（湖北）、浙（浙江）三派，与东林党争论不休。这五十年中间，在几件大事情上都有争论。你主张这样，他反对；他主张那样，你反对。举例来说，党争中最早的一个问题，就是所谓"京察"问题。"京察"这两个字大家都认识，但是不好懂。这是古代历史上的一种制度，就是政府的官员经过一定的时期要考核，相当于现在的考勤考绩。主持考勤考绩的是吏部尚书、吏部侍郎（相当于现在的内务部长、副部长），他们主管文官的登记、资格审查、成绩考核及任免、升降、转调、俸给、奖恤等事。当时考取进士以后，有一部分进士就安排做科道官。科就是六科给事中，道就是十三道御史。六科就是按照六部（吏、户、礼、兵、刑、工）来分的。道是按照行政区划来设置的。当时全国有十三个布政使司，设了十三道御史，譬如浙江道有浙江道御史。科道官都是监察官，当时叫作"言官"。他们本身没有什么工作，只是监察别人的工作，提出赞成的或者反对的意见。他们的任务就是说话，所以叫"言官"。每次"京察"，吏部提出某些人称职，某些人不称职。1594 年举行"京察"的时候，就发生了争论，这一部分人说这些人好，那一部分人说不好。凡是东林党人说好的，非东林党人一定说不好。争论中掺（chān）和了封建社会的乡里（同乡）关系。譬如齐、楚、浙就是乡里关系。不管这件事情正确不正确，只要是和我同乡的人，都是对的。还有一种同门的关系。所谓同门就是指同一个老师出身的。不管事情本身怎么样，只要跟我是同学，就都是对的。至于对亲戚、朋友则更不用说了。就在这样的封建关系组合之下，从 1594 年"京察"开始，一直争吵了五十年。

继"京察"问题之后，接着发生了"国本之争"。所谓"国本"就是国家的根本。我们今天说国家的根本就是人民，没有人民就没有国家。当时并没有这样的概念。那时候所谓"国本"是指皇帝的继承人问题。万历做了多年皇帝，按照过去的惯例，他应该立一个皇太子，以便他死后有一个法定的继承人。可是他不喜欢他的大儿子，他所喜欢的是他的小老婆（郑贵妃）生的儿子福王（以后封在河南洛阳），所以他就迟迟不立太子。有些大臣就叫起来了，他们认为国家的根本很重要，也就是说第二代的皇帝很重要，应该早立太子。凡是提议立太子的，万历就不高兴，他说：我还活着，你们忙什么！这样，有人主张早立太子，有人反对立太子，争吵起来了，这就叫"国本之争"。

跟着又发生了一个案子叫"梃击案"。有一天早晨，突然有一个人跑到宫里来见人就打，一直打到万历的大儿子那里去了。当然，这个人马上被逮住了。可是这里发生了一个问题，是谁叫他到宫里来打万历的大儿子的？当时有人怀疑是郑贵妃指使的。这是宫廷问题，却成了当时政治上的一个大问题，引起了争吵，东林党与非东林党大吵特吵。

万历做了四十八年皇帝，死了。他的大儿子继位不到一个月又死了。怎么死的呢？搞不清楚。据说他在病的时候，有一个医生给他红丸药吃，吃了以后就死了。这样就发生了一个问题，这个皇帝是不是被毒死的？是谁把他毒死的？因此又发生了所谓"红丸案"。各个集团之间又争吵起来了。

正在争吵的时候，发生了另外一个问题：就是这个只做了个把月的皇帝死了以后，他的儿子继位，还没成年。这个短命皇帝有个妃子李选侍，她住在正宫里不肯搬出来。她有政治野心：想趁这个小孩做皇帝的机会把持朝政。这样，又发生了争论，有一些人出来骂她：你这个妃子怎么能霸着正宫？逼着她搬出去了。这个案件叫"移宫案"。京戏里有一出戏叫《二进宫》，就是反映这件事的，不过把时代改变了，把孙子的事情改成了祖父的事情。

"梃击"、"红丸"、"移宫"是当时三大案件，成为当时争论最激烈的事件。在这样的情况下，政治上出现了什么现象呢？每一件事情出来，这批人这样主张，那批人那样主张，争论不休，整天给皇帝写报告。到底谁对谁不对？从现在来看，东林党与非东林党之争，一般地说，道理在东林党方面。东林党的道理多，非东林党的道理少。但是，东林党是不是完全对呢？在某些问题上也不完全对。这样争来争去，争不出个是非来，结果只有争论，缺乏行动，许多政治上该办的事没人去管了。后来造成这种现象：某些正派的官员提出他的主张，这个主张一提出来，马上就有一批人来攻击他，他就不能办事，只好请求辞职。皇帝不知道这个人对不对，不作处理，把事情压下来。这个官既不能办事，辞职也辞不成，怎么办？干脆自己回家。他回家以后政府也不管，结果这个官就空着没人做。到万历后期政治纪律松懈到这样的地步：哪个官受了攻击就把官丢了回家，以致六部的很多部长都没人做了。万历皇帝到晚年根本不接见臣下，差不多一二十年不跟大臣见面，把自己关在宫廷里，什么事情也不管。大臣们有什么事情要跟他商量也见不着。政治腐化，纪律松懈，很多重要的问题得不到解决，却专搞无原则的纠纷。大是大非没人管了，成天纠缠在一些枝节问题上面。

这种无休止的争吵影响到一些重大的政治事件的发展。譬如日本侵略朝鲜，中国到底应不应该援助朝鲜，在这个问题上发生了争论。后来还是派兵去支援了朝鲜，第一个时期打了胜仗，收复了平壤。后来又派兵去，由于麻痹大意，打了败仗。打了败仗以后，政府里又发生争论了，主和派觉得和日本打仗没有必要，支援朝鲜意义不大，不如放弃军事办法，转而采取政治办法来解决问题。他们主张把丰臣秀吉封为日本国王，并答应和他做买卖。历史上封王叫作朝，做买卖叫作贡，所谓朝贡，说得通俗一点，就是你带些物资来卖给我，我给你一些物资作交换。在这种情况下，明朝政府只好一面按照主战派的主张，继续派兵援助朝鲜；一面派人暗中往来日本进行和议。后来明军与朝鲜军大败日本侵略军，日本愿和了。明朝政府便按照主和派撤兵议和的主张，允许议和。并派人到日本去办外交，封丰臣秀吉为国王。但日本国内本来已经有天皇，因此丰臣秀吉不接受王位，而且提出了很强硬的条件。结果外交失败了，日军重新侵略朝鲜，明朝政府只好再次出兵，最后打败了日军。由于追究外交失败的责任，又引起了争论。

这种影响在"封疆案"的问题上表现得更加明显。万历死后，东林党在政府做官的人越来越多了。这时北京有一个"首善书院"（在北京宣武门内），在这里讲学的也是东林党人。这些人在政治上提出意见时，非东林党人就起来攻击，要封闭这个书院。东林党人当然反对封闭。这样吵了二三十年。这个争论最后演变成什么局面呢？当时万历皇帝的孙子熹宗（年号天启，是崇祯皇帝的哥哥）很年轻，不懂事，光贪玩。他宠信太监魏忠贤，军事、政治各个方面都是太监当家。一些地主阶级的知识分子由于在魏忠贤门下奔走而当了官。凡是属于魏忠贤这一派的，历史上称为"阉党"，阉党里面没有什么正派人。东林党是反对阉党的。因此，党争发展到这个时候，就变成了地主阶级的知识分子与宦官的斗争。这个斗争影响到东北的军事形势。在万历以前，东北的建州族已经壮大起来了，不断进攻辽东，占领了许多城市。到天启时代，明朝防御建州的军事将领熊廷弼提出一系列的军事上和政治上的主张，他认为跟建州进行军事斗争时，明朝军队不能退回到山海关以内，而应该在山海关以东建立军事据点。当时前方的另一个军事将领叫王化贞，他不同意这个意见，他认为只能依靠山海关来据守。熊廷弼虽然是统帅，地位比王化贞高，但是没有军事实权。而王化贞得到了魏忠贤的支持。这样，熊廷弼的正确意见因为得不到支持而不能贯彻，结果打了败仗，王化贞跑回来了，熊廷弼也跑回来了，山海关以东的很多地方都丢了。北京震动，面临着很严重的军事危机。在这种情况下又发生了有关"封疆案"的争论。当时追究这次失败的责任，到底是熊廷弼的责任，还是王化贞的责任？从当时的具体军事形势来看，熊廷弼是正确的，但他没有军队来支持。王化贞有十几万军队，坚持错误的主张，因此王化贞应该负责。但是因为熊廷弼得罪了很多人，结果把这个责任推到他身上，把他杀了。很显然，这样的争论和处理大大地影响了前方的军事形势。"封疆案"以后，跟着就是魏忠贤对东林党人的屠杀。因为一些在朝的东林党人认为魏忠贤这样胡搞不行，就向皇帝写信控告他的罪恶。当时有杨涟等人列举了他的二十四条罪状。这些东林党人的行为得到了其他官员的支持。这样，东林党和阉党就面对面地斗争起来。由于魏忠贤军权在握，又指挥了特务，而东林党人缺乏这两样武器，结果大批的东林党人被杀。当时被杀的有杨涟、左光斗、周顺昌、黄尊素、缪昌期等。其中周顺昌在苏州很有声望，当特务逮捕他的时候，苏州的老百姓起来保护他。最后这次人民的斗争还是失败了，人民吃了苦头，周顺昌被带到北京杀害了。

熹宗死了以后，明朝最后的一个皇帝——崇祯皇帝比他哥哥清楚一点，他把魏忠贤这伙人收拾了，把一些阉党分子都杀了（魏忠贤是自己上吊死的）。但是这场斗争是不是停止了呢？没有停止，东林党人跟魏忠贤的余孽在崇祯十七年的时候还在继续斗争。崇祯五年（1632）一些东林党人的后代跟与东林党有关系的地方上的知识分子组织了一个团体，叫做"复社"，以后又有"几社"，有大批青年知识分子参加。表面上他们是以文会友，写文章、写诗，是学术研究组织，实际上有政治内容。大家可能看过《桃花扇》这出戏，这出戏里的侯朝宗、陈贞慧、吴应箕、冒辟疆四公子都是复社里面的人。当时李自成已经占领了北京，崇祯上吊死了。这个消息传到了南方，没有皇帝怎么办？这时一些阉党人物就想拥小福王（由崧）来做皇帝。原来万历把最喜欢的那个儿子福王（常洵）封在河南洛阳，这是老福王。这个人很坏，在他封到洛阳时，万历给他四万顷土地，河南的土地不够，还把邻省的土地也给他。老百姓都恨透了。李自成进入洛阳以后，把老福王杀掉了。小福王由崧（这也不是个好东西）逃到南京。当时在南京掌握军事实权的是过去和魏忠贤有关系的阉党人物马士英，替他出主意的也是一个阉党分子，叫阮大铖，他们把小福王抓到手中，把他捧出来做皇帝。可是政府里面另外一批比较正派的人，像史可法、高弘图、姜曰广等主张立潞王（常淓）做皇帝，这个人比较明白清楚。

但马士英他们先走了一步，硬把福王捧出来做了皇帝。这样，在南京小朝廷里又发生了东林党与非东林党之争。因为马士英和阮大铖是当权的，史可法被排挤出去，去镇守扬州。在清军南下的时候，史可法坚决抵抗，在扬州牺牲了。马士英和阮大铖在南京搞得不像样，清军一步步逼近南京。这时候小福王在做什么呢？在跟阮大铖排戏。也就在这个时候，上面说的四公子就起来反对阮大铖，他们出布告，揭露阮大铖过去是魏忠贤的干儿子，名誉很不好，做了很多坏事，不能让他在政府里当权，号召大家起来反对他。南京国子监的学生也支持他们的主张，这样就形成为一个学生运动。侯朝宗这些人虽然得到广大知识分子的支持，但是他们根本没有实力。而马士英、阮大铖有军事力量。结果有的人被逮捕了，有的人跑掉了。不久之后，清军占领南京，小福王的政权也就被消灭了。

党争从1594年开始，一直到1645年，始终没有停止过。无论是在政治问题上，还是在军事问题上，都争论不休。这种争论是什么性质的呢？这是地主阶级内部的矛盾。开始是东林党和齐、楚、浙三党之争，后来演变为东林党与阉党之争。由于东林党的主张在某些方面是有利于当时的生产的发展的，因此他们得到了人民的支持。但是反过来说，所有的东林党人都反对农民起义，这是他们的阶级本质决定的。譬如史可法这个历史人物，从他最后这段历史来说是应该肯定的。那时候，清军南下包围扬州，他的军事力量很薄弱，也得不到南京的支持，孤军据守扬州。但他宁肯牺牲不肯投降。这是有民族气节的人，也就是毛主席所说的有骨气。我们中国人是有骨气的，史可法就是这种有骨气的代表人物。但是他以前的历史就不好追究了，他以前干什么呢？镇压农民起义。在阶级斗争极为尖锐的时候，这些人的阶级立场是极为清楚的，反对农民起义，镇压农民起义。即使在他抗拒清军南下的时候，还要反对农民起义。有没有同情农民起义的呢？没有。不可能要求统治者来同情被统治者的反抗。

对于这样一段党争的历史，要具体分析，具体研究。党争跟明朝的政治制度有关系。明太祖在洪武十三年取消了宰相，取消了中书省，搞了几个机要秘书到内廷来办事情。到明成祖时搞了个内阁，这是个政府机构。内阁的权力越来越大，代替了过去的宰相，虽然没有宰相之名，但是有宰相之实。至于给皇帝个人办事的有秘书，就是在宫廷里面设立一个机构，叫作"司礼监"。这是一个内廷机构，不是政府机构。司礼监有一个秉笔太监，皇帝要看什么政府报告，让秉笔太监先看；皇帝要下什么书面指示，也让秉笔太监起稿。皇帝年纪大一些、知识多一些的，还能辨别是非，是不是同意，他自己有主见。可是一些年轻的皇帝就搞不清楚，结果司礼监的秉笔太监就操纵政治，掌握了政权。因为用人和行政的权力都给了司礼监，结果形成了明朝后期的太监独裁。在明朝历史上有很多坏太监，像明英宗时代的王振，明武宗时代的刘瑾，天启时代的魏忠贤等。太监当家的结果，就造成了政府与内廷之争，也就是统治阶级内部地主阶级知识分子与太监争夺政权的斗争。明朝后期五十年的东林党之争就是在这样的背景之下进行的。

随着太监权力的扩大，不但中央被他们控制了，地方也被他们控制了。洪武十三年以后，地方上设有三司（都指挥使司、布政使司、按察使司）。三司是各自独立的，都受皇帝的直接指挥。到了永乐时代，当一个地区发生了军事行动，像农民起义或其他的群众斗争爆发的时候，这三个司往往意见不统一，各管各的。结果只好由中央政府派官员去管理这个地方的事。这个官叫巡抚。巡抚是政府官员，常常是由国防部副部长，即兵部侍郎担任。巡抚出去巡视各个地方，事情完了就回来。可是由于到处发生农民战争和民族与民族之间的战争，这个官去了以后就回不来了，逐渐变成一个地方的常驻官了。因为巡抚是中央派去的，所以他的地位在三司之上。过去三司使是地方上最大的官，现在三司使上面又加了一个巡抚。但这能不能解决问题呢？还是不能解决问题。为什么呢？因为巡抚只能指挥这一个地区的军事行动，比如浙江的巡抚就只能管浙江这一个地方。

可是遇到军事行动牵涉到几个省的时候，这个巡抚就不能管了。于是又派比巡抚更高的官，即派国防部长——兵部尚书出去做总督。总督管几个省或一个大省。有了总督之后，巡抚就变成第二等官了，三司的地位则更低了。可是到了明朝后期，总督也管不了事。为什么呢？因为战争扩大了，农民战争和辽东的战争往往牵涉到五六个省。五六个省就往往有五六个总督，谁也管不了谁。结果只好派大学士出去做督师，总督也归他管。这是一方面。另一方面，明朝为了镇压各地人民的反抗，就派军官到各地去镇守，叫作总兵官，也就是总指挥。统治者对总兵官不放心，怕他搞鬼，因此总是派一个太监去监督，叫作监军。哪个地方有总兵官，哪个地方就有监军。监军可以直接向皇帝写报告，因为他是皇帝直接派出去的。因此，不但总兵官要听他的话，就是像巡抚这一类的地方官也要听他的话。这样，就形成了中央和地方都是太监当家的局面，明朝的政治变成太监的政治了。此外，明朝的皇帝贪图享受，为了满足自己生活上的欲望，哪个地方收税多就派一个太监去，哪个地方有矿藏也派一个太监去，叫作"税使"、"矿使"。全国的主要矿区，东北起辽东，西南到云南，以及武汉、苏州等大城市都有税使、矿使搜刮民脂民膏。这些太监很不讲道理，他们的任务就是弄钱。他们根本不懂得什么矿，更不懂得怎么开采，却要开矿。只要听说这个地方有金矿就要开，而且规定要在这里开三百两、五百两。如果开不出来怎么办？就要这个地方的老百姓来赔。老百姓要反抗，他就说你的房子下面有矿，把房子拆了开矿。收税也很厉害。苏州有很多机户，纺织工人数量很大。他们要加税，每一张织机要加多少钱。老百姓交不起就请愿，请愿也不行。结果就起来反抗，把太监打死，形成市民暴动。苏州市民暴动出了一个英雄人物，叫作葛贤。这个人后来被杀了。因为明朝政府要屠杀参加暴动的市民，他挺身出来顶住了。不仅在苏州，在武汉、辽宁、云南各个地方都发生了市民暴动。有的地方把太监赶跑了，有的地方把太监下面的人逮住杀了。市民暴动是明朝后期历史的一个特征。人民的生活日益困难，不但农民活不下去，城市工商业者也活不下去了，他们便起来反对暴政。

因此，当时一些比较有见解的政治家，就在政治上提出了一些主张。譬如大家知道的海瑞就是这样。他提出了什么主张呢？他做苏州巡抚，管理江苏全省和安徽一部分。这个地区的土地情况怎样呢？前面说到明朝初年土地比较分散，阶级斗争比较缓和。可是一百多年以后，情况改变了，土地全部集中在大地主、大官僚的手中，而且越来越集中。就在海瑞所管辖的地区松江府，出了一个宰相叫徐阶，他就是一个大地主，家里有二十万亩土地。土地都被大地主占有，农民没有土地，只能逃亡。土地过分集中的结果，使农民活不下去，阶级矛盾越来越尖锐。海瑞看出了毛病，他想缓和这种情况。当然，他不能也不知道采取革命的手段。他采取什么办法呢？他认为要解决人民的生活问题，要使人民不去搞武装斗争反对政府，就必须使这些穷人有土地可种。土地从哪里来呢？土地都在大地主手里，而大地主所以取得这些土地，主要的手段是非法的强占。因此他提出这样一个政治措施：要求他管辖地区内的大地主阶级，凡是强占的土地一律退还给老百姓，使老百姓多多少少有一些土地可以耕种，能够活下去。这样来缓和阶级矛盾。他坚决主张这种做法。这一来，大地主阶级就联合起来反对他，结果这个苏州巡抚只做了半年多就被大地主阶级赶跑了。海瑞的办法能不能解决当时的土地问题？当然不可能。把大地主阶级强占的一部分土地归还给老百姓能不能稍微缓和一下阶级矛盾呢？可以缓和一下。可是办不到，因为地主阶级不肯放弃他们已经到手的东西。海瑞是非失败不可的。类似海瑞这样的政治家当时还有没有呢？有的。他们也感到了阶级矛盾和阶级斗争的严重性，认为这个政权维持不下去。但是能不能提出一个解决的办法呢？谁也没有办法。不但统治阶级，就连农民起义的领袖也提不出解决的办法来。

　　阶级矛盾日益尖锐的结果，最后形成了明末的农民大起义。崇祯时代，各地方的农民都起来斗争，最后形成两支强大的军事力量：一支以李自成为首，一支以张献忠为首。他们有没有明确地提出解决阶级矛盾的办法呢？也没有。李自成后期曾经提出"迎闯王，不纳粮"的口号争取广大农民的支持，结果他的队伍一下子就发展到一百多万，农民、小手工业者、城市贫民都跟着他走。但是不纳粮也不能解决问题。现在有一个材料，就是山东有一个县，李自成曾经统治过那个地方，当时有人主张分田给百姓。分了没有呢？没有分。他提不出明确的办法，不但提不出消灭地主阶级的根本方针，甚至连孙中山那样的"平均地权"的办法也提不出。所以消灭封建剥削，消灭地主阶级这个根本问题，在古代历史上的任何时期都不能解决。不但地主阶级知识分子、官僚提不出解决办法，就是反对封建地主阶级的农民起义领袖也提不出解决的办法，这个问题只有在我们这个时代才能解决。我们研究过去的农民革命、农民起义时，不能把我们今天的思想意识强加于古人。我们这个时代能办到的事，不能希望古人也能办到，否则就是非历史主义的观点。目前史学界在有些问题上存在一些偏向，总希望把农民起义的领袖说得好一些，说得完满一些，不知不觉地把自己所理解的东西加古人身上。这是不科学的，非马克思主义的观点。我们只能根据历史事实来理解、来解释、来研究和总结历史，而不可以采取别的办法。

　　附带讲一个小问题。前面提到巡按御史，到底巡按御史是个什么官？我们经常看京戏，很多京戏里都有这么一个官。所谓八府巡按，威风得很。他是干什么的呢？我们前面讲过御史，就是十三道御史，是按照行政区划设置的。每一道御史的职务就是监察他这个地区的官吏和政务。同时，中央有一个机构叫都察院。都察院的官吏叫左右都御史，左右都御史下面是左右副都御史，左右副都御史下面是左右佥都御史，再下面就是御史和巡按御史。巡按御史是由都察院派出去检查地方工作的。凡是地方官有违法失职的，他们有权提出意见来。他们还可以监察司法工作，有的案子判得不正确，他们可以提出意见。老百姓申冤的，地方官那里不能解决问题，可以到巡按御史这里来告。这就是戏上八府巡按的来源。御史的官位大不大呢？不大，只是七品官。当时县官也是七品官。知识分子考上进士以后，有一批人就分配做御史。御史管的事情很少，可是在地方上有很高的职权。为什么呢？因为他代表中央，代表都察院，是皇帝的耳目之官。建立这样一种制度的目的是什么呢？目的是想通过巡按御史的监察工作，来缓和当时人民和政府之间的矛盾，解决一些问题。贪官污吏，提出来把他罢免；冤枉的案子帮助平反。于是老百姓对这样的官员寄予很大的希望，希望他们能帮助自己申冤。这种愿望，在当时的一些文学作品中得到了反映。虽然这些人在实际政治生活中并没有解决什么问题，但是一些文学家、艺术家在一定程度上反映了人民的要求，创作了许多这类题材的作品，特别是明清两代有很多剧本是反映这个思想的。这些作品大体上有这样一些共同的内容：一类是描写老百姓受了冤枉，被大地主、大官僚陷害，被关起来或者判处了死刑，最后一个巡按给他翻了案。或者是描写皇庄的庄头作威作福，不但庄田范围以内的佃农，就是庄田附近的老百姓也受他们的欺侮。姑娘被抢走了，家里面的东西被抢走了，后来遇上侠客打抱不平，或者清官出来把问题解决了。在明朝后期和清朝前期，有不少的小说、剧本是描写这些恶霸、庄头的残暴行为的。这是一类。另一类作品反映了当时知识分子的出路问题。当时的知识分子无非是通过考试中秀才、中举人、中进士。中了进士干什么呢？当巡按御史。因此有很多作品是这样的题材：一位公子遇难，在后花园里遇到一位小姐，小姐赠送他多少银子。以后上北京考上了进士，当上了八府巡按，最后夫妻团圆。这个时期的文学作品大体上有这几方面的题材，反映了这个时期的政治生活、阶级斗争的一些问题。

建州女真问题

现在讲第一部分的最后一个问题，建州问题。建州的历史和明朝一样长。在明朝初期和中期的时候，建州是服从明朝的。从明朝初年起一直到努尔哈赤的时候都是这样，努尔哈赤曾经被明朝封为"龙虎将军"。但是清军入关以后，清朝皇帝忌讳这段历史，他们不愿意让人们知道他们的祖先和明朝有关系。因此，清朝写的一些历史书把这几百年间建州和明朝的关系整个取消了，把这段历史的真实情况隐瞒起来，说他们的祖先从来就是独立的，跟明朝没有关系。凡是记载他们的祖先与明朝的关系的历史书，他们都想办法搜来毁掉。《四库全书总目提要》里有一部分禁毁书目，大体上有两类：一类是书里面有某些文章对清朝表示不满的，另一类就是牵涉到清朝的祖先的。这也是一种地方民族主义思想在作怪。因此这一段历史很长时间被埋没了，最近二三十年才有人进行研究。

现在讲讲建州这个部族的发展变化。建州在过去叫女真，金朝就是女真族建立的。建州就是金的后代。为什么叫建州呢？因为他们居住的地区长白山一带就叫建州。后来努尔哈赤统治了东北，建立了政权，国号仍称为"后金"。到了他儿子的时候才改国号为"清"。建州在明朝初年的时候，还没有进入农业社会，还不知道种地，生产很落后，文化当然也很落后。那时他们靠什么生活呢？靠打猎、采人参过活。把兽皮、人参一些奇特的物产跟汉人、朝鲜人交换他们所需要的布匹、铁锅一类的东西。所以建州人的经济生活跟汉人、朝鲜人分不开。后来由于人口的增加，对粮食的生产感到很迫切了。但是他们自己不会种，怎么办呢？找汉人、朝鲜人替他们种。于是通过战争把汉人、朝鲜人俘虏过去做他们的奴隶。有大量的汉文和朝鲜资料说明建州族的农业生产是农奴生产。建州贵族自己是不参加农业劳动的。农奴也不是他们本族人，而是俘虏来的汉人和朝鲜人。

他们通过以物换物的方法从汉人那里取得铁器。到了15世纪后期，他们俘虏了一些汉人铁匠，自己开始开矿、炼铁。有了铁器，生产水平提高了。到了努尔哈赤的时候，通过战争把原来的许多小部族统一起来，定居在辽阳以南一个叫赫图阿拉的地方。努尔哈赤一方面统一了东北的许多部族，另一方面他又用很大的力量来接受汉人的文化。在他左右有一批汉族的知识分子。他和过去的封建帝王一样，注意研究历史，接受历史上的经验教训，来制定他的政策方针和军事斗争方针。

上面简单地谈了一下建州的社会发展过程。现在我们来讲讲建州跟明朝的关系。在明朝初期，建州分为三种：分布在现在的松花江一带的叫海西女真，因为松花江原来的名字叫海西江。分布在长白山一带的叫建州女真，因为这些人主要居住在现在的依兰县。这个地方在历史上曾建立过一个国家，叫作"渤海国"。渤海国人把依兰县称为建州，因此住在这个地方的女真人称为建州女真。住在东方沿海一带的叫"野人女真"。"野人女真"的文化最落后。海西和建州又称为熟女真。"野人女真"又称为生女真。"野人女真"经常活动在忽剌温江一带，因此野人女真又称为忽剌温女真，也叫"扈伦"。从历史发展来看，熟女真是金的后代，生女真可能是另外一个种族。这三种女真分布的地区大致是这样：东边靠海，西边和蒙古接近，南边是朝鲜，北边是奴儿干（现在的库页岛）。在明朝建国以后，西边就是明朝，南边是朝鲜，北边是蒙古。

在明朝几百年间，东北建州族的历史也就是跟蒙古、朝鲜、明朝三方面发生关系的历史。明朝初期，有一部分建州族住在朝鲜境内，他们和朝鲜的关系很深，有一些酋长还由朝鲜政府封他们的官。同时，这些酋长又和明朝发生关系，明朝也给他们封官号。明朝对这三种女真采取什么政策呢？采取分而治之的政策。所谓分而治之就是不让它们团结成为一个力量，老是保持若干个小的单位。所以从明太祖建国以后起，直到明成祖的几十年间，明朝经常派人到东北地区去，跟三种女真的各个地区的酋长联系，封他们的官，建立了一百多个卫所，用这些酋长充当卫所的指挥使。这样做对这些女真族的上层分子有没有好处呢？有好处，他们接受了明朝的官位以后，就得到了一种权力。明朝政府给他们一种许可证，当时叫作"勘合"。有了这种"勘合"就可以在每年一定的时候到明朝边界来做买卖，没有这个东西就不行。对那些大头头，明朝政府就封他们为都督。历史上最早的建州族领袖有这么几个人，一个叫猛哥帖木儿（这是蒙古名字，当时受蒙古的影响），另一个叫阿哈出。这两个人是首先跟明朝来往，受明朝政府封官的。猛哥帖木儿后来成为明朝所建立的建州左卫的酋长，阿哈出是建州卫的指挥使。根据朝鲜的历史记载，阿哈出和明成祖有过亲戚关系（这点在汉文的记载中没有）。永乐时代，明朝又派了大批官员到东北库页岛地区建立了一个机构，叫"奴儿干都司"。至此，明朝前前后后在东北地区建立了一百八十四个卫所。这些卫所建立以后，明朝政府有什么军事行动，譬如跟蒙古打仗，这些建州酋长就派兵参加明朝的军队。这样，他们慢慢由原住的地方往西移，越来越靠近辽东（就是现在的辽东半岛）。他们一方面跟明朝的关系很好，另一方面也经常发生矛盾。矛盾表现在两个方面：一方面是前面所说的，他们为取得农业和手工业生产的劳动力，就俘虏汉人，这样就引起了冲突；另一个就是通商，物资上的交换得不到满足的时候，也发展成为军事冲突。同样，建州和朝鲜的关系也是如此，有和平时期，也有战争时期。

经过几十年以后，原来的一百八十四个单位发生了变化，有的小单位并到大单位里去了，单位的数目减少了，但是军事力量却强大起来。在这种情况下，建州族某些酋长有时就依靠朝鲜来抗拒明朝，有时又依靠明朝来抗拒朝鲜。结果，明朝政府便跟朝鲜政府商量，在 1438 年，两方面的军队合起来打建州，杀了一些建州领袖。建州因为遭受到这次损失，在原来的地方待不下去了，于是就搬到浑河流域，在赫图阿拉的地方住下来。原来左右卫是分开的，到了这里以后，两个卫所合在一起了。这样，它的力量反而比过去更强大了。到了万历时代，右卫酋长王杲和他的儿子阿台跟明朝发生了冲突。当时明朝在东北的军事总指挥叫李成梁，他是朝鲜族人，是一个很有名的军事将领。他把王杲、阿台包围起来。右卫被包围了，而左卫酋长叫场和他的儿子塔失是依靠明朝的，他们给李成梁当向导。结果明朝的军队大举向右卫进攻，把王杲、阿台杀死了，同时把叫场、塔失也杀死了。塔失的儿子是谁呢？就是努尔哈赤。

所以努尔哈赤以后起兵反对明朝时提出了七大恨，其中有一条就是明朝把他的父亲和祖父杀害了。

努尔哈赤在他父亲和祖父死时还很年轻，当时部族里剩下的人很少了，明朝后期的历史记载说李成梁把他收养下来，所以他从小就接受了汉族文化。长大以后，他就把自己部族的力量组织起来。他采取依靠明朝的方针，把建州族俘虏的汉人奴隶送回给明朝，这样便取得了明朝政府的信任。1587 年，他以自己的军事力量把附近地区的部族吞并了。1589 年被明朝封为都督，力量得到了发展。这个时候，建州部族里面另外两支强大的军事力量发生冲突和残杀，努尔哈赤就利用这次冲突来发展自己的实力。日本侵略朝鲜的时候，他表示愿意帮助明朝打日本，结果明朝和朝鲜都拒绝了他。1595 年，明朝政府封努尔哈赤为龙虎将军，他成了东北地区军事实力最强大的领袖。

正当努尔哈赤的力量越来越强大的时候，明朝政府内部发生了许多问题。1589 年，播州土司起兵反抗明朝，打了十几年的仗。1592 年在现在的宁夏地区，少数民族的反抗又引起了战争。同一年丰臣秀吉侵入朝鲜，接连打了七年仗。在这样的情况下，明朝自己的问题很多，就顾不上努尔哈赤了。努尔哈赤利用这个机会更加积极地发展自己的力量，统一各个部族。他统一的方法有两个：一个办法是用军事力量征服；另一个办法是通婚，通过婚姻关系把许多部族组织起来。到了 1615 年，东北辽东半岛以东的大部分地区已经被努尔哈赤所统一了。军事力量壮大以后，他建立了自己的军事制度。1600 年，他规定三百人组成一个牛录（大箭的意思）。1615 年又进一步把五个牛录组成为一个甲喇，五个甲喇组成为一个固山。他一共有四个固山。每一个固山有一面旗，分为红、黄、蓝、白四个旗，共有三万兵力。后来军事力量更加强了，俘虏的人更多了，于是又增加了四个旗，就是镶红旗、镶黄旗、镶蓝旗、镶白旗。一共为八个旗。后来征服了蒙古族，组成为蒙古八旗。再后来又把俘虏的汉人组成为汉军八旗。他的军事组织跟生产组织是统一的，每一个牛录（三百人）要出十人、四头牛来种地，每家要生产一些工艺品。1659 年开始开金矿、银矿，并建立了冶铁手工业。这一年他创造了文字，用蒙古文字和建州语创造了一种新的文字，这种文字后来就成为老满文，加上标点就变成新满文。1616 年（万历四十四年），努尔哈赤自称为皇帝，国号"后金"，年号"天命"，他认为他的一切都是上天的指示。他这个家族自己搞了一个姓，叫"爱新觉罗"。爱新觉罗是什么意思呢？在建州话里，爱新是金，觉罗是族，就是金族，用这个来团结组织东北女真族的力量。从他的国号和姓就说明他是继承金的。两年以后，他出兵攻打明朝。以上讲的就是努尔哈赤以前东北建州的具体情况。这些情况说明什么呢？

1. 建州这个部族并不是像清朝的史书上所记载的那样，是从努尔哈赤才开始的。而是从明朝初年起，建州族就在东北地区活动。

2. 建州族和明朝、蒙古、朝鲜三方面都有关系。可以明显地看出，猛哥帖木儿就是蒙古名字。汉人、蒙古、朝鲜的文化对它都有影响。它接受了这几方面的东西提高了自己。

3. 明朝对东北女真族的政策是分而治之，但这个政策后来失败了。女真各部要求团结，从生活和文化的提高来说，从加强军事力量来说，都需要团结在一起。尽管中间遭到一些挫折，但是并不能阻止三种女真的团结。努尔哈赤一生的活动主要是为了实现这个愿望，他统一了东北许多部族。统一是好事还是坏事呢？应该说是好事情，不是坏事。努尔哈赤统一东北的各个部族，在民族发展的历史上是有贡献的。

4. 东北建州部族社会发展的过程是：初期过着游牧生活，不善于耕种。后来俘虏汉人、朝鲜人去耕种，有了农业生产；同时也懂得了使用铁器、生产铁器，初步提高了自己的生活水平和生产水平。努尔哈赤取得了沈阳、辽阳以后，封建化的过程加快了，在很大的程度上接受了汉人的文化和生产方式。但是必须了解，建州族在其发展过程中是有自身的特点的。上面所说的八旗，表面上是军事组织，实际上是社会组织和生产组织，这三者是统一的。八旗军队在出去打仗的时候，明确规定俘虏到的人口和物资应该拿出一部分交给公家，剩下的才归自己。在努尔哈赤时代，八旗的头子还都有很大的权力，许多事情都要经过他们共同商量，取得他们的同意后才能作出决定。这种情况一直到努尔哈赤的儿子清太宗的时候才改变，才提高了皇帝的地位，而把八旗首领的地位降低了。

最后讲讲"满洲"这个名字的来源问题。这个名字到底是从什么地方来的？现在还没有完全解决。根据明朝的历史记载，在清太宗以前从来没有出现过"满洲"这个名字，一直到清太宗时才称"满洲"，后来又称为"满族"。在外国的地图上把中国的东北叫满洲，后来我们自己也跟着外国人这样叫。现在可能的解释是：建州族信仰佛教，佛教里有一个佛叫作"文殊"，满族人把文殊念作"满住"。1438 年明朝跟朝鲜合起来打建州，很多建州人被杀，其中有一个领袖就叫李满住（女真族里有不少人叫满住，用宗教上的名词作为自己的名字）。可能满洲就是从满住演变而来的：从文殊演变为"满住"，又从"满住"演变为满洲。这是一个试探性的解释，还不能说是科学的结论，其他方面的材料还没有。因此，究竟为什么叫满洲，现在还不能下最后的结论。

以上我们介绍了建州的一些情况。我们对待汉族和满族的关系，也应该像对待汉族和蒙古族的关系一样。在明朝，汉族和满族之间是打过仗，但是更多的时候是不打仗的。清太宗改国号为清，到清世祖顺治（1644）入关，正式建立了清朝。清朝统治中国二百多年，它是中国历史上最后的一个王朝。清朝末年一些革命党人进行反满斗争，出了不少的书，宣传清朝的黑暗统治，宣传反满。这在那个时期是必要的。可是经过几十年，到了现在我们如果还是这样来对待满族就不应该了。我们是多民族的国家，各个民族一律平等。一方面要承认清朝进行过多次非正义的战争，有过黑暗统治；另一方面也要承认清朝统治的二百多年并不都是黑暗时代，其中有一个时期的历史是很辉煌的。譬如像康熙、乾隆时代就是清朝的全盛时代，这个时代不但巩固了国家的统一，而且有所发展。我们中国今天的疆域是什么时候形成的？是康熙、乾隆时代奠定的，我们继承了他们的遗产。所以毛主席说："今天的中国是历史的中国的一个发展……我们不应当割断历史。"我们对清朝的历史必须要有足够的估价，对康熙、乾隆巩固国家的统一、发展国家的统一也要有足够的估价，应该给它以应有的尊重。不但对历史应该给予应有的尊重，今天在民族关系上也应该注意这点。解放以后，中央曾经发出过这样的指示，就是"满清"两个字不要连用。清朝就是清朝，满族就是满族。要把清朝统治者和广大的满族人民区别开，并不是所有的满族人都是清朝的统治者。满族人民在清朝统治下同样是受剥削、受压迫的。至于清朝统治者，他们做过坏事，但是在有些事情上也做过好事，而且做了很大的好事。应该从历史事实出发，好就是好，不好就是不好。

第二部分
明代历史的几个问题

现在讲第二部分，这一部分包括两个问题：郑和下西洋的问题，资本主义萌芽问题。

郑和（三宝太监）下西洋

首先说明西洋是指什么地方。明朝时候把现在的南洋地区统称为东洋和西洋。西洋指的是现在的印度支那半岛、马来半岛、印度尼西亚、婆罗洲等地区；东洋指的是菲律宾、日本等地区。在元朝以前已经有了东、西洋之分，为什么有这样的分法呢？因为当时在海上航行要靠针路（指南针），针路分东洋指针和西洋指针，因此在地理名词上就有"东洋"和"西洋"。郑和下西洋指的是什么地方呢？主要是指现在的南洋群岛。

中国人到南洋去的历史很早，并不是从郑和开始的。远在公元以前，秦朝的政治力量已经达到现在的越南地区。到了汉武帝的时候，现在的南洋群岛许多地区已经同汉朝有很多往来。这种往来分两类：一类是官方的，即政府派遣的商船队；一类是民间的商人。可是像郑和这样由国家派遣的船队，一次出去几万人、几十条大船（这些船是当时世界上最大的船，也就是当时世界上最大的海军），不但到了现在南洋群岛的主要国家，而且一直到了非洲。其规模之大，人数之多，范围之广，那是历史上前所未有的；就是明朝以后也没有。这样大规模的航海，在当时世界历史上也没有过。郑和下西洋比哥伦布发现新大陆早 87 年，比第亚士（今译迪亚士）发现好望角早 83 年，比奥斯达·加马（今译瓦斯卡·达·伽马）发现新航路早 93 年，比麦哲伦到达菲律宾早 116 年。比世界上所有著名的航海家的航海活动都早。可以说郑和是历史上最早的最伟大的最有成绩的航海家。

　　问题是为什么在 15 世纪的前期中国能派出这样大规模的航海舰队，而不是别的时候？这个问题历史记载上有一种说法，说郑和下西洋仅仅是为了寻找建文帝的下落，这种说法是不正确的。上次我们讲到，明成祖从北京打到南京，夺取了他的侄子建文帝的帝位。建文帝是明太祖的孙子，他做了皇帝以后，听信了齐泰、黄子澄等人的意见，要把他的一些叔叔——明太祖封的亲王的力量消灭掉，以加强中央集权。他解除了一些亲王的军事权力，有的被关起来，有的被废为庶人。于是燕王便起兵反抗，打了几年，最后打到南京。历史记载说燕王军队打到南京后，"宫中火起，帝不知所终"。"帝不知所终"这句话是经过了认真研究的，因为当时宫里起了火，把宫里的人都烧死了，烧死的尸首分不清到底是谁。于是就发生了一个建文帝到底死了没有的疑案。假如没有死，他跑出去了的话，那么，他就有可能重新组织军队来推翻明成祖的统治。从当时全国的形势来看是存在这个问题的。因为建文帝是继承他祖父明太祖的，全国各个地方都服从他的指挥。明成祖虽然在军事上取得了胜利，但是并没有把建文帝的整个军事力量摧毁，他的军事力量只是在今天从北京到南京的铁路沿线上，其他地方还是建文帝原来的势力。因此明成祖就得考虑建文帝到底还在不在，如果是逃出去了，又逃到了什么地方？他得想办法把建文帝逮住。于是他派了礼部尚书（相当于现在的内务部长）胡濙（yíng），名义上是到全国各地去找神仙（当时传说有一个神仙叫张三丰），实际上是去寻找建文帝。前后找了二三十年。《明史·胡濙传》说胡濙每次找了回来都向明成祖报告。最后一次向皇帝报告时，成祖正在军中，胡濙讲的什么别人都听不到，只见他讲了以后明成祖很高兴。历史家们认为，最后这一次报告，可能是说建文帝已经死了。另外，明成祖又怕建文帝不在国内，跑到国外去了，所以他在派郑和下西洋的时候，要郑和在国外也留心这件事。这是可能的，但这不是郑和下西洋的主要目的，郑和下西洋主要是由于经济上的原因。

　　这里插一个问题，讲讲明成祖和建文帝之间的斗争说明什么问题。明成祖以后的各代对建文帝的下落一事也非常重视。万历皇帝就曾经同他的老师谈起这个问题，问建文帝到底到哪里去了，为什么经过一百多年还搞不清楚。当时出现了很多有关建文帝的书，这些书讲建文帝是怎么逃出南京的，经过些什么地方，逃到了什么地方。有的书说他到了云南，当了和尚；跟他一起逃走的那些人也都当了和尚。诸如此类的传说越来越多。此外，记载建文帝事迹的书也越来越多。这说明什么问题呢？说明一个政治问题。建文帝在位期间，改变了他祖父明太祖的一些做法。他认为明太祖所定下来的一些制度，现在经过了几十年，应该改变。当时建文帝周围的一些人都是些儒生，缺乏实际斗争经验，他们自己出的一些办法也并不高明。尽管如此，建文帝的这种举动还是得到了不少人的支持。但是明成祖起兵反对他，在明成祖看来，明太祖所规定的一切制度都是尽善尽美的，他不容许建文帝改变祖先的东西。因此，明成祖和建文帝之间的斗争就是保持还是改变明太祖所定的旧制度的斗争。在这个斗争中建文帝失败了。明成祖做了皇帝以后，把建文帝改变了的一些东西又全部恢复过来。一直到明朝灭亡，二百多年都没有变动。

在这种情况下，有不少的知识分子对明成祖的政治感到不满，不满意他的统治。他们通过什么方式来表达这种不满呢？公开反对不行，于是通过对建文帝的怀念来表达。他们肯定建文帝，赞扬建文帝，实际上就是反对明成祖。因此，关于建文帝的传说就越来越多了。现在我们到四川、云南这些地方旅行，到处可以发现所谓建文帝的遗址。这里有一个庙说是建文帝住过的，那里有一个寺院，里头有几棵树，说是建文帝栽的。有没有这样的事情呢？没有。明末清初有个文人叫钱谦益（这个人政治上很糟糕）写了文章专门研究这个问题。当时许多书上都说：当南京被燕兵包围时，城门打不开，建文帝便剃了头发，跟着几个随从的人从下水道的水门跑出去了。钱谦益说这靠不住，南京下水道的水门根本不能通出城去。他当时做南京礼部尚书，宫殿里的情况是很熟悉的。此外，还有很多不合事实的传说，他都逐条驳斥了。最后他作了这样的解释：假如建文帝真的跑出去了，当时明成祖所统治的地区只是从北京到南京的交通线附近，只要建文帝一号召，全国各地都会响应他，他还可以继续进行斗争。但结果没有这样。这就可以得出一个结论：建文帝是死在宫里了。但当时不能肯定，万一他跑了怎么办？所以就派人去找。我认为这样解释比较说得通。

现在我们继续讲郑和下西洋的问题。如果说郑和下西洋的主要目的是为了找建文帝，那是不合事实的；但也不能说完全没有这方面的动机。因为当时的怀疑不能解决，通过他出去访问，让他注意这个问题是可能的。那么，郑和下西洋的主要目的到底是什么呢？这就是上次所说的，是国内经济发展的必然结果。经过1348年到1368年二十年的战争，经济上受到了很大的破坏。但是经过洪武时期采取的恢复生产、发展生产的措施以后，人口增加了，耕地面积扩大了，粮食、棉花、油料的产量都提高了，人民的生活有了改善，政府的财政税收比以前多了。随之而来，对国外物资的需要也增加了。这种对国外物资需要的增加主要在两个方面，一方面是人民日常生活所需要的物资，主要是香料、染料。香料主要是用在饮食方面作调料，就是把菜做得更好一些，或者使某种菜能收藏得更久。像胡椒就是人民所需要的东西。胡椒从哪里来呢？是从印度来的，一直到现在还是如此。还有其他许多香料也大多是从南洋各岛来的。在南洋有个香料岛，专门出产香料。另一种是染料，为什么对染料的需要这样迫切呢？明朝以前，我们的祖先常用的染料都是草木染料，譬如蓝色是草蓝，或者是矿物染料。这样的染料一方面价钱贵，另一方面又容易褪色。进口染料就可以解决这些问题。朝鲜族喜欢穿白衣服，我们国内有些人也喜欢穿白衣服，为什么？原因很简单，因为买不起染料。封建社会里，皇帝穿黄衣服，最高级的官穿红衣服，再下一级的官穿紫衣服、穿蓝衣服，最下等的穿绿衣服。为什么用衣服的颜色来区别呢？也很简单，染料贵。老百姓买不起染料，只好穿白衣服。所以古人说"白衣"、"白丁"，指的是平民。这些封建礼节都是由物质基础决定的。因此就有向国外去寻找染料的要求。这是一类，是人民的日常生活所需要的。另外一类是毫无意义的消费品，主要是珠宝。这是专门供贵族社会特别是宫廷里享受的。有一种宝石叫"猫儿眼"，还有一种叫"祖母绿"，过去谁也不知道是什么样子，只知道是宝石。最近我们在万历皇帝的定陵里发现了这两种东西，这些东西都是从外国买来的。除了珠宝以外，还有一些珍禽异兽，当时的人把一种兽叫作麒麟，实际上就是动物园里的长颈鹿。与对外物资需要增加的同时，由于国内经济的发展，一些可供出口的物资，如绸缎、瓷器（主要是江西瓷，其他地区也有一些）、铁器（主要生产工具）的产量也增加了。

除了经济上的条件以外，还有一个很重要的条件，就是当时中国对外的航海通商已有悠久的历史。从秦朝开始，经过唐朝、南宋到元朝，在这个漫长的时期内，政府的商船队、私人的商船队不断出去。有些私人商船队发了财。到了明朝，由于长期的积累，已经具备了丰富的航海知识和有经验的航海人员。有了这些条件，就出现了从明成祖永乐三年（1405）到他的孙子明宣宗宣德八年（1433）三十年之间以郑和为首的七次下西洋的事迹。

郑和出去坐的船叫作"宝船"，政府专门设立了制造宝船的机构。这种船有多大呢？大船长四十丈，宽十八丈；中船长三十七丈，宽十五丈。当时在全世界再没有比这更大的船了。一条船可以载多少人呢？根据第一次派出的人数来计算，平均每条船可以坐四百五十人。每次出去多少人呢？有人数最多的军队，此外还有水手、翻译、会计、修船工人、医生等，平均每次出去二万七八千人。这样的规模是了不起的，后来的哥伦布、麦哲伦航海每次不过三四只船，百把人，是不能和这相比的。谁来带领这么多人的航海队呢？明朝政府选择了郑和。因为郑和很勇敢，很有能力。同时，当时南洋的许多国家都是信仰回教的，而郑和也是个回教徒（但他同时也信仰佛教），他的祖父和父亲都曾经朝拜过麦加。回教徒一生最大的愿望就是到麦加去磕一个头，凡是去过麦加的人就称为哈只。选派这样的回教徒到信仰回教的地方去就可以减少隔阂，好办事。在郑和带去的翻译里面也有一些人是回教徒，这些人后来写了一些书，把当时访问的一些国家的情况记载下来了。这些书有的流传到现在。有人问：郑和是云南人，他怎么成了明成祖部下的大官呢？这很简单，洪武十四年的时候，明太祖派兵打云南，把元朝在云南的残余势力打败了，取得了云南。在战争中俘虏了一些人，郑和就是在这次战争中被俘虏的。他当时还是一个小孩，后来让他做太监，分给了明成祖。他跟明成祖出去打仗时，表现很勇敢，取得了明成祖的信任。因此明成祖让他担负了到南洋各国去访问的任务。

他们第一次出去坐了六十二艘大船，带了很多军队。这里发生了这样的问题：他们既然是到外国去通商、去访问，为什么要带这么多军队？这是因为当时从中国去南洋群岛的航线上有海盗，这些海盗不但抢劫中国商船，而且别的国家到我们这里来做买卖的商船也抢。郑和用强大的军事力量把海盗消灭了，这样就保证了航路的畅通。另外，为了防止外国来侵犯他们，也需要带足够的军事力量。郑和到锡兰的时候，锡兰国王看到中国商船队的物资很多，他就抢劫这些物资。结果郑和把他打败了，并把他俘虏到北京。后来明朝政府又把他放回去，告诉他，只要你今后不再当强盗就行了。可见为了航行的安全，郑和带军队去是必要的。郑和率领的军事力量虽然很强大，用现在的话来说，他带去了好几个师的军队，而当时南洋没有一个地区有这样强大的军事力量，但是郑和的军队只是用于防卫的。他所进行的是和平通商。尽管当时有这样的力量，这样的可能，但是没有占领别人的一寸土地。后来，比郑和晚一百年的西方人到东方来就不同了。他们一手拿商品，一手拿宝剑，把所到的地方都变成他们的殖民地。如葡萄牙人到了南洋以后就占领了南洋的一些岛屿。当然，在我们的历史上个别的时候也有占领别人的土地的事情。但总的来说，我们国家不是好侵略的国家，我们国家没有占领别国的领土，这和西方资本主义国家有本质的不同。根据当时保留下来的记载，可以看出郑和和南洋各国所进行的贸易是平等的，而不是强加于人的。交易双方公平议价，有些书上记载得很具体，说双方把手伸到袖子里摸手指头议价。现在我们国内有些地方还用这种办法。郑和所到的地区都有中国的侨民，有开矿的，有做工的，有做买卖的，各方面的人都有。有的地方甚至是以华侨为中心，华侨在经济上占主导地位。因此郑和每到一个地方都受到欢迎。

郑和每到一个国家，除了把自己带去的大量商品卖给他们外，也从这些国家带一些商品到中国来。从第一次出去以后，他就选择了南洋群岛的一个岛屿作为根据地，贮积很多货物，以此地为中心，分派商船到各地贸易等，各分遣船队都回到此地后，再一同回国。在前后不到三十年的时期中，印度洋沿岸地区他都走到了，最远到达了红海口的亚丁和非洲的木骨都束。木骨都束是索马里的首都，现在叫作摩加迪沙。前年摩加迪沙的市长访问北京的时候，我们对他讲：我们的国家五六百年前就有人访问过你们，他听了很高兴。

通过郑和七次下西洋，中国和南洋的航路畅通了，对外贸易大大地发展了，出国的华侨也就更多了。通过这几十年的对外接触，中国跟南洋这些地区的关系越来越深，来往也越来越多。由于华侨的活动，以及中国的先进的生产工具传入这些国家，这样，南洋地区的生产也越来越进步。所以，郑和下西洋的历史事实说明，我们这个国家有这样一个很好的传统：就是不去侵略人家。正因为这样，直到现在，尽管时间过去了五六百年，但是郑和到过的国家，很多地方都有纪念他的历史遗址。因为郑和叫三宝太监，所以很多地方都用三宝来命名。像郑和下西洋这样的事以往历史上是没有的，明朝以后也没有，这是明朝历史上一件很突出的事情。

现在要问：郑和第七次下西洋以后，为什么不去第八次呢？这里有客观的原因，也有主观的原因。客观原因是八十多年以后，欧洲人到东方来进行殖民活动，阻碍了中国和南洋诸国的往来。主观的原因有这几方面：第一，政治上的原因。明成祖死了以后，他的儿子做皇帝。这个短命皇帝很快又死了，再传给下一代，这就是宣宗。宣宗做皇帝时还是个八九岁的小孩，不懂事。于是宫廷里便由他的祖母当权，政府则由三杨（杨士奇、杨荣、杨溥）掌握，三杨在朝廷里当了二三十年的机要秘书。三个老头加上一个老太太掌握国家大权，这些人和明成祖不一样。明成祖有远大的眼光。他们却认为他多事，你派这么多人出去干什么？家里又不是没吃的、没喝的。不过明成祖在世时他们不敢反对，明成祖一死，他们当了家，就不准派人出去了。第二，组织这样的商队需要一个能代替郑和的人，因为郑和这时已经六十多岁，不能再出去了。第三，经济上的原因。从外国进口的物资都是消费物资，不能进行再生产。无论是香料还是染料，都是消费品，珠宝就更不用说了，更是毫无意义的东西。以我们的有用的丝绸、铁器、瓷器来换取珠宝，这样做划不来。虽然能解决沿海一些人的生活问题，但是好处不大，国家开支太多。所以，为了节约国家的财政开支，后来就不派遣商队出国了。正当明朝停止派船出国的时候，欧洲人占领了南洋的香料岛，葡萄牙人占领了我们的澳门。他们是用欺骗手段占领澳门的。开头他们向明朝的地方官说：他们的商船经常到这个地方来，遇到风浪把货物打湿了，要租个地方晒晒货物。最初还给租钱，后来就不给了，慢慢地侵占了这个地方，一直到现在还占领着（澳门已于 1999 年回归——编者）。

从欧洲人到东方来占领殖民地以后，中国的形势就改变了。经过清朝几百年，特别是鸦片战争以后，许多帝国主义国家从几个方面包围中国：印度被英国占领了；缅甸被英国占领了；越南被法国占领了；菲律宾先被西班牙占领；后又被美国占领了；东方的日本走上了资本主义道路，向外进行侵略扩张活动。所以近百年的中国，四面被资本主义国家和帝国主义国家所包围，再加上清朝政府的日益腐败，就使中国逐步变成了半殖民地、半封建的国家，进入了半封建、半殖民地的社会。

资本主义萌芽问题

　　关于资本主义萌芽问题，现在学术界还在争论，有许多不同的意见。有的人认为资本主义萌芽很早，有的人认为很晚。所提供的史料的时间性都很不肯定，从八世纪到十六、十七世纪都有。特别是关于《红楼梦》的社会背景的讨论展开以后更是如此。是在什么情况下产生了《红楼梦》这部作品呢？它的社会基础是什么？《红楼梦》中的贾宝玉反对科举、尊重妇女的思想是从哪里来的？他骂念书人，骂那些举人、秀才都是禄蠹（dù），说女孩子是水做的，男人是泥做的，这样的思想认识是在什么情况下发生的？对于这一系列的问题提出了各种不同的看法，各有各的论据。而且关于"萌芽"这个词的意义也有不同的理解。比如种树，种子种下去以后，慢慢地露出了头，这叫萌芽；又如泡豆芽菜，把豆子放在水里，长出一点东西，这也叫萌芽。既然只是萌芽，它就不是已经成熟了的东西，还只是那么一点点。假如是整棵的菜，那就不是萌芽；至于开了花、结了果的东西就更不是萌芽了。所以要把这些情况区别开。可是现在某些讨论中存在这样的问题：将萌芽看成是已经开花结果的东西。这实际上就不是资本主义萌芽，而是资本主义的成熟阶段了，还有人认为中国资本主义早已经成熟了，中国社会早已经进入了资本主义社会。这样一来就发生了一系列的大问题：中国既然早已进入资本主义社会，那么，怎么解释1840年以后中国进入了半殖民地半封建的社会？一百年来我们反对封建主义、反对帝国主义的问题怎么解释？

　　关于这个问题，我自己有些看法，也不一定成熟，提出来大家讨论。我想，要说明某个时期有某个事物萌芽，必须要有一个界限。这个界限是什么呢？就是要具体地指出一些事实，这些事实是以往的时期所不可能发生和没有发生过的，只有到了这个时候才能发生的。没有这个界限就会把历史一般化了。试问：这个时期发生过，一百年以前发生过，五百年以前也发生过，这怎么能说明问题？而且这些新发生的东西不应该是个别的。仅仅只在某个时期、某个地区出现的个别的东西能不能说明问题呢？不能说明问题。因为我们的国家这样大，经济发展不平衡，有先进的，有落后的，沿海和内地不同，平原和山区也不同。不要说别的地方，就说北京吧，全市面积有一万七千平方公里，市内和郊区就不同，因此，个别时期所发生的个别的事情也会有所不同。所以作为一个事物的萌芽，必须是这个东西过去没有发生过；现在发生了，而且不是个别的。只有这样看才比较科学。现在我们根据这个精神来看资本主义萌芽问题。我想把问题局限在 14 世纪到 16 世纪所发生的主要事件上面，特别是 16 世纪中叶这个明朝人自己已感觉到发生巨大变化的时期，着重提出那些在这时期以前所没有发生，或虽已发生而很不显著，这个时期以后成为比较普遍、比较显著的一些问题。

第一，关于手工工场。在明朝初年的时候，有一个人叫徐一夔，他写了一本书叫《始丰稿》。这本书里面有一篇文章叫《织工对》。这篇文章讲到元末明初，在浙江杭州地方有许多手工业纺织工场。这些纺织工场的经营方式是怎样的呢？有若干间房子和若干部织机，工人都是雇工，他们不占有生产工具。生产工具是谁的呢？是工场老板的。老板出房子、出机器、出原料，工人出劳动力。工人在劳动以后可以取得若干计日工资，工资随着工人的技术熟练程度不同而有高有低，其中有一些技术水平比较高的，可以得到比一般工人加倍的工资，假如这家工场不能满足他的要求，别的工场可以拿更高的工资把他请去，劳动强度很高，工人弄得面黄肌瘦。这是元末明初（14 世纪）的情况，当时这样的工场在杭州不止一个。但是能不能说在 14 世纪时就已经普遍地有了资本主义萌芽呢？因为只有这一个地区的资料，我看不能。但是从这里可以看出，在 14 世纪中期，个别地区已经有了这样相当大的手工工场，老板通过这样的生产手段来剥削雇佣工人的历史事实。这说明当时已经有一部分农村劳动力转化为城市雇佣劳动者。这种情况在 14 世纪以前是没有的。

第二，新的商业城市兴起。在讨论中有不少文章笼统地提到明朝有南京、北京、苏州等三十三个新的商业城市，来说明这个时期商业的发展。有三十三个商业城市是不错的，但是时间有问题。因为并不是整个明朝都是这样的情况。事实上，这些城市之成为商业城市是在明成祖以后。当明成祖建都北京以后，为了解决粮食的运输问题，把运河挖深、加宽了。这样，通过水运不仅保证了粮食的运输，其他商品的运输也畅通了，因而促进了南北物资的交流。这样，到了宣宗（15世纪中期）时期，沿运河一带的许多城市开始繁荣起来。这时候，由于农业、手工业的发展，国内市场扩大了。这是一方面。另一方面，当时为了保证货物的流通，沿长江、运河及布政使司所在地建立了三十三个钞关。明朝用的货币叫宝钞（纸币）。关于纸币的情况这里不能详细说了，只说明一条，明朝的纸币很不合理，它不兑现，开头拿一张钞票还能换到一些物资，后来就不行了。政府只发钞票，越发越多，超过了实际物资的几百倍。在这种情况下，钞票就贬值了。明朝政府为了提高钞票的信用，采取收回钞票的政策。怎样收回呢？其中一个办法就是增加税额。因此就在各个商业城市设立了一个机构，叫作"钞关"。一共设立了三十三个钞关。钞关干什么呢？就是向往来的货物收税。纳税时就用钞票交纳。钞关设在商业城市，有三十三个钞关就有三十三个商业城市，这是不错的。但有些人就根据这个数字说整个明朝只有三十三个商业城市，这就不确切了。因为设立钞关是明宣宗时候的事情，宣宗以前没有。而就商业城市来说，在明成祖的时候就不止三十三个，后来又有所增加。因此，不标明确切的时间，以一个时期的情况来概括整个明朝，是不符合当时存在的客观事实的。随着商业城市的增加，商人、手工业工人也增加了，这就形成了一个市民阶层（这个阶层主要是指手工业者、中小商人）。这些人为了保卫他们自己的利益，建立了很多行会，有事情共同商量，采取一致的行动。在这种情况下就发生了明朝末年的市民暴动。这里应该指出：所谓"市民"这个概念不能乱用。有些人把当时的进士、举人、秀才等官僚都算作市民，这就模糊了阶级界限。这些人都是当时的统治者，不是被统治者。把市民阶层扩大化，混淆统治者与被统治者之间的界限，这是不对的。

第三，倭寇、葡萄牙海盗和沿海通商问题。明朝中叶，以朱纨为中心的一派人反对对外通商，对海盗采取镇压的政策，因而引起沿海地主阶级的反对，形成一个政治上的斗争。在这个斗争中，朱纨最后失败了。这种性质的斗争在以往的历史上是从来没有过的。汉朝、唐朝、宋朝、元朝都有过对外通商，有时还很繁盛，大量的中国人到海外去经商；不但如此，国内有不少地方还住有许多外国商人。在唐朝的时候，广州就有数量众多的蕃商。其中主要是阿拉伯人，他们住的地方叫蕃坊。其他如扬州、长安等地方也住了不少的外国商人，对外通商也很频繁。但是像明朝那样，代表通商利益的官僚地主在政治上形成一种力量，和内地一些反对通商的地主进行斗争，这种斗争并影响到政府的政策，这种情况却是以往的历史上所没有的。为什么明朝会出现这种新的情况呢？因为明朝国内、国外的市场日益扩大，商业资本日益发展，商人地主在政府里有了自己的代言人。商人地主在政治上有了地位，这在历史上是个新问题。关于这个问题，近年来也有人持不同的意见。北京大学有个学生写了一篇文章，说朱纨镇压海盗是爱国的行为。朱纨是个爱国者，这观点是没有问题的。朱纨确实是爱国者，可是不能拿这个来否认当时在政治上存在着不同的意见。当时已经出现了代表沿海通商地主利益的政治活动家，这和朱纨是否爱国是两回事。我们并没有说朱纨不爱国。这点不必争论。问题在于这个时期出现了两种不同的意见，一种意见主张通商，一种意见反对通商，这是历史事实，是过去所没有的。

　　第四，内地的某些官僚地主也参加商业活动和经营手工工场。这方面的例子很多，大家所熟悉的《游龙戏凤》中的正德皇帝（明武宗），他就开了许多皇店。这是 16 世纪初期的事情。嘉靖时有个贵族叫郭勋（《三国演义》最早的刻本是他搞的），在北京开了许多店铺。另外有个外戚叫周瑛，在河西务开店肆做买卖，现在这个地方已经很萧条了。可是在明朝的时候，由于南方的粮食、物资运到北方来都要经过这里，因此是个很繁华的地方。这样的例子举不胜举。在地方上，明朝四品以上的官到处经商。四品有多大呢？知府就是四品。知县是七品。原来明朝有一条规定，禁止四品以上的官员做买卖，但是行不通。事实上官做得越大，买卖也做得越多越大。特别是像苏州这样的地方，很多退休官员开各种各样的铺子，有的发了大财，成了百万富翁。官员经商过去也有，但是在明初还多半是武官，到了明朝中叶这种情况就改变了，不但武官经商，文官也经商；不但小官经商，大官也经商；不但经商，而且还经营手工工场。华亭人徐阶做宰相时，"家中多蓄织妇，岁计所织，与市为贾"，这种现象也是过去没有过的。过去的官僚认为做买卖有失身份，社会上看不起。士、农、工、商，商放在最后。孟子就骂商人是"垄断"，认为他们不花劳动，出卖别人生产的东西从中取利，是不道德的事情，有身份的人不干这种事。汉朝以来，各个历史时期都曾不同程度地实行过重农抑商的政策。当时社会上一般是看不起商人的，当然也有个别地区有个别例外的情况。但是到16世纪以后，这种看法就改变了，不只武官，就连皇帝、贵族、官僚都抢着做买卖，商人的社会地位也提高了。

第五，当时的人对这个时期社会情况变化的总结。16世纪中期社会经济情况发生的变化，明朝人看得很清楚，有不少人就各方面变化的情况做出了总结。

首先，从社会风俗方面来说。明朝人认为嘉靖以前和嘉靖以后是两个显著不同的时代。有不少著书的人指出了正德、嘉靖以后社会风俗的变化。在嘉靖以前，妇女的服装很朴素；嘉靖以后变了，很华丽，讲究漂亮了。宴会请客，原来一般是四碗菜一碗汤，后来变成六碗、八碗，以至十二碗、十六碗菜。山东《郓（yùn）城县志》记载在嘉靖以前老百姓很朴素、很老实，嘉靖以后变了，讲排场了，普通老百姓穿衣服向官僚看齐，向知识分子看齐。穷人饭都吃不上，找人家借点钱也要讲排场。总之，从吃饭、娱乐到家庭用具都不像过去了。这个时候，看到一些老实、朴素的人，大家认为不好，耻笑他。《博平县志》讲嘉靖以后过去好的风气没有了，过去乡村里没有酒店，也没有游民，嘉靖中期以后变了，到处都有酒店，二流子很多。当时有一种风气，一个人有名，有字，还要起别号，嘉靖皇帝就有很多别号。不但知识分子起别号，就连乞丐也有别号。

其次，在文化娱乐方面。嘉靖以前唱的歌曲主要是北曲，嘉靖以后南曲流行了，而且唱的歌词主要是讲男女恋爱的。嘉靖以前不大讲究园亭建筑，嘉靖以后，到处修假山、建花园，光南京就有园亭一百多所，苏州有好几十所，北方就更多了，清华园这些地方都是过去的园亭。明朝前期有一条规定，官员禁止嫖娼妓，嘉靖以后，这个纪律不生效了，文人捧妓女成为风气，为她们写诗、写文章，甚至选妓女为状元、榜眼、探花。戏剧方面，过去只有男戏，嘉靖以后就有女戏了。很多做过大官的人写剧本，像《牡丹亭》的作者汤显祖就是一个官。元曲的作者没有一个是高级官员，都是一些下层社会的人，有的在衙门里当一个小办事员，有的做医生；可是明朝戏曲的作者，大部分都是举人、进士，有些还是高级官员。明朝后期盛行赌博，官吏、士人以不会赌博、打纸牌为耻。

再次，从政治方面来看。《明史·循吏传》序提到嘉靖以前一百多年，一方面休养生息，发展生产；另一方面政治上比较清明，好官比较多。譬如大家知道的《十五贯》里面有个况钟，连做十几年的苏州知府，是个好官。另外一个周忱也是个好官，他做苏州巡抚二十一年，在《十五贯》里被刻画坏了，这是不对的。此外，像于谦连做河南、山西巡抚十九年。嘉靖以前，有好些巡抚连任几年甚至十几年的，这是明朝后期所没有的情况。明朝后期好官就少了。做官讲资格，一讲资格就坏事了，只要活得长就可以做大官；相反，真正能给老百姓做点事情的人就到处碰壁。像海瑞就是这样，到处遭到大地主阶级的反对，办不了好事情。明朝后期有个知识分子陈帮彦对吏治的这种变化做了总结，他说：在嘉靖以前，做官的人还讲个名节，做官回到家里，人家问他赚多少钱，他要生气；嘉靖以后发生了根本性的变化，做官等于做买卖，计较做这个官赚钱多还是赚钱少，在这个地方做官赚钱多，另外换一个赚钱少的地方就不愿意去。到富庶的地方去做官，亲友设宴庆贺；如果到穷地方去，大家就叹息。做官和发财连起来了，念书是为了做官，做官是为了发财。当时升官是凭什么呢？一个是凭资格，一个是凭贿赂，当时叫"送礼"。地方官三年期满要进京，朝廷要考核他的成绩，这时就是他"送礼"的时候了。送了礼就可以升官。所谓送上黄米、白米若干担，即指黄金、白银若干两。后来改为送书若干册，书的后面附上金子、银子，叫作"书帕"。所以明朝后期的地方官上任以后先刻书。但是他们又没有什么学问，于是粗制滥造，乱抄一气。

以上这些情况说明，由于整个社会经济的变化，即农业、手工业生产的发展，商业的繁荣，影响到了社会各方面。一些大地主把一部分从土地剥削所得的财产投资于手工业和商业，这样，过去被社会上所歧视的商人的地位就提高了，国家的高级官员有不少人变成了商人，经商成为社会风气。商人赚了钱就奢侈浪费，造成社会上的虚假繁荣现象。封建秩序、封建礼法开始受到冲击，从而在文学艺术方面也出现了反映这种社会生活的作品。

第六，货币经济的发展。在明朝以前，白银已经部分使用，但是还不普遍，还没有作为正式的货币。元朝使用钞票。明朝初年用铜钱，由于老百姓已经有了用钞票的习惯，反而不习惯用铜钱，只好仍然用钞票。但是由于明朝对钞票管理不善，无限制地发行，又不兑现，因而引起通货膨胀，钞价贬值，由一贯钞值银一两贬至只值一两个钱，钞票的经济意义逐渐没有了。钞票不能用，铜钱的重量又太大，短途进行交易还可以，像从南到北的远距离交易，带大量的铜钱就不行，几万、几十万铜钱很重，不方便。在这种情况下白银就日渐流通于市场。白银有它的优点：它的质量不会变，既能分割，化整为零，又能把一些分散的银子铸成一锭，化零为整；白银价值比较高，一两白银可以抵一千钱。因此社会上对白银的需要越来越迫切。

上次讲过，明朝建都北京，粮食主要要从南方运来。四五百万石粮食的运费要由农民负担，运费超过粮食价格的几倍，农民负担很重。所以到明英宗时，逐渐改变了这种办法。有些地方税收开始改折"金花银"，像这个地区应该送四石粮食，现在不要你交粮食了，改交一两银子。政府用一两银子同样可以买到四石粮食。由于国内市场的扩大和税收折银的结果，银子的需要量就大大增加了，原有的银子不够市场上的需要。因此在万历时期就出现了采银的高潮。政府征发许多人，到处开银矿，苛征暴敛，引起国内人民的反对。

通过对外贸易的出超，大量的白银输入了。西班牙人从墨西哥运白银到吕宋，由吕宋转运中国，以换取中国的丝织品和瓷器。到后期，墨西哥的银元也大量流入中国。这样，国内白银数量逐渐增加。所以到万历初年，赋役制度大改变，把原来的田赋制度改为"一条鞭法"，使赋役合一。从此大部分地区的赋税和徭役改折银两。

由于手工业和商业的发展，商品流通的客观需要，远距离的大量的交易需要共同的货币作媒介，因而白银普遍地应用起来了。这种情况也是以往历史上所没有发生过的。

第七，文学作品上的反映。唐朝、宋朝也有传奇小说，里面的主角是些什么人？主要是官僚、士大夫、文人等。写市井人物的作品很少。到明代中叶以后出现了以市井人物为主人公的作品。例如《白蛇传》的故事，在《西湖三塔记》中的三怪是：乌鸡、水獭、白蛇，男主角是将门之后——奚宣赞（岳飞部下的将官奚统制之子）。而《洛阳三怪记》的三怪是：赤斑蛇、白猫精、白鸡精，男主角却是开金银铺的老板潘松了。流传到现在的《白蛇传》只剩下二怪：白蛇和青蛇，男主角则是开生药铺的许仙。故事的主角从将门之后的奚宣赞转变为生药铺的许仙，这一变化是值得我们注意的。

又如《金瓶梅》，是万历二十二年以后的作品，写嘉靖、万历年间的事。主角西门庆也是开生药铺的。与西门庆来往的篾片、清客都是官僚地主的后人，原来的地位比西门庆高，后来没落了，成为西门庆的门客。以这样一些人物为中心的小说，在过去是没有的。

此外，在"三言"、"二拍"中，如《卖油郎独占花魁》、《倒运汉巧遇洞庭红》等，主角是卖油小贩和偶然发财的穷汉，这也都是当时的社会现实在文艺作品中的具体反映。

第八，明朝后期有了一些替商人说话的政治家。譬如徐光启，他是上海人，是最早接受西洋科学，介绍和传播西洋科学，如物理学、化学、天文学的一个人。他家里原来是地主，后来兼营商业。他本人中了进士，做过宰相。在他的思想中，反映了保护商人特权的要求，他提出了维护商人利益的具体建议。当时国家财政困难，西北有许多荒地，他就主张政府允许各地的地主阶级招募农民来开垦荒地。开垦荒地多的，除了粮食给他外，还可以允许这个地主家里的子弟有多少人考秀才、多少人上学，给他以政治保证。从他这种主张来看，他是当时从地主转为商人的这一集团在政治上的代表人物。

总的来说，上面所讲的这些问题是明朝以前没有发生过的，或者虽然发生过，但并不显著。当时的人也认识到了嘉靖前和嘉靖后所发生的这种巨大变化。当然，他们还不能理解这叫作资本主义萌芽。从我们今天来看，这个变化是旧的东西改变了，新的东西露出了头。这些例子都可以作为资本主义萌芽来看。但是这些萌芽并没有成长，以后又遭到了压力，因此到鸦片战争以前中国还不能进入资本主义社会。资本主义还处在萌芽状态。

这方面的材料直到现在还是不够完备的，还没有进行认真的研究。上面谈的只是个人的看法，不一定对，更不一定成熟，只供同志们参考。

第三部分
明代人物与社会生活

明代民族英雄于谦

有一首《石灰吟》：

> 千锤万击出深山，烈火焚烧若等闲，
>
> 粉骨碎身全不惜，要留清白在人间。

这首诗是明朝民族英雄于谦写的，经过千锤万击，不怕烈火焚烧，不怕粉骨碎身，要留下清白在人间，写的是石灰，同时，也象征了于谦自己的一生。

于谦（1398—1457）字廷益，浙江钱塘（今杭州）人。小时候很聪明，性格坚强。明成祖永乐十九年（1421）二十四岁时中了进士。明宣宗宣德初年（1426）做了御史（监察官），明宣宗的叔父汉王高煦在山东造反，明宣宗亲自带兵讨伐，高煦投降，明宣宗叫于谦当面指斥高煦罪状，于谦义正词严，说得有声有色，明宣宗很赏识他，认为是个了不起的人才。接着于谦被派巡按江西，发现有几百件冤枉的案件，都给平反了。

宣德五年（1430），明朝政府为了加强中央的权力，特派中央比较能干的官员去治理重要的地方，五月间派况钟、何文渊等九人为苏州等府知府。到九月又特派于谦、周忱等六人为侍郎（中央的副部长），巡抚各重要省区。明宣宗亲自写了于谦的名字给吏部，破格升官为兵部右侍郎（国防部的副部长），巡抚河南山西两省，宰相也支持这主张。明朝制度，除了南北两直隶（以北京和南京为中心的中央直辖地区）以外，地方设有十三个布政使司，每个布政使司（通称为省）设有布政使管民政赋税，按察使管刑名司法，此外还有都指挥使管军政，号称三司，是地方上三个最高长官，职权不同，彼此都不能互相管辖。布政使是从二品官，按察使是正三品官，都指挥使是正二品官，兵部右侍郎虽只是正三品官，却因为是中央官，又是皇帝特派的，奉有敕书（皇帝的手令）可以便宜行事，是中央派驻地方的最高官员，职权就在三司之上了。

于谦做河南山西巡抚，前后一共十九年（1430—1448），除周忱连任江南巡抚二十一年以外，他是当时巡抚当中任期最长的一个。

于谦极重视调查研究工作，一上任便骑马到处视察，所到地方都延请当地有年纪的人谈话，了解地方情况，政治上的得失利弊，老百姓的负担、痛苦，该办的和不该办的事，一发现问题，立刻提出具体意见，写报告给皇帝。遇有水灾、旱灾，也及时上报，进行救济。他对地方的情况很清楚，政治上的措施也很及时，因之，得到人民的歌颂和支持。

明英宗正统六年（1441），他向皇帝报告，为了解决缺粮户的暂时困难，当时河南山西仓库里存有几百万石粮食，建议在每年三月间，由州县官调查，报告缺粮户数和所需粮食数量，依数支借，到秋收时归还，不取利息。对老病和穷极不能归还的特许免还。还规定所有州县都要存有预备粮，凡是预备得不够数的，即使任期满了也不许离任，作为前一措施的物质保证，这一款由监察官按时查考。皇帝批准了这一建议。这样一来，广大的缺粮户，在青黄不接的时候，就可以免除地主的高利贷剥削了，他为穷困的农民办了好事。

黄河经过河南，常常闹决口，造成水灾。于谦注意水利，在农闲时动用民力，加厚堤身，还按里数设亭，亭设亭长，负责及时督促修缮。在境内交通要道，都要种树、凿井，十几年间，榆树柳树都成长了，一条条的绿化带，无数的水井，使行道的人都觉得阴凉，沿途都有水喝。

大同是边上要塞，巡按山西的官员很少到那里去，于谦建议专设御史监察。边地许多将领私自役使军人，为他们私垦田地，国家的屯田日益减少，边将私人的垦田却日益增加，影响到国家的收入和边防的力量，于谦下令没收边将的私田为国家屯田，供给边军开支。

于谦做了九年巡抚，政治清明，威信很高，强盗小偷都四散逃避，老百姓过上了比较安定的生活。由于他政治上的成就，明朝政府升他为兵部左侍郎，支二品俸禄，仍旧做巡抚的官。

在这九年中，于谦的建议到了北京，早上到，晚上就批准，是有其政治背景的。原来这时的皇帝是年轻人，明英宗当皇帝时才十岁，太皇太后和皇太后（皇帝的祖母和母亲）很敬重元老重臣三杨：杨士奇、杨溥、杨荣，这三个老宰相都是从明成祖时就当权的，比较正直，有经验，也有魄力，国家大事都由他们作主张。他们同意于谦做巡抚，对于谦很信任，于谦有了朝廷上三杨的支持，才能在地方办了一些好事。到了正统后期，正统五年（1440）杨荣死，七年杨士奇死，太皇太后死，十一年杨溥死，三杨死后，朝廷上不但没有支持于谦的力量，反对于谦的政治力量反而日益增加了，于谦的政治地位动摇了。

反对于谦的政治力量主要来自两方面，一是宦官，一是权贵。

宦官王振是明英宗的亲信，英宗做了皇帝，他也做了内廷的司礼监太监（皇帝私人秘书长）。英宗年轻，什么事都听他的，只是宫里有老祖母管着，朝廷上有三杨当家，王振还不大敢放肆。到了正统五年以后，太皇太后死了，杨荣也死了，杨士奇因为儿子犯法判死罪不管事，杨溥老病，新的宰相名位都较轻，王振便当起家来了，谁也管不住了，英宗叫他作先生，公侯勋贵叫他作翁父，专权纳贿，无恶不作。他恨于谦不肯逢迎，正统六年三月，趁于谦入朝的时候，借一个题目，把于谦关在牢里，判处死刑。关了三个月，找不出于谦的罪状，只好放了，降官为大理寺少卿。

另一种反对于谦的力量是权贵。照例地方官入朝，是要送礼以至纳贿赂给朝廷权贵的。于谦是清官，在山西河南十九年，父母和儿子住在杭州，老婆留在北京，单身过着极清苦的生活。每次入朝，不但不送礼、纳贿，连普通的人事也不送，空手去，空手回。他有一首著名的诗，为河南人民所传诵的：

> 手帕蘑菇与线香，本资民用反为殃。
>
> 清风两袖朝天去，免得闾阎话短长。

他这样做，老百姓虽然很喜欢，朝廷权贵却恨死他了。

虽然如此，山西河南的官吏和百姓却非常想念于谦，到北京请愿要求于谦回去的有一千来起。河南的周王和山西的晋王（皇帝的家族）也说于谦确是好官。朝廷迫于民意，只好让于谦再回去做巡抚。

这时，山东、陕西闹灾荒，流民逃到河南的有二十几万人，于谦请准朝廷，发放河南、怀庆两府的存粮救济，又安排田地和耕牛、种子，让流民安居乐业。

这十九年中，于谦的父母先后死了，照当时礼法，应该辞官在家守孝三年，父母两丧合计六年。朝廷特别命令他"起复"，不要守孝，回家办了丧事便复职。

正统十三年（1448）于谦被召入京，回到兵部左侍郎任上。

第二年发生"土木之变"。

瓦剌是蒙古部族之一，可汗脱脱不花，太师也先，知院阿剌各拥重兵，以也先为最强，各自和明朝通好往来，也经常和明朝发生军事冲突。照规定，每次来的使臣不超过五十人，明朝政府按照人数给予各种物资，也先为了多得物资，逐年增加使臣到两千多人，明朝政府要他减少人数，也先不肯。瓦剌的使臣往来，有时还沿途杀掠。到正统末年，也先西破哈密，东破兀良哈，威胁朝鲜，军事力量日益强大。明朝使臣到瓦剌的，也先提出各种无理要求，使臣怕事，一一答应，回来后又不敢报告，也先看到使臣所答应的事都没有下落，认为明朝背信，极不高兴。正统十四年也先派使臣三千人到北京，还虚报名额，交换的马匹也大多驽劣，礼部（管对外工作和朝廷礼仪的部）按实有人数计算，对提出要求的物资也只给予五分之一，还减了马价，也先大怒，决定发兵入侵。

正统十四年（1449）七月，瓦剌大举入侵，脱脱不花攻辽东，阿剌知院攻宣府（今河北张家口市宣化区），也先亲自领军围大同，参将吴浩战死，羽书警报，不断送到北京。

军事情况紧急，王振决策，由明英宗亲自率领军队阻击，朝廷大臣以吏部尚书王直和兵部尚书邝埜、兵部左侍郎于谦为首坚决反对，王振不听，命令英宗的弟弟郕王留守，带领朝廷主要官员和五十万大军向大同出发。邝埜随军到前方，于谦留在北京管理部事。

王振的出兵是完全没有计划的。他根本不会打仗，却指挥着五十万大军。大同守将西宁侯宋瑛、武进伯朱冕、都督石亨等和也先战于阳和（今山西阳高），为王振的亲信监军太监郭敬所制，胡乱指挥，全军覆没，宋瑛、朱冕战死，石亨、郭敬逃归。明英宗的大军到了大同，连日风雨，军中夜惊，人心恟惧，王振还要向北进军，郭敬背地里告诉他敌军情况，才决定退兵。路上又碰着大雨，王振原来打算取道紫荆关经过他的家乡蔚州（今河北蔚县），请明英宗到他家做客的，走了一程，又怕大军过境，会糟蹋他家的庄稼，又下令取道宣府，这样一折腾，闹得军士晕头转向。到宣府时，也先大军追上袭击，恭顺侯吴克忠拒战败死。成国公朱勇、永顺伯薛绶带四万人迎战，到鹞儿岭，敌军设下埋伏，又全军覆没。好容易走到土木堡（今北京市官厅水库附近），诸将商量进入怀来县城据守，王振要保护行李辎重，便下令就地宿营。这地方地形高，没有荫蔽，无险可守，掘地两丈还不见水，也先大军追到，把水源都占据了，军士又饥又渴，挤成一堆。第二天，也先看到明军不动，便假装撤退，王振不知是计，立刻下令移营，阵脚一动，瓦剌骑兵便四面冲锋，明军仓皇逃命，阵势大乱，敌军冲入，明军崩溃，死伤达几十万人，明朝政府的高级官员五十多人都被敌军所杀，王振也死在乱军中。明英宗被敌军俘虏。这次不光彩的战役就叫"土木之变"。

土木败报传到北京，北京震动。这时明军的精锐都已在土木覆没了，北京空虚，形势极为危急。翰林院侍讲（为皇帝讲书的官）徐珵是苏州人，在土木变前，看到局面不好，就打发妻子老小回苏州去了。败报传到后，郕王召集文武百官商量对策，徐珵大声说，从天文看，从历数看，天命已去了。只有南迁，才能免祸。这个主意是亡国的主意，当时要照他的意见办，明朝政府从北京撤退到南方，瓦剌进占北京，黄河以北便会全部沦陷，造成历史上南北朝和金宋对立的局面。于谦坚决反对说，北京是全国根本，一动便大事去了，宋朝南渡的覆辙，岂可重蹈？并且说主张南迁的人应该杀头。大臣胡濙、陈循和太监金英都赞成于谦的主张，郕王也下了坚守的决心，徐珵不敢再说话了，从此恨死了于谦。

明朝政府虽然决定坚守，但是北京剩下的老弱残兵不满十万人，上上下下都胆战心惊，怕守不住。于谦建议征调各地军队到京守卫，分别部署前方要塞军事，人心才稍稍安定。郕王十分信赖于谦，升他为兵部尚书（国防部长），领导北京的保卫战。

王振是土木败军的祸首，群臣提出要追究责任，王振的党羽马顺还倚仗王振的威风，当面叱责提出这主张的人，引起了公愤，给事中（官名，管稽察六部和各机关的工作）王竑抓住马顺便打，群臣也跟着打，把马顺打成肉泥，朝班大乱，连守卫的卫士也呼噪起来了。郕王吓得发抖，站起来要走，于谦赶紧上前拉住，并教郕王宣布马顺有罪应该处死，这才扭转了乱纷纷的局面。退朝时，于谦穿的衣裳、袖子和下襟都裂开了。吏部尚书（管选用罢免官员的部长）王直看到他，拉住手叹口气说，国家只靠着你！像今天的事，一百个王直也办不了。从此，郕王和朝廷大臣，京城百姓都倚靠于谦，认为他有担当，可以支撑危局。于谦也毅然决然把国家的事情担当起来。

英宗被俘，他的儿子还是小孩子，当时形势，没有皇帝是不行的。大臣们商量立郕王为皇帝，郕王再三推辞。于谦说，我们是为国家着想，不是为了任何个人。郕王才答应。九月，郕王即位为皇帝，是为明景帝。

于谦建议景帝，瓦剌得胜，一定要长驱南下。一要命令守边诸将协力防守；二要分道招募民兵；三要制造兵器盔甲；四要派遣诸将分守九门，结营城外；五要迁城关居民入城，免遭敌军杀掠；六要派军队自运通州存有的大量粮食作为军饷，不要被敌人利用。又保荐一些有能力的文官出任巡抚，军官用为将帅。景帝一一依从，并命令于谦提督各营军马，统帅全军。

也先带着明英宗，率军南下，每到一个城池，便说皇帝来了，要守将开门迎接，守将遵从于谦的指示，说我们已经有了皇帝了，拒不接受。也先利用明英宗要挟明朝政府不成功，很丧气。明朝北部各个城池虽然因此保住了，明英宗却也因此对于谦怀恨在心。

瓦剌大军突破紫荆关，直入包围北京。都督石亨主张收兵入城，坚壁拒守。于谦反对，认为怎么可以向敌人示弱，使敌人越发轻视呢。下令诸将统兵二十二万分别在九门外拒守，亲自率领石亨和副总兵范广、武兴列阵德胜门外，和也先决战。通告全军，将不顾军，先退者斩其将，军不顾将，先退者后队斩前队。将士知道只有决战才有生路，都奋勇争先。由于于谦保卫北京的主张是和北京人民的利益一致的，获得了广大人民的支持。也先原来认为北京不战可下，一见明军严阵以待，便泄气了，派人提出要大臣出迎明英宗，要索金帛，和于谦等大臣出来商议等条款，都被拒绝，越发气沮。进攻德胜门，明军火器齐发，也先弟中炮死。转攻西直门，又被击退。进攻彰义门，当地的老百姓配合守军，爬上房顶呐喊，投掷砖石，又被击退。相持了五天，敌军始终没有占到便宜，听说各路援军就要到达，怕归路被截断，只好解围退兵，北京的保卫战就此胜利结束。景帝以于谦功大，加官为少保（从一品），总督军务。

景泰元年（1450），大同守将报告也先派人来讲和，于谦严令申斥守将，从此边将都坚决主战，没有一个人敢倡议讲和的。

也先看到明朝有了新皇帝，不承认明英宗，便在蒙古重立英宗为皇帝，来和明朝对抗，结果明朝政府置之不理，这个法宝也不灵了。俘虏到皇帝不但没有用处，还得供养，成了累赘，便另出花招，派使臣声明愿意送还皇帝，制造明朝统治阶级的内部矛盾。明朝大臣都主张派使迎接，景帝很不高兴，说我本来不愿做皇帝，是你们要我当的。于谦说，皇位已定，不可再变。也先既然提出送回皇帝，理当迎接，万一有诈，道理在我们这面。景帝一听说皇位不再更动，忙说依你依你。派大臣接回英宗，一到北京，就把这个皇帝关在南宫里。

从景泰元年到景泰七年（1450—1456），于谦在兵部尚书任上，所提的意见，明景帝没有不同意的。朝廷用人，也一定先征求于谦意见，于谦不避嫌怨，有意见便说，由此，有些做不了大官的人，都恨于谦，有些大官作用比不上于谦的，也恨于谦，特别是徐珵，他一心想做大官，拜托于谦的门客，想做国子祭酒（大学校长），于谦对景帝说了，景帝说，这人倡议逃亡，心术不正，怎能当这官，败坏学生风气。徐珵不知于谦已经推荐，反而以为是于谦阻挠，仇恨越发深了，改名有贞，等候机会报复。大将石亨原先因为打了败仗削职，于谦保荐领军抗敌立了功，封侯世袭。他嫌于谦约束过严，很不乐意。保卫北京之战，于谦是主帅，功劳最大，结果石亨倒封了侯爵，心里过意不去，写信给景帝，保荐于谦的儿子做官。于谦说国家多事，做臣子的照道理讲不该顾私恩。石亨是大将，没有举荐一个好人，一个行伍有功的，却单单举荐我的儿子，这讲得过去吗？而且我对军功，主张防止侥幸，决不敢以儿子冒功。石亨巴结不上，反而碰了一鼻子灰，越发生气。都督张轨打仗失败，为于谦所劾。太监曹吉祥是王振门下，也深恨于谦。这批人共同对于谦不满，便暗地里通声气，要搞倒于谦，出一口气，做升官的打算。

于谦性格刚直，处在那样一个时代，遇事都有人出来反对，只靠景帝的信任，做了一些事。他在碰到不如意事情的时候，便拍胸叹气说：这一腔热血，竟洒何地？他又看不起那些庸庸碌碌的大臣和勋臣贵戚，语气间时常流露出来，恨他的人便越发多了。他坚决拒绝讲和，虽然明英宗是因为明朝拒和，也先无法利用才被送回来的，心里却不免有些不痛快。这样，在明景帝统治的七年间，在表面上，于谦虽然权力很大，在另一面，却上上下下都有人对他怀恨，只是不敢公开活动而已。

于谦才力过人，当军务紧急，顷刻变化的时候，他指挥若定，眼睛看着报告，手头屈指计算，口授机宜，合于实际，底下的工作人员看着，不由得不衷心佩服。号令严明，不管是勋臣宿将，一有错误，便报告皇帝行文申责，几千里外的守将，一得到于谦指示，无不奉行。思虑周密开扩，当时人没有能比得上的。忧国忘身，虽然立了大功，保住了北京城，接还了皇帝，却很谦虚，口不言功。生性朴素俭约，住的地方才蔽风雨，景帝给他一所西华门内的房子，几次辞谢不许才搬过去。土木之变后，索性住在办公室里不回家。晚年害了痰病，景帝派人去看，发现他生活过于俭约，特别叫宫内替他送去菜肴。有人说皇帝宠待于谦太过了，太监兴安说，这人日日夜夜为国家操心，不问家庭生活，他要去了，朝廷哪儿能找得这样的人！死后抄家，除了皇帝给的东西以外，更没有别的家财。

景泰八年正月，明景帝害了重病，不能起床，派石亨代他举行祭天仪式。石亨认为景帝活不长了，便和徐有贞、曹吉祥、张轨等阴谋打开南宫，迎明英宗复位，史称"夺门之变"。明英宗第二次做了皇帝，办的第一件事就是把于谦和大学士（宰相）王文关在牢里。石亨等诬告于谦、王文谋立外藩（明朝皇帝的本家，封在外地的），法司判处谋逆，应处死刑。审案时，王文据理申辩，于谦笑着说，这是石亨等人的主意，申辩有什么用。判决书送到明英宗那里，英宗还觉得有些过意不去，说于谦实在有功。徐有贞说，不然，不杀于谦，夺门这一着就说不出名堂来了。于谦、王文同时被杀，明景帝也被绞死，这一年于谦六十岁，明景帝才三十岁。

于谦死后，家属被充军到边地。大将范广、贵州巡抚蒋琳也因为是于谦所提拔的牵连被杀。还刻板通告全国，说明于谦的罪状，这个板子一直到成化三年（1467）才因有人提出意见毁掉。

曹吉祥是于谦的死对头，可是他的部下指挥朵儿却深感于谦的忠义，到刑场祭奠痛哭，曹吉祥大为生气，把他打了一顿。第二天，朵儿又去刑场祭奠了。都督同知陈逵冒着危险，收拾于谦的尸首殡葬，过了一年，才归葬杭州。

广大人民深深悼念于谦，当时不敢指名，作了一个歌谣：

> 鹭鸶冰上走，何处觅鱼嗛？

"鱼嗛"是于谦的谐音，这个英雄的形象是永远留存在人民的记忆中的。明末抗清英雄张煌言有一首诗：

> 国亡家破欲何之？西子湖头有我师。
> 日月双悬于氏庙，乾坤半壁岳家祠。

于谦的事迹直接教育了这个有骨气的好汉，宁死勿屈，保持了民族的正气。

石亨的党羽陈汝言代于谦做兵部尚书，不到一年就撤职抄家，有很多金银财宝，明英宗叫大臣们参观，并说，于谦在景泰朝极被亲信，死后没有一点家业，陈汝言怎么会有这么多！石亨听了，说不出一句话。过些日子，边方传来警报，英宗很发愁，恭顺侯吴瑾在旁边说，要是于谦在的话，不会有这情况。英宗听了也说不出一句话。

于谦的政敌都先后失败，徐有贞充军云南，石亨下狱死，曹吉祥造反灭族。

明宪宗成化初年（1465），于谦的儿子于冕遇赦回家，写信给皇帝申冤，明宪宗恢复了于谦的官位，派人祭奠，祭文中说："当国家之多难，保社稷以无虞，唯公道之独持，为权奸所并嫉，在先帝已知其枉，而朕心实怜其忠。"这几句话，传诵一时，于谦的名誉恢复了。明孝宗弘治二年（1489）谥于谦为肃愍，并建立祠堂，号为旌功。明神宗万历时又改谥忠肃。杭州、开封、山西和北京的人民都建立了他的祠堂，广大人民永远纪念这个保卫北京城的民族英雄，永垂不朽！

于谦的著作流传到今天的有《于肃愍公集》八卷，《少保于公奏议》十卷。演绎他的故事的小说有孙高亮所著的《于少保萃忠全传》十卷。

原载《新建设》1961 年第六期

海瑞的故事

一

　　海瑞的时代，是明封建王朝从全盛走向衰落的时代。他生在正德九年，死于万历十五年（1514—1587），一生经历了正德、嘉靖、隆庆、万历四个皇帝。这几十年中，社会情况发生了很大变化，土地更加集中了。皇帝侵夺百姓的土地，建立无数皇庄，各地亲王和勋戚、贵族、大官僚都有庄田，亲王的庄田从几千顷到几万顷。嘉靖时的宰相严嵩和徐阶都是当时最大的地主。万历时期有一个地主的田地多到七万顷。农民的土地被地主所侵夺，沦为佃农、庄客，过着牛马般的生活。庄园的庄头作威作福，欺侮百姓。贵族和官僚的家里养着无数的奴仆，有的是用钱买的，有的是农民不堪赋役负担，投靠来的。他们终年为主人服役，除家庭劳役外，有的学习歌舞，演戏；有的纺纱织布，四处贩卖；有的替主人经营商业，开设店铺，没有工资，也没有自由，世代子孙都陷于同一命运。国家所控制的人口减少了，因为一方面农民大量逃亡，流散四方，另一方面一部分人口沦落为奴仆，户口册上的人口数字日渐减少。同时土地的数字也减少了，这是因为农民流亡，田地抛荒，庄田数目越来越大，庄田主的贵族和官僚想法不交或少交钱粮，这样，向国家缴纳地租的土地就越来越少。更严重的是中小地主和上中农为了逃避赋役，隐蔽在大地主户下，大地主的土地越多，势力越大，把应出的赋役分摊在农民的头上，农民的负担便越重，阶级矛盾便越尖锐。

这个时期，是阶级矛盾日益尖锐的时期。

贪污成为政治风气，正德时刘瑾和他的党羽焦芳等人，公开索取贿赂，嘉靖时的严嵩父子、赵文华、鄢懋卿等人，从上到下，都要弄钱，不择手段。以知县来说，附加在田赋上的各项常例①就超过应得的薪俸多少倍；上京朝见，来回路费和送京官的贿赂都要农民负担。徐阶是当时有名的宰相，是严嵩的对头，但是，他家就是松江最大的富豪，最大的地主，也是最大的恶霸。

京官、外官忙于贪污，水利没有人关心了，许多河流淤塞了。学校没有人关心了，府县学的生员名为学生，到考试时才到学校应付。许多农民产业被夺，田地没有了，却得照旧纳税，打官司的人愈来愈多了。

这个时期是政治最为腐败，贪污成为风气的时期。

也正是这个时期，倭寇（日本海盗）猖獗（闹得很凶的意思），沿海一带，经常受到倭寇的威胁。浙江、福建两省被倭寇侵略最严重。明朝政府集中了大量兵力，把这两省合成一个防御性的军事体系，设总督②管辖军事。军队增加了，军饷相应增加，这些负担也自然落在农民身上。

大地主的兼并，官吏的贪污，倭寇的侵略，使得农民生活日益困苦。表面上熙熙攘攘，一片繁荣景象，骨子里却蕴藏着被压抑的千千万万农民的愤怒，一触即发。

海瑞的时代就是这样一个时代。

二

海瑞任浙江淳安知县的时候，总督是严嵩的亲信胡宗宪。

淳安是山区，土地贫瘠，老百姓都很穷，山上只产茶、竹、杉、柏，山下的好田地都被大族占了，老百姓穷得吃不上饭。这个县又处在新安江下游，是水陆交通的枢纽，朝廷使臣，来往官僚过客，都要地方接待。例如经过一个普通官，就要用银二三十两；经过巡盐御史、巡按御史等监察官员，③要用银一二百两；巡抚④出巡，则要用银三四百两。这都要百姓赔垫。他们坐船要支应船夫，走陆路要支应马匹夫役。地方穷，负担重。

有一次，胡宗宪的儿子经过淳安，仗着是总督公子，作威作福，嫌驿站

（传递文书的站）的马匹不称心，供应不周到，大发脾气，喝令跟人把驿吏捆了，倒挂在树上。驿站的人慌了，跑到县衙要办法，海瑞说："不慌，我自有主张。"他带人走到驿站，一大堆人在围着看热闹。鲜衣华服的胡公子还在指手画脚骂人，一看海瑞来，正要分说。海瑞不理会，径自进驿站去，一看胡公子带的大箱子小箱子几十个，都贴着总督衙门封条，就有了主意。立刻变了脸色，叫人把箱子打开，都沉甸甸的，原来装着好几千两银子呢。海瑞对着众人说："这棍徒真可恶，竟敢假冒总督家里人，败坏总督官声！上次总督出来巡查时，再三布告，叫地方上不要铺张，不要浪费。你们看这棍徒带着这么多行李，这么多银子，怎么会是胡总督的儿子？一定是假冒的，要严办！"把几千两银子都充了公，交给国库，写一封信把情由说了，连人带行李一并送交胡宗宪。胡宗宪看了，气得说不出话，怕海瑞真个把事情闹大，自己理屈，只好算了，竟自不敢声张。

海知县拿办总督公子的新闻轰动了淳安，传遍了东南，老百姓人人称快，贵族官僚子弟个个头痛，骂他不识时务。

更使人高兴称快的是另一件事：海瑞挡了都御史的驾，拒绝他入境。这在当时说来，是件了不得的骇人听闻的大事。

鄢懋卿是当时宰相大奸臣严嵩父子的亲信，嘉靖三十五年（1556）以左副都御史的身份，出京来总理两浙（浙东、浙西）、两淮（淮南、淮北）、长芦、河东盐政。

都察院左副都御史是朝廷最高级的监察官员之一，出巡地方时是钦差，[5]掌握着进退升降官吏的建议权。总理盐政是名目，实质上是皇帝要钱用，叫他从产盐、卖盐上打点主意，多搞些钱。

鄢懋卿以监察官、钦差大臣的身份，加上有严家父子做靠山，一到地方，威风得很，利用职权，收受贿赂，给钱的是好官，给多的便答应升官，给少的便找题目磨难，非吃饱了不走。总之，不管官大官小，什么地方，什么官，非给他钱不可，非给够了不走。不这样做，除非不打算做官才行。

不只送贿赂，还要大大地铺张供应、迎送。地方长官巡抚、按察使、知府、[6]知县，大大小小都得跪着接送。吃饭要供应山珍海味，住处要张灯结彩。在扬州，地方请吃饭，一顿饭就花了一千多两银子。他还带着老婆一起，老婆坐五彩搭的轿子，用十二个女子抬。连厕所都用锦缎做垫，便壶都用银子做。

一天，轮到要巡查严州（今浙江建德）了，要路过淳安。全县人都焦急，不知怎么办才好。

钦差、监察官、地方长官到地方巡查，照例都要发一套条约或告示，说明来意和地方应注意事项，并且大体上也都按着老规矩，照前任的抄一遍。告示内少不得要说些力戒铺张，务从节俭等冠冕堂皇的话。海瑞研究了好久，一想对了，即以其人之话还治其人之身。便对差官说，淳安地方小，百姓穷，容不下都老爷的大驾，请从别处走吧，省得百姓为难。他亲自写一封信给鄢懋卿，信上说：

> 细读您的布告，知道您一向喜欢简朴，不喜欢逢迎。您说："凡饮食供应，都应俭朴，不要过分奢侈，浪费人民钱财。"您又说："现在民穷财尽，宽一分，人民就得一分好处，一定要体谅。"您的种种恳切的教导，说得很多。我相信您的话是为国为民，是从心里说出来的，决非空话。

> 但是，您奉命南下以后，沿途情况，浙江派的前路探听的人都说，各处都办酒席，每席要花三四百两银子，平常伙食都是山禽野味，不易弄到的东西。供应极为华丽，连便壶都用银子做。这种排场，是和您颁行的布告大大相反的。

> 都察院长官出来检查盐政，是少有的事。因为少有，所以百姓有疾苦的要求告状，有贪酷行为的官要改心，百姓也会得到少有的好处。现在情况是州县怕接待不周到，得罪都察院长官，极力买办。百姓为出钱伤脑筋，怨声不绝。百姓没有得到少有的好处，反而苦于少有的破费。这可能是地方官属奉承您，以为您喜欢巴结，不喜欢说实话，揣摩错了您的真正用心吧。

> 盐法毛病，我晓得一些，没有全盘研究，不敢乱说。只是这一件事，是我耳闻目见的。您如来了，东西准备了，纵使您一概不受，但是东西既然买了，必然要用许多钱，百姓怨恨，谁当得起？地方官属以今时俗例来猜测您，我又很怕您将来会因为地方官属瞎张罗，不利于执守礼法，而后

悔不及。这个害比盐法不通还要大，所以敢把这些意见一一告诉您。

义正词严，话又说得很委婉。鄢懋卿看了，气得发抖，想寻事革掉他的官，但他是清官，名声好，革不得。就此过去，又气不过。只好放在心中，把这封信藏起来，批"照布告办"，严州也不去了。

严州知府正忙着准备迎接，听说都老爷忽然不来了，正在纳闷，怕出了什么岔子。后来才知道是海知县写了信，惹了祸。怕连累自己，大怒，海瑞一进来，就拍桌子大骂："你多大的官儿，敢这样！"骂不停口。海瑞不说一句话，等骂完了，气稍平了，作了一个揖就走，以后也不再说什么。等到鄢懋卿巡查完了，走了，严州府上下官员一个也没出事，知府这才放了心，过意不去，见海瑞时连说："好了淳安百姓，难为了你，难为了你！"

鄢懋卿恨极海瑞，要报复，叫他管下的巡盐御史袁淳想主意。袁淳也是恨海瑞的，他巡查地方时，海瑞照规矩迎送，迎得不远，送得也不远，供应不丰富，有什么需索，也是讨价还价。这回正好一举两得，也报了自己的私仇。这时海瑞已得朝命升任嘉兴通判（知府的副职），便找一个公文上的手续不对，向朝廷告发，把海瑞降职为江西兴国知县。

三

海瑞从江西调到北京，后来又调到南京做了几年官，在隆庆三年（1569）六月才被派为江南巡抚，巡抚衙门设在苏州。第二年四月被革职回家，只做了半年多巡抚。

他最恨贪污，一上任，便发出布告，严禁贪污，打击豪强。他敢说敢做，连总督、都御史都不怕，谁还敢不怕他？属下的地方官员有贪污行为的听说他来了，吓得心惊胆怕，罪恶较大的赶忙自动辞官。有的大族用朱红漆大门，一听海都堂要来，怕朱红大门太显耀，连夜把大门改漆成黑色。管织造的太监，常时坐八人轿子，这时吓得减去一半。大地主们知道海瑞一向主张限田，要贯彻均平赋税的主张，实行一条鞭法，⑦也都心怀鬼胎，提心吊胆，时刻不安。

他在做江南巡抚的几个月中，主要做了两件大事：一件是"除弊"，一件是"兴利"。

除弊，主要的是打击豪强，打击大地主，要他们把非法侵占农民的田地退出一部分还给农民。

擒贼要先擒王，江南最大地主之一是宰相徐阶，这时正罢官在家。海瑞要他家退田，徐阶只好退出一部分。海瑞不满意，写信给徐阶，要他退出大半，信上说：

> 看到您的退田册，更加钦佩，您是这样使人意想不到的大贤大德。但是已退的田数还不很多，请您再加清理，多做实际行动。从前有人改变父亲的做法，把七个屋子储藏的钱，一会儿便都散光了。您以父亲的身份来改正儿子的做法，有什么做不到的呢？

把非法侵占民田的责任算在他儿子账上，给他留点面子。

这样做，朝廷大官和地方乡官都怕了，人人自危，怨声四起。海瑞在给李石麓阁老信中说：

> 存翁（徐阶）近来受了许多小人的累，很吃了点苦头。他家产业之多，真叫人惊奇，吃苦头是他自取的。要不退出大半，老百姓是不会甘心的。有钱人尽干坏事，如今吃了苦头，倒是一条经验。我要他退出大半田产，也正是为他设想，请不要认为奇怪。

官僚舆论说他矫枉过直，搞得太过火了，他说并不过火。在给谭次川侍郎的信上说：

> 矫枉过直，是从古到今一样的道理，不严厉的改革，便不能纠正过错。我所改革的都不是过直的事，一定会办好，请放心。

又说：

> 江南粮差之重，天下少有，古今也少有。我所到过的地方，才知道所谓富饶全是虚名，而苦难倒很严重，这中间可为百姓痛苦，可为百姓叹息的事，一句话是说不完的。

他不但要坚持下去，还要进一步解除百姓的痛苦，可惜几个月后，他便被革职丢官了。

徐家的田退出，徐阶的弟弟徐陟，做过侍郎，为非作歹，残害百姓，海瑞把他逮捕了依法制裁。地方官奉行政令，不敢延误，大地主们走不动的只好依法退田，有的便逃到别的地方避风头。穷人田地被夺的都到巡抚衙门告状申诉，海瑞一一依法判处。老百姓欣喜相告，从今以后有活路了。地主官僚却非常恨海瑞，暗中组织力量，制造舆论，要把他赶走。

退田只是帮助穷民办法的一种，另一种有效的办法是清丈，把土地的面积弄清楚了，从而按每块土地等级规定租税。以此，海瑞做知县，做巡抚，都以清丈为第一要事，在这基础上，贯彻一条鞭的法令，在一条鞭规定所应征收的以外，一毫不许多取。这对当时农民来说，是减轻徭役，明确负担，提高生活，发展生产的有效措施，是对人民的德政。

兴利是兴水利。江苏的吴淞江泄太湖之水，原来沿江的田亩，都靠这条江水灌溉。年代久了，没有修治，江岸被潮水冲蚀，通道填淤，一有暴雨，便成水灾，淹没田亩，水利成为水害。海瑞在亲自巡行调查之后，决定修治，正月兴工，同月又修治常熟县的白茆河、杨家滨等河，结合赈济饥民，用工代赈；他亲自坐小船往来江上，监视工程的进行，不久就都完工了，人民大得好处。原来老百姓是不敢指望开河的，一来想这样的政府不会做这样的好事，二来想要做也无非要老百姓出钱。因此流传的民谣中有两句话说："要开吴淞江，除是海龙王"。意思是永世也开不了。现在人民的愿望实现了，河修好了，没有花老百姓一个钱。

在朝官僚，在野的乡官大族都恨海瑞。过往官僚因为海瑞裁节交通机构过多的费用，按制度办事，奉朝命该供应马匹和交通工具的只按制度供应，节约民力和费用，凭人情但是不合制度的一概不供应，不管你是什么来头，这样一来，这些人受了委屈，也恨海瑞。他们先后向皇帝告状，说他偏，说他做得太过火，说他包庇坏人，打击乡绅，只图自己有个好名声，破坏国家政策。海瑞成为大官僚、大地主的公敌，被夺去巡抚职权，改督南京粮储，专管粮饷。这时，高拱做宰相，海瑞骂过他，他也是恨海瑞的，又把管粮的职务归并到南京户部，®这样，海瑞的职权全被剥夺，只好告病回家了。

在排挤、污辱、攻击海瑞，保卫自己的利益的这群朝官中，吏科给事中^⑨戴凤翔是个代表人物。他向皇帝告状，说江南在海瑞的治理下，百姓成为老虎，乡官是肉，海瑞叫百姓拿乡官当肉吃，把乡官弄苦了。海瑞很生气，立刻回击，也上疏^⑩给皇帝说：

> 华亭县（今上海市松江区）乡官田宅特别多，奴仆特别多，老百姓十分怨恨。这种情况，恐怕在全国各地都找不出……老百姓告乡官霸占田产的有几万人……二十年以来，地方府县官都偏听乡官、举人、监生^⑪的话，替他们撑腰，弄得老百姓的田产一天天少下去，乡官却一天天富起来……凤翔说百姓是老虎，乡官是肉。他却不知道乡官已经做了二十多年老虎，老百姓做了二十多年的肉。今天乡官的肉，本是老百姓原有的肉；原先被抢走，如今还出来，本来也不是乡官的肉啊！何况过去乡官抢占老百姓十分，如今只还一分，还得并不多，却就大叫大闹了。我看凤翔在家乡，也是这样的乡官。

话说得非常锋利，有力量，既说明了情况，也指出了问题。乡官二十多年来做老虎吃老百姓，你们不说话。如今只要乡官还给老百姓原来属于他们自己的一点田地，而且只还了十分之一，你们就说老百姓是老虎吃乡官了。就说是肉吧，也是老百姓原有之肉，先前你们硬夺老百姓的肉，如今就该还，这有什么值得大惊小怪的。末了，一针见血地指出，戴凤翔替乡官诉苦，这些是乡官的话，也是戴凤翔自己的话。戴凤翔要是不在朝，住在家里，也一定是只专吃老百姓的老虎。

海瑞不断遭到乡官在朝代言人的攻击，很愤慨。他给人的信中说："一切计划，只有修治吴淞江的水患，因进行得快而成功了，其他都是将近成功就中止，怎么办，怎么办！这等世界，做得成什么事业！"给皇帝告养病的疏中说，在他巡抚任上所行兴利除害的一些办法，都是采访人民意见、研究过去制度而规定的，要求不要轻易改变。并说宰相光听一些不负责任的话，多议论，少成功，靠不住；满朝大官都是妇人，皇帝不要听信他们。用"妇人"骂人，是封建时代的错误看法。用妇人骂人，而且把满朝大官一概骂尽，也是很不策略的。但是由此可见他的愤慨程度；同时也说明了海瑞这次罢官以后，在朝掌权的人一连十几年都没有理会他，连万历初年名相张居正也不肯起用他的原因。

是的，像海瑞这种爱护人民，一切为老百姓着想，不怕封建官僚势力，不要钱，不怕死的清官，在靠剥削人民存在的封建社会里，又怎么能站得住脚，做得成什么事业呢！

原载《新观察》1959 年第十三期

注释

①常例是一种附加税，津贴知县用费，是变相的但又是合法的贪污行为。

②总督是地方的最高长官，辖一省或两三省，总揽军民要政。

③都察院是朝廷负责纠察弹劾的衙门，都御史、左右副都御史是都察院的正副长官，其下有佥都御史，这些都是都察院的高级监察官员。另外对地方各道派有监察御史，按其工作性质分巡按御史（管司法）、巡盐御史（管盐政）、提学御史（管教育）等。巡按御史出巡时亦称按院。

④巡抚是比总督低一级的地方高级官员，管一省的军事和政治。也称抚台、都堂。

⑤钦差是由皇帝特派出京，代表皇帝查办政务的官员。

⑥明朝的时候，办理一省刑政和检查官员纪律的机关叫提刑按察使司，简称按察司，长官叫作按察使。明时一省分几个府，一府管几个州、县，府的长官叫知府。

⑦一条鞭法是明朝万历年间，把丁役、土贡等都归并在田赋内，按亩征收的一种收税办法。

⑧明朝自永乐皇帝迁都北京后，仍在南京保留中央政府的组织，和北京同时设有吏、户、礼、兵、刑、工六部，分管各有关的政务。各部的长官叫作尚书，副长官叫作侍郎。户部是管财政经济的。

⑨管检查吏部工作的官员。

⑩封建时代臣下向皇帝陈述事情的报告叫"疏"。

⑪科举取士制度，规定每隔三年开一次乡试，应乡试的是有秀才或监生资格的人，乡试取中的就称为举人。监生，即是对有入国子监读书资格的人的简称。

关于魏忠贤

一、生祠

替活人盖祠堂叫作生祠，大概是从那一个时代父母官"自动"请老百姓替他立长生禄位而扩大之的。单有牌位不过瘾，进一步而有画像，后来连画像也不够瘾了，进而为塑像。有了画像塑像自然得有宫殿，金碧辉煌，初一十五文武官员一齐来朝拜，文东武西，环佩铿锵，口中念念有词，好不风光，好不威武。

历史上生祠盖得最多的是魏忠贤，盖得最漂亮的是魏忠贤的生祠，盖得最起劲的是魏忠贤的干儿子、干孙子、干曾孙子、重孙子、灰孙子。

据《明史·魏忠贤传》说，天启六年（1626）魏忠贤大杀反对党，将周起元、高攀龙、周宗建、缪昌期、周顺昌、黄尊素、李应昇一些东林党人一网打尽之后，修《三朝要典》（《东林罪状录》），立"东林党人碑"之后，浙江巡抚潘汝桢奏请为忠贤建祠。跟着是一大堆官歌颂功德。于是督抚大吏阎鸣泰、刘诏、李精白、姚宗文等抢先建立生祠。风气一成，连军人，做买卖的流氓棍徒都跟着来了，造成一阵建祠热，而且互相比赛，越富丽越好。地皮有的是，随便圈老百姓的，材料也不愁，砍老百姓的。接着道统论也被提起了，监生陆万龄建议以魏忠贤配享孔子，忠贤的父亲配享启圣公。谁又敢说个不字？

当潘汝桢请建生祠的奏本到达朝廷后，御史刘之待签名迟了一天，立刻革职。苏州道胡士容不识相，没有附和请求，遵化道耿如杞入生祠没有致最敬礼——下拜，都下狱判死刑。

据《明史·阎鸣泰传》，建生祠最多的是少师兼太子太师、兵部尚书阎鸣泰，在蓟辽一带建了七所。在颂文里有"民心归依，即天心向顺"的话。

潘汝桢所建忠贤生祠，在杭州西湖，朝廷赐名普德。

这年十月孝陵卫指挥李士才建忠贤生祠于南京。

次年正月宣大总督张朴、宣府巡抚秦士文、宣大巡按张素养建祠于宣府和大同。应天巡抚毛一鹭、巡按王拱建祠于虎丘。

二月阎鸣泰又和顺天巡抚刘诏、巡按倪文焕建祠于景忠山。宣大总督张朴又和大同巡抚王点、巡按张素养在大同建立第二个生祠。

三月阎鸣泰又和刘诏、倪文焕、巡按御史梁梦环建祠于西密云丫髻山，又建于昌平，于通州。太仆寺卿何宗圣建于房山。

四月阎鸣泰和巡抚袁崇焕建祠于宁前。张朴和山西巡抚曹尔桢、巡按刘弘光又建于五台山。庶吉士李若琳建于蕃育署，工部郎中曾国祯建于卢沟桥。

五月通政司经历孙如冽，顺天府尹李春茂建祠于宣武门外，巡抚朱童蒙建于延绥，巡视五城御史黄宪卿、王大年、汪若极、张枢智建于顺天，户部主事张化愚建于崇文门外，武清侯李诚铭建于药王庙，保定侯梁世勋建于五军营、大教场，登莱巡抚李嵩、山东巡抚李精白建于蓬莱阁宣海院，督饷尚书黄运泰、保定巡抚张凤翼、提督学政李蕃，顺天巡按倪文焕建于河间、天津，河南巡抚郭增光，巡按鲍奇谟建于开封，上林监丞张永祚建于良牧、嘉蔬、林衡三署，博平侯郭振明建于都督府、锦衣卫。

六月总漕尚书郭尚友建祠于淮安。顺天巡按户承钦、山东巡按黄宪卿、顺天巡按卓迈，也在六月分别在顺天、山东建祠。

七月长芦巡盐龚萃肃、淮扬巡盐许其孝、应天巡按宋祯汉、陕西巡按庄谦建祠于长芦、淮扬、应天、陕西等地。

八月总河李从心、总漕郭尚友、山东巡抚李精白、巡按黄宪卿、巡漕何可及建祠于济宁。湖广巡抚姚宗文、郧阳抚台梁应泽、湖广巡按温皋谟建祠于武昌、承天、均州。三边总督史永安、陕西巡按胡建晏、巡按庄谦、袁鲸建于固原大自山，楚王朱华奎建于高观山，山西巡抚牟志夔、巡按李灿然、刘弘光建于河东。

踊跃修建的官员，从朝官到外官，从文官到武官，从大官到小官，到亲王勋爵，治河官，卖盐官，没有一个不争先恐后，统一建生祠。

建立的地点从都城到省城，到名山，甚至都督府、锦衣卫、五军营等军事衙门，蕃育署、上林监等宫廷衙门，甚至建立到皇城东街。只要替魏忠贤建生祠，没有谁可以拦阻。

每一祠的建立费用，多的要数十万两银子，少的也要几万两，合起今天的纸币要以多少亿计。

开封建祠的时候，地方不够大，毁了民房两千多间，用渗金塑像。

都城几十里的地面，到处是生祠。上林苑一地就有四个。

延绥生祠用琉璃瓦，蓟州生祠金像用冕旒。南昌建生祠，毁周程三贤祠，出卖澹台灭明祠做经费。

督饷尚书黄运泰迎像，用五拜三稽首礼，立像后又率文武将吏列阶下五拜三稽首。再到像前祝告，某事幸亏九千岁（这些魏忠贤的党羽子孙称皇帝为万岁，忠贤九千岁）扶持，行一套礼，又某事蒙九千岁提拔，又行一套礼。退还本位以后，再行大礼。又特派游击将军一人守祠，以后凡建祠的都依例派专官看守。

国子监生（大学生）陆万龄以孔子作春秋，忠贤作要典，孔子杀少正卯，忠贤杀东林党人，应在国学西建生祠和先圣并尊。这简直是孔子再世，道统重光了。国子司业（大学校长）朱之俊接受了这意见，正预备动工，不凑巧天启皇帝驾崩，政局一变，魏忠贤一下子从云端跌下来了。

崇祯帝即位，魏忠贤自杀。崇祯二年（1629）三月定逆案，全国魏忠贤生祠都被拆毁，建生祠的官员也列名逆案，依法处刑。

《三朝要典》的原刻本在北平很容易见到，印得非常考究，大有翻印影印流传的必要。

魏忠贤的办公处东厂，原来叫东厂胡同，从沙滩一转弯便是。中央研究院北平办事处在焉，近来改为东昌胡同了，不知是敌伪改的，还是最近改的。其实何必呢？魏忠贤之臭，六君子的血，留着这个名词让北平市民多想想也是好的。

二、义子干孙

魏忠贤不大识字，智力也极平常。他之所以能弄权，第一私通熹宗的奶妈客氏，宫中有内线。熹宗听客氏的话，忠贤就可以为所欲为。第二是熹宗庸碌，十足的阿斗，凡事听凭忠贤作主张。

光是这两点，也不过和前朝的刘瑾、冯保一样，还不至于起党狱，开黑名单，建生祠，称九千岁，闹得民穷财尽，天翻地覆。原因是：第一，政府在他手上，首相次相不但和他合作，魏广微还和这位太监攀通家，送情报，居然题为内阁家报。其二，是他有政权，就能养活一批官，反正官爵都出于朝廷，俸禄都出于国库。凡要官者入我门来，于是政权军权合一，内廷外廷合一。魏忠贤的威权不但超过过去任何一个宦官，也超过任何一个权相，甚至皇帝。

《明史》说，内外大权，一归忠贤。内竖（宦官）自王体乾等外，又有李朝钦、王朝辅、孙进、王国泰、梁栋等三十余人为"左右拥护"。外廷文臣则崔呈秀、田吉、吴淳夫、李夔龙、倪文焕主谋议，号"五虎"。武臣则田尔耕、许显纯、孙云鹤、杨寰、崔应元主杀戮，号"五彪"。又吏部尚书周应秋、太仆卿曹钦程等号"十狗"。又有"十孩儿"、"四十孙"之号。而为呈秀辈门下者又不可数计。

"虎"、"彪"、"狗"都是魏忠贤的义子。举例说，崔呈秀在天启初年巡按淮扬，贪污狡狯，不修士行，看见东林正红得发紫，想尽方法要挤进去，被拒不纳。四年还朝，都察院都御史高攀龙尽列他在淮扬的贪污条款，提出弹劾。吏部尚书赵南星批定充军处分，朝命革职查办。呈秀急了，半夜里到魏忠贤家叩头乞哀，求为养子。结果呈秀不但复职，而且升官，不但升官，而且成为忠贤的谋主，残杀东林的刽子手了。两年后做到兵部尚书兼都察院左都御史。儿子不会作文也中了举，兄弟做浙江总兵官，女婿呢，吏部主事，连姨太太的兄弟、唱小旦的也做了密云参将。

其他四"虎"，吴淳夫是工部尚书，田吉兵部尚书，倪文焕太常卿，李夔龙副都御史，都是呈秀拉纤拜在忠贤门下当义子的。

十狗中如曹钦程，《明史》本传说："由座主冯铨父事魏忠贤，为十狗之一……于群小中尤无耻，日夜走忠贤门，卑谄无所不至，同类颇羞称之。"到后来，连魏忠贤也不喜欢他了，"责以败群"革职，可是此狗在被赶出门时，还向忠贤叩头说："君臣之义已绝，父子之恩难忘。"大哭一场而去。忠贤死后，被处死刑，关在牢里等行刑。日子久了，家人也厌烦，不给送饭，他居然有本领抢别人的牢饭，成天醉饱。李自成陷北京，破狱出降。自成失败西走，此狗也跟着，不知所终。

十孩儿中有个石三畏，闹了个不大不小的笑话。有一天某贵戚请吃饭，在座的有魏忠贤的侄儿魏良卿。三畏喝醉，点戏点了《刘瑾醉酒》，犯了忌讳。忠贤大怒，立刻革职回籍。忠贤死后，他还借此复官，到头还是被弹劾免职。

这一群虎狗彪儿孙细按本传，有一个共同的特征，几乎没有一个不是贪官污吏。

例外的也有，如造《点将录》的王绍徽，早年"居官强执，颇以清操闻"。还有作"春灯谜"、"燕子笺"，文采风流，和左光斗诸人交游的阮大铖，和叶向高同年友好的刘志选，以及《玉芝堂谈荟》的作者周应秋，都肩着当时"社会贤达"的招牌，颇有名气的，只是利欲熏心，想做官，想做大官，要做官迷得发了疯，一百八十度一个大转弯，拜在魏忠贤膝下，终至身败名裂，在《明史》里列名《阉党传》。阮大铖在崇祯朝寂寞了十几年，还在南京冒充东林，附庸风雅，千方百计要证明他是东林，千方百计要洗去他当魏珰干儿的污渍，结果被一批年轻气盛的东林子弟出了留都防乱揭，"鸣鼓而攻之"，落得一场没趣。孔云亭的《桃花扇》真是妙笔奇文，到今天读了，还觉得这副嘴脸很熟，"如"闻其声，"如"见其人。

三、黑名单

黑名单也是古已有之的，著例还是魏忠贤时代。

《明史·魏忠贤传》说：天启四年（1624）忠贤用"崔呈秀为御史。呈秀造《天鉴》、《同志》诸录，王绍徽亦造《点将录》，皆以邹元标、顾宪成、叶向高、刘一燝等为魁，尽罗入不附忠贤者，号曰东林党人，献于忠贤。忠贤喜。于是群小益求媚忠贤，攘臂攻东林矣"。

　　替魏忠贤造名单的，有魏广微、顾秉谦，都是大学士（宰相）。名单有黑红两种，《明史·顾秉谦传》说：广微和"秉谦谋，尽逐诸正人，点《缙绅便览》一册，若叶向高、韩爌、何如宠、成基命、缪昌期、姚希孟、陈子壮、侯恪、赵南星、高攀龙、乔允升、李邦华、郑三俊、杨涟、左光斗、魏大中、黄尊素、周宗建、李应昇等百余人目为邪党，而以黄克缵、王永光、徐大化、贾继春、霍维华等六十余人为正人。由阉人王朝用进之，俾据是为黜陟。忠贤得内阁为羽翼，势益张。秉谦、广微亦曲奉忠贤，若奴役然"。

　　《缙绅便览》是当时坊间出版的朝官人名录。魏广微、顾秉谦根据这名单来点出正人邪人，必定是用两种颜色，以今例古，必定是红黑两种颜色，是可以断言的。

　　崔呈秀比这两位宰相更进一步，抄了两份。一份是《同志录》，专记东林党人，是该杀该关该革职的该充军的。另一份是《天鉴录》，是东林的仇人，也就是反东林的健将，是自己人。据《明史·崔呈秀传》说："忠贤凭以黜陟，善类为一空。"

　　《明史·曹钦程传》附《卢承钦传》，承钦又向政府提出："东林自顾宪成、李三才、赵南星而外，如王图、高攀龙等谓之副帅，曹于汴、汤兆京、史记事、魏大中、袁化中谓之先锋，丁元荐、沈正宗、李朴、贺娘谓之敢死军人，孙丕扬、邹元标谓之土木魔神，请以党人姓名、罪状榜示海内。忠贤大喜，敕所司刊籍，凡党人已罪未罪者悉编名其中。"这又更进一步了，不但把东林人列在黑名单上，而且还每人都给一个绰号、匪号，其意义正如现在一些刊物上的闻一多夫、罗隆斯基同。

　　王绍徽，魏忠贤用为吏部尚书，仿民间《水浒传》，编东林一百零八人为《点将录》献上，令按名黜汰，以是越发为忠贤所喜。绍徽也名列《明史·阉党传》。

　　这几种黑名单十五六年前都曾读过，记得最后一种《点将录》，李三才是托塔天王，黄尊素是智多星，每人都配上《水浒传》里的绰号，而且还分中军左军右军，天罡地煞，很整齐。似乎还是影印本。可惜记忆力差了，再也记不起在什么丛书中见到。可惜！可惜！

原载于《史事与人物》，生活书店，1948 年 7 月

况钟和周忱

一、从《十五贯》说起

1956 年浙江昆苏剧团上演了改编的昆曲《十五贯》之后，各地其他剧种也纷纷改编上演，况钟这个封建时代的好官，逐渐为成千上万的观众所熟识了。这戏中另一个好官周忱，是况钟的上司和同乡，也被赋予和况钟不同的性格，成为舞台上的人物。

《十五贯》成功地塑造了况钟这个历史人物，刻画了他的性格、思想感情。他通过具体分析，进行现场调查研究，得出正确结论，终于纠正了主观主义、官僚主义的错误判断，平反了冤狱，为人民办了好事。这个戏形象地突出了反对主观主义、反对官僚主义这个主题，是具有现实的教育意义的，是个好戏。

但是，《十五贯》这个故事，其实和况钟并不相干。

《十五贯》的故事出自《宋元话本》的《错斩崔宁》，大概是宋朝的故事。明朝末年，有人把这故事编在一部书里，题名为《十五贯戏言成巧祸》，清初的戏剧家朱素臣又把它改编为《十五贯传奇》。现在上演的本子，是根据朱素臣的本子改编的。从故事改编的发展来说，一次比一次好，迷信成分去掉了，复杂的头绪减少了，人物的形象更典型了，深刻了，也就更生动；艺术感染力量更强烈了；教育主观主义、官僚主义者的效果也就更好了。

那么，问题就来了，《十五贯》既然是宋朝的故事，况钟却是明朝人，从宋末到明前期，相差有一百几十年，为什么戏剧家一定要把这故事算在况钟名下呢？

这是因为况钟的确是历史上的好官，也的确替当时负屈的老百姓伸过冤，救活了不少人命，在当时人民中威信很高。其次，朱素臣是苏州人，对《十五贯》的故事和况钟这个人物的传说都比较熟悉。戏剧家为了集中地突出故事情节，集中地突出历史人物，把民间流传已久的《十五贯》故事，和当时民间极有威望的好官况钟结合起来，一方面符合人民对于清官好官的迫切要求，一方面也反映了一定时期的历史情况，是完全可以允许的艺术处理。

正因为如此，这故事不但得到广大人民的喜爱，连况钟的子孙也认为确有其事了。况钟九世孙况廷秀编的《太守列传编年》上说：

> 折狱明断，民有奇冤，无不昭雪。有熊友兰、友蕙兄弟冤狱，公为雪之，阊郡有包龙图之颂，为作传奇，以演其事。惜一切谳断，不能尽传于世。

二、况青天

封建时代的官僚，被人民表扬为青天，是很不容易的事。

由于封建统治阶级一贯剥削、虐待人民，和人民对立，老百姓在平常时候，是怕官的。老百姓和官的关系是，一要完粮，二要当差，三呢，遭到冤枉要打官司。这三件事都使老百姓怕官，一有差错，就得挨板子、上夹板，受到种种非刑，关进班房，以至充军、杀头，等等，老百姓怎能不怕？

但是，一到了阶级矛盾十分尖锐，老百姓忍无可忍，团结起来暴动的时候，情况就完全改变了。人民自己已有了武装，也有了班房，那时候，老百姓就不再怕官了，害怕发抖的是官。以此，历史上每次农民起义，矛头总是首先针对着本地的官员，口号总有杀尽贪官污吏这一条。

由于封建统治阶级的统治基础是建立在对广大农民的剥削、掠夺上面的，封建官僚是为了地主阶级利益服务的；一切政治设施的最后目的，都是为了巩固和加强封建统治。这样，也就不难理解在封建官僚的压迫、奴役下，广大人民对于比较清明、宽大、廉洁政治的向往，对于能够采取一些措施，减轻人民负担，申雪人民冤枉的好官的拥护了。对于这样的好官，人民作了鉴定，叫作青天。

也正由于封建时代的青天极少，所以历史上屈指可数的几个青天，也就成为箭垛式的人物，许多人民理想中的好事都被堆砌到他们身上了。像宋朝的包拯，明朝的况钟和海瑞，都是著名的例子。

也还必须指出，尽管历史上出现了几个青天，是当时人民给的称号。但是，也决不可以由此得出结论，以为青天就是站在人民立场的政治家。不是的，恰恰相反，他们都是为封建统治阶级利益服务的官僚，在这一点上，也和当时其他封建官僚一样，是和人民对立的。不过，由于他们的出身和其他关系，比较接近人民，了解人民的痛苦，比较正直，有远见，为了维持封建统治阶级的长远利益，缓和阶级矛盾，在不损害封建统治阶级的根本利益前提下，有意识地办了一些好事。这些好事是和封建统治阶级的长远利益一致的，也是和被压迫被剥削的广大人民当前利益一致的，对当时的生产发展，对历史的进展有好处的。因此，他们在当时被人民叫作青天，在历史上也就应该是被肯定的，值得纪念的，在某些方面，还是值得今天学习的人物。

况钟（1383—1442），江西靖安人。从1430年起任苏州知府，一直到1442年死在任上，连任苏州知府十三年。

苏州地方殷富，人口稠密，土地集中，人民贫困，阶级关系比较紧张。在况钟以前，做知府的不要说久任，连称职能够做满任期的也没有一个。况钟以后，也还出过几个好官，不过都比不上他这样有名，为人民所爱戴歌颂。

从唐宋以来，封建王朝任命官僚，主要是用科举出身的人，上过学，会写一定格式的诗、文，通过考试，成为叫作进士或者举人的知识分子。一般在衙门里办事的吏（科员），地位很低，只能一辈子做吏，是做不了官的。明朝初期，科举出身的人还不够多，官和吏的区别还不十分严格，以后就不同了。况钟的父亲是一家地主的养子。况钟从小也念过一点书，但没有考上学校。到成年以后，1406年被选作靖安县的礼曹（管礼仪、祭祀一类事务），一直做了九年的吏。他为人干练精明，通达事务，廉介无私，为县官所重视。也正因为他做了多年的吏，直接和人民打交道，不但了解民间痛苦，也深知吏的贪污害民行径，到后来做了官，便有办法来制裁这些恶吏了。

靖安知县和当朝的礼部尚书（管礼仪、祭祀、考试的部长）是好朋友，当况钟做满九年的吏，照例要到吏部（管任免、考核官员的部）去考绩的时候，靖安知县便写信给这个朋友，推荐况钟的才能。礼部尚书和况钟谈了话，也很器重，便特别向皇帝推荐。明成祖召见况钟，特任为礼部仪制司主事，以后升为郎中，一连做了十五年京官。

在这十五年中，况钟和当时许多有名的政治家来往，成为朋友，交换了对政治上的许多看法。其中主要的是江西同乡的京官。在封建年代，交通很不方便，官僚们对同乡是很看重的，来往较多，政治上也互相影响，这种关系称为乡谊，是一种封建关系。况钟的同乡中有许多是当权的大官，有声名的政治家，况钟深受他们的影响，在况钟以后的政治活动中，也得到他们的支持。

明成祖在打到南京，做了皇帝以后，任命七个官员替他管理机密事务，叫作"入阁"，后来叫作"拜相"。这七个人中有五个是江西人，其中泰和人杨士奇和况钟关系最深，南昌人胡俨、湖北石首人杨溥也是况钟的朋友。此外，江西吉水人周忱和况钟也很要好。

明成祖死后，三杨当国，三杨就是原来七人内阁中的三个，是杨士奇、杨溥和杨荣。这三人都是有能力的政治家，在他们当国时期，政治是比较清明的。

1430年，明封建王朝经过讨论，为了进一步加强统治，增加财政收入，认为全国有九个大府，人众事多，没有管好，其中特别是苏州府，交的税粮比任何一省都多，政治情况却十分不好，官吏奸贪，人民困苦，欠粮最多，百姓逃亡。要百官保举京官中有能力而又廉洁的外任做知府，来加强控制。礼部和吏部都推荐况钟，首相杨士奇也特荐况钟做苏州知府。为了加重况钟的权力，明宣宗还特别给以"敕书"（书面命令），许以便宜行事，并特许他可以直接向皇帝写报告，提建议。

我国在过去漫长时期是农业国，封建王朝的经济基础是农业。王朝的全部收入百分之九十以上出自农民交纳的粮食，服兵役和无偿劳役的也主要是农民。要是农民交不起粮或者少交粮了，农民大量逃亡外地，不当差役了，便会发生严重的政治危机，危害封建王朝的统治地位。

由于宋元以来的历史发展，东南地区的农业经济大大发展了，显出一片繁荣气象。况钟所处的十五世纪前期，正是明王朝的全盛时期。但是，这个地区的繁荣，这个时期的全盛都只是表面上的，内部却包含着严重的危机。

危机是农民负担过重。

就东南一带而说，农民负担之重居全国第一。这时全国的实物收入，夏税秋粮总数约三千万石，其中浙江一省占二百七十五万多石，约占全国收入十分之一弱。苏州一府七个县却占二百八十一万石，比浙江一省交的粮还多。松江府一百二十一万石，也很重。以苏州而论，垦田数只有九万六千五百零六顷，占全国垦田数百分之一点一，交纳税粮呢，却占全国税收的百分之九点五。

为什么江南地区的农民负担特别重呢？这是因为从南宋以来，由于这一带土地肥沃，经济发展，贵族、官僚用种种方法兼并土地，到了政治局面发生变化，旧的贵族、官僚被推翻了，他们所占有的土地就被没收为官田，经过多次变化，官田就越来越多，民田就越来越少了。到明太祖取得这带地方以后，又把原来的豪族地主的田地没收为官田，并且按私租收税，这样，这带地方的官田租税就特别重了。

民田的租税虽然也很重，但是农民向地主交租，多在本地，当天或者几天就可以来回，一改为官田，不但田租特别重，而且收的粮食要交官了，得由农民运送到指定的仓库交纳。在交通不便的情势下，陆运、水运，要用几个月以至更多时间，不但占用了大量劳动力，不能投入生产，而且交纳一石官粮，往往要用两三石以至四五石的运费，有时候遭风翻船了，或者被人抢劫，都得重新补交，所有这些巨大的运费和意外的赔垫，都要由农民负担，农民怎么负担得起？苏州农民因为官田特别多，负担就特别重。

苏州七个县完纳的二百八十一万石税粮中，民粮只有十五万石，官田田租最重的每亩要交三石粮。官粮中有一百零六万石要远运到山东临清交纳，有七十万石要运到南京交纳，运到临清的每一石要用运费四石，运到南京的也要六斗。这样残酷的剥削使人民无法负担，在况钟到苏州以前，四年的欠粮数就达到七百六十多万石。老百姓完不了粮是要挨板子，坐班房的，农民要活下去，就只好全家逃亡，流离外地了。

占全国税粮近十分之一的苏州，欠粮这样多，人口大量外流，是不能不严重地影响到封建王朝的统治基础的。首相杨士奇提出补救方案：蠲免欠粮，官田减租，清理冤狱，惩办贪官，安抚逃民，特派知府等六项措施。况钟就是在这样情况下，被特派到苏州执行这些措施的。

官田减租是得到明宣宗的同意，用诏书（皇帝的命令）下达全国的。但是，有人认为，减掉了租，就减少了王朝的收入，遭到封建统治阶级内部的反对，没有能够贯彻；蠲免欠粮，也同样行不通。隔了两年，还是没有解决。尽管明宣宗和杨士奇为了缓和阶级矛盾，巩固统治基础，下了极大决心要办，并且严厉申斥户部官员，不奉行减租免粮命令的就要办罪，还是办不了，办不好。

况钟在苏州坚决执行封建王朝的政策，在巡抚周忱的支持下，他多次提出官田减租和蠲免欠粮的具体办法，都被户部批驳不准。况钟并不妥协，坚持要办，一直到1432年3月，才得到批准，减去官田租七十二万一千六百多石，荒田租十五万石，官粮远运临清的减去六十万石，运到南京的改为驻军到苏州自运，连同其他各项。每年减省了苏州人民一百五十六万石的负担，假如连因此而省掉的运费、劳力计算，数目就更大了。这对苏州人民来说，确是一件了不起的大好事，对明王朝的统治来说，也确是起了巩固作用。而且，官田虽然减了一些租，因为不欠粮了，王朝的实际收入比前几年反而增加了。

由于官田田租减轻了，逃民回来后复业的就有三万六千六百多户。人民的生活虽然还是很苦，但是毕竟比过去稍微好了一些，生产情绪也提高了。他们欢欣鼓舞，感谢况钟的恩德，到处刻碑纪念这件好事。

况钟在人民中间的威信日益提高，主要的是他还办了以下这几件事：

第一是惩办贪吏。况钟是从吏出身的，精于吏事。在上任以后，却假装不懂公事，许多吏拿着案卷请批，况钟问他们该怎么办，都一一照批。吏们喜欢极了，以为这知府真好对付，以后的事好办了。况钟在经过充分的调查研究，弄清情况以后，过了一个多月，突然叫官员和吏们都来开会，当场宣读"敕书"，其中有"属员人等作奸害民，尔即提问解京"的话，就问这些吏，那一天你办了什么事，受了多少贿赂，对不对？一一问过，立时杀了六个。官员中有十二个不认真办事，疲沓庸懦的，都革了职。另外有几个贪赃枉法的，拿到京师法办。这一来，官吏们都害怕了，守法了，老百姓也少吃苦头了。人们叫他做青天。

苏州人民好容易有了一个青天，松了一口气。第二年，况钟的继母死了，按封建礼制辞官回家守孝。这一来，苏州的天又黑了，风气又变了，官们吏们又重新做坏事了，百姓又吃苦头了。他们想了又想，都是况钟不在的缘故，三万七千多人便联名请求况钟回来。隔了十个多月，况钟又被特派回到苏州，这一回用不着调查了，立刻把做坏事的官吏们都法办了，天又变好了，况钟更加得到人民的支持。

第二是清理冤狱，苏州有七个县，况钟每天问一个县的案，排好日程，周而复始，不到一年工夫，清理了一千五百多件案子，该办的办，该放的放，做得百姓不叫冤枉，豪强不敢为非，老百姓都叫他是包龙图再世。现在舞台上演唱的《十五贯》，虽然事实上和况钟无关，但确也反映了他在这一方面的工作作风，取得的成绩和威信，是符合历史实际的。

第三是抑制豪强。明朝制度，军民籍贯是分开的，军户绝了，要勾追原籍本家男丁补缺。封建王朝派的清军御史蛮横不讲道理，强迫平民充军，弄得老百姓无处诉冤，况钟据理力争，免掉一百六十个平民的军役，免掉一千四百多平民的世役，只是本身当军，不累及子孙。七县的圩田设有圩长圩老九千多人，大部分都是积年退役（在衙门做过事）的恶霸，这制度和这些人得到大官的支持，为非作恶，况钟不管上官的反对，也把它一起革除了。沿海沿江有些地方的军官，借名巡察河道，劫掠商船，为害商旅，况钟都一一拿办。

第四是为民兴利。苏州河道，淤塞成灾，况钟把它疏浚了，成为水利。人民因粮重贫困，向地主借高利贷，弄得卖儿卖女，况钟想法筹划了几十万石粮食，建立济农仓，每到农民耕作青黄不接的时候，便开仓借贷，每人二石，到秋收时如数偿还，遇有灾荒，也用这粮食赈济。又推广义役仓制度，用公共积累的粮食，供应上官采办物料的赔垫消费，免去中间地主们的剥削和贪污，从而减轻人民的负担。

况钟刚正廉洁，极重视细小事件，设想周密，不怕是小事，只要有利于百姓就做，对百姓有害的就加以改革。兴利除害，反对豪强，扶持良善，百姓敬他爱他，把他看作天神一样。第一次回家守孝，百姓想念他，做歌说：

况太守，民父母，众怀思，因去后，愿复来，养田叟。

又有歌说：

众人齐说使君贤，只剪轻蒲为作鞭。

兵仗不烦森画戟，歌谣曾唱是青天。

三年任满，到京师朝见，百姓怕他升官，很担心，到回来复任，百姓又唱道：

太守朝京，我民不宁，太守归来，我民忻哉！

到九年任满，又照例到吏部候升，吏部已经委派了新的苏州知府了，苏州人民不答应，有一万八千多人联名保留况钟，结果，况钟虽然升了官，又回到苏州管知府的事。

况钟做了十三年知府，死的时候，老百姓伤心痛哭，连做生意的也罢市了。送丧的沿路沿江不绝。苏州和七个县都建立了祠堂，画像祭祀，有的人家甚至把他的画像供在家里。

生性俭朴，住的房子没有什么陈设，吃饭也只用一荤一素。做官多年，没有添置过田产，死后归葬，船上只有书籍和日用器物，苏州人民看了，十分感动。做官办事，不用秘书，一切报告文件都亲自动手，文字质直简劲，不作长篇大论，说清楚了就算。在请求官田减租的报告上，直率批评皇帝失信，毫不隐讳。

和巡抚周忱志同道合，他每次有事到南京，上岸时虽然天黑了，周忱也立刻接见，谈到深夜。况钟在苏州办的许多好事是和周忱的支持分不开的，周忱在巡抚任上办的许多好事，也有况钟的贡献在内。

三、周忱

周忱（1381—1453）从1430年任江南巡抚，一直到1451年，前后共21年，是明朝任期最长的封疆大员，最会理财最能干的好官。

他是进士出身，在刑部（管司法、审判的部）做了二十多年的员外郎（官名，专员），不为人所知。直到大学士（宰相）杨荣推荐为江南巡抚、总督税粮，才出了名。

周忱不摆官僚架子，接近人民，倾听群众意见，心思周密，精打细算，会出主意，极会办事，人民很喜欢他。

江南其他各府县，也和苏州一样，欠了很多税粮。周忱首先找老年农民研究，问是什么缘故。农民们说，交粮食照规矩得加"耗"（附加税），因为仓库存的粮食日子久了分量就减少了，加上麻雀老鼠都要吃粮食，这样，就会有耗损。官府把预计必有的耗损分量在完粮时附加交纳，叫作"耗"。但是，地主们都不肯交纳，光勒掯农民负担全部耗损，农民交纳不起，只好逃亡，税粮越欠越多了。

周忱弄清原因，就创立平米法，把完粮附加的耗米，合理安排，不管是地主是农民，都一律负担，又进一步由工部（管工程的部）制定铁斛，地方准式制造，凡是收放粮食都用同一的标准量器，革除了过去大斗进小斗出的弊病。农民交粮，一向由粮长（地主）经手存放运输，制度紊乱，粮长巧立名目，从中取利，农民负担便越发重了。周忱经过细心研究，制定一套办法，大大减少了粮长做坏事的机会，也减少了耗损。又精打细算，改进了粮食由水路运到北京的办法，节省了人力和粮食。把这些节约的粮食和多出的附加耗米单独设仓贮存，叫作余米，逐年积累，作为机动用费。又和况钟举办了济农仓，减免了苏州和其他各府的官田租粮。经过亲自考察，发现松江、嘉定上海一带的河流淤塞，就用余米动工疏浚，兴办了许多水利工程。通过这些措施，人民负担减轻了，加上遇有天灾，可以得到及时的救济，不但荒年不必逃荒，连税粮也不欠了，仓库富足了，民生也安定了。

周忱遇事留心研究，找出关键问题，提出解决办法，随时改革不适用的旧办法，适应新的情况。他有便宜行事的职权，地方性和局部性的问题，可以全权管理，以此，他在江南多年，先后办了不少好事。

他有良好的工作习惯，每天都记日记，除记重要的事项以外，也记下这一天的气候，阴、晴、风、雨。有一回，有人谎说，某天长江大风，把米船打翻了。周忱说不对，这一天没有风，一句话把这案子破了。又有一回，一个坏人故意把旧案卷弄乱，想翻案。周忱立刻指出，你在某天告的状，我是怎么判决的。好大胆子，敢来糊弄人！这个坏人只好服罪。江南钱粮的数目上千上万，都记得很清楚，随时算出，谁也欺骗不了他。

也有全局观点，对邻近地区遇事支援。有一年江北闹大饥荒，向江南借米三万石，周忱算了一下账，到明年麦子熟的时候，这点粮食是不够吃的，借给了十万石。

1449 年十月瓦剌也先败明军于土木（今河北怀来县），明英宗被俘，北京震动。当国的大臣怕瓦剌进攻，打算把通州存的几百万石粮食烧掉，坚壁清野。这时恰好周忱在北京，他极力主张通州存粮可以支给北京驻军一年的军饷，何不就命令军队自己去运，预支一笔军饷呢？这样，粮食保全住了，驻军的粮饷也解决了。

周忱还善于和下属商量办事，即使对小官小吏，也虚心访问，征求意见。对有能力的好官，如苏州知府况钟、松江知府赵豫、常州知府莫愚、同知赵泰等，则更是推心置腹，遇事反复商量，极力支持，使他们能够各尽所长，办好了事。正因为他有这样好的作风，他出的主意，想的办法，也都能通过这些好官，贯彻执行下去。

他从不摆大官架子，有时候有工夫，骑匹马沿江到处走，见到的人不知道他是巡抚。在江南年代久了，和百姓熟了，像一家人一样，时常到农村去访问，不带随从，在院子里，在田野里，和农夫农妇面对面说家常话，谈谈心，问问有什么困难，什么问题，帮着出主意。

周忱最后还是被地主阶级攻击，罢官离开江南。他刚离开，户部立刻把他积储的余米收为官有，储备没有了，一遇到灾荒、意外，又到处饿死人了。农民完不起粮，又大量欠粮了，逃亡了。百姓越发想念他，到处建立生祠，纪念这个爱民的好官。

过了两年，周忱郁郁地死去。

原载 1960 年 9 月 8 日《人民文学》第九期

爱国学者顾炎武

今年是伟大的爱国学者顾炎武逝世二百八十周年。

关于顾炎武的历史评价，全祖望写的《顾先生炎武神道表》最后一段话很中肯。他说：离开顾炎武的时代逐渐远了，读他的书的人虽然很多，但是能够说出他的大节的人却很少。只有王高士不庵曾说：炎武抱着沉痛的心，想表白他母亲的志向，一生奔走流离，心里的话，几十年来也没有机会说出来。可是后起的年轻人，不懂得他的志趣，却只称赞他多闻博学，这对他来说，简直是耻辱，只好一辈子不回家，客死外地了。这段话很好，可以表他的墓。我读了也认为很好，可以使人们对顾炎武这个人有更好的了解。

顾炎武首先是有气节的有骨头的坚强的爱国主义者，其次才是有伟大成就的学者。

顾炎武（1613—1682）字宁人，原来名绛，明亡后改名，有时自称为蒋山佣，学者称为亭林先生，江苏昆山人。他家世代有人做官，藏书很多。祖父和母亲对他的教育十分关心，六岁时母亲亲自教他《大学》，七岁跟老师读《四书》，九岁读《周易》，接着祖父就教他读古代军事家孙子、吴子的著作和《左传》、《国语》、《战国策》、《史记》等书，十一岁读《资治通鉴》，到十三四岁才读完。十四岁进了县学以后，又读《尚书》、《诗经》、《春秋》等书，打下了很扎实的学术基础。母亲更时常以刘基、方孝孺、于谦等人的事迹教育他，要他做一个忠于国家、忠于民族的人。

炎武受教育的时代，也正是明王朝政治日益腐化，统治阶级内部分崩离析，互相倾轧，人民负担日益加重，民不聊生，东北建州（后称满族）崛起，明王朝接连打败仗，丧师失地，满汉民族上层统治集团矛盾最尖锐，汉族人民和统治集团矛盾最尖锐的时代。炎武的祖父教炎武读军事学书籍和史书，是有很深的用意的。

当时东南地区的知识分子组织了一个团体叫复社，吟诗作文，议论时事，名气很大，炎武和他的好友归庄也参加了。两人脾气都有些怪，就得了"归奇顾怪"的外号。

炎武的祖父很留心时事，那时候还没有报纸，有一种政府公报叫《邸报》是靠抄写流传的，到崇祯十一年（1638）才有活版印刷。炎武跟祖父读了泰昌元年（1620）以来的《邸报》，对国家大事有了丰富的知识。二十七岁时考乡试没有录取，他"感四国之多虞，耻经生之寡术"，发愤读书，遍览二十一史和全国州县志书、当代名人文集、章奏文册，等等，单是志书就读了一千多部，抄录有关材料，以后还随时增补，著成两部书，一部叫《天下郡国利病书》，一部叫《肇域志》。《郡国利病书》着重记录各地疆域、形胜、水利、兵防、物产、赋税等资料。《肇域志》则记述地理形势和山川要塞。他晚年游历北方时，用两匹马、两匹骡装着书，到了关、河、塞、障，就访问老兵退卒，记录情况。说的有和过去知道不符合的，就立刻检书查对，力求记载得真实。他这种从实际出发，研究当前现实的学风，一反那个时代空谈性命，不务实际的学风。他这种治学精神、方法，为后来的学术界开辟了道路，指出了方向。

炎武从三十岁以后，读的经书、史书，都写有笔记，反复研究，经过长期的思索、改订，写成了著名的《日知录》。

1645 年五月，清兵渡长江，炎武到苏州参加了抗清斗争。清军围昆山，昆山人民合力拒守，城破，军民死了四万多人，炎武的好友吴其沆也牺牲了。炎武的母亲绝食自杀，临死时嘱咐炎武不要做异国臣子，不要忘了祖父的教训。炎武在军败、国亡、母死的惨痛、悲愤心情中，昂起头来，进行深入的隐蔽的反清斗争。这时期他写的诗如《秋山》："北去三百舸，舸舸好红颜。"记录了清军掳掠妇女的惨状。"勾践栖山中，国人能致死。叹息思古人，存亡自今始。"以勾践复国自勉，表明了他爱国抗清的坚决意志。在以后的许多诗篇中，也经常流露出这种壮烈情感，如《又酬傅处士（山）次韵》："时当汉腊遗臣祭，义激韩仇旧相家。""三户已亡熊绎国，一成犹启少康家。"如《五十初度时在昌平》："远路不须愁日暮，老年终自望河清。"又如："苍龙日暮还行雨，老树春深更着花。"都表明了他至老不衰的英雄气概。

明宗室福王由崧在南京称帝，改元弘光，任命炎武为兵部司务，炎武到过南京。福王被俘，唐王聿键在福建称监国，改元隆武。鲁王以海也在绍兴称监国。唐王遥授炎武为兵部职方司主事，炎武因母丧未葬不能去，不久，唐王也兵败被杀。鲁王流亡沿海一带。1647年秋天，炎武曾到沿海地方，和抗清力量联系。地方上有汉奸地主要陷害他，炎武不得已伪装成商人，奔走江、浙各地，前后五年。《流转》诗中说："稍稍去鬓毛，改容作商贾，却念五年来，守此良辛苦，畏途穷水陆，仇雠在门户，故乡不可宿，飘然去其宇。"便是这几年间的事。

1655年发生了陆恩之狱。

陆恩是炎武家的世仆。在炎武出游时，投奔到官僚地主叶方恒家。炎武家庭经历丧乱，缺钱使用，把田产八百亩卖给叶家，叶方恒存心想吞并顾家产业，揿勒只给半价，这半价还不给钱，炎武讨了几年才给了一点。恰好陆恩得罪了主人，叶方恒便叫他出面告炎武通海（通海指的是和沿海抗清军事力量勾结，在当时是最大的罪名）。炎武急了，便和家人设法擒住陆恩，扔进水里淹死了。陆恩的女婿又求叶方恒出面告状，用钱买通地方官，把炎武关在叶方恒家奴家里，情况十分危急。炎武的好友归庄只好求救于当时赫赫有名的汉奸官僚钱谦益，钱谦益说，这也不难，不过要他送一门生帖子才行。归庄知道炎武决不肯这样做，便代写了一个送去。炎武知道了，立刻叫人去要回来，要不回来，便在大街上贴通告，说并无此事。钱谦益听了苦笑说，顾宁人真是倔犟啊！后来炎武的另一朋友路泽溥认识兵备道，说明了情由，才把案子转到松江府，判处为主杀家奴，炎武才得脱祸。

叶方恒中过清朝进士，做过官，有钱有势，炎武和他结了仇，家乡再也住不下去了。1657年炎武四十五岁，决定到北方游历，一来避仇，二来也为了更广泛地结纳抗清志士，继续进行斗争。

从这一年起，炎武便仆仆风尘，奔走于山东、河北、山西、陕西等地。他的生活情况，在与潘次耕（耒）信中说："频年足迹所至，无三月之淹，友人赠以二马二骡，装驮书卷，一年之中，半宿旅店。"旅途的艰苦，《旅中》一诗说："久客仍流转，悉人独远征。釜遭行路夺，席与舍儿争。混迹同佣贩，甘心变姓名。寒依车下草，饥糁枥中羹……买臣将五十，何处谒承明？"他的心境，在《寄弟纾及友人江南》诗中说："自昔遭难初，城邑遭屠割。几同赵卒坑，独此一人活。既偷须臾生，讵敢辞播越。十年四五迁，今复客天末。田园已侵并，书卷亦剽夺。尚虞陷微文，雉罗不自脱。"是十分沉重、紧张的。

在游历中，结识了孙奇逢、徐夜、王宏撰、傅山、李中孚等爱国学者和李因笃、朱彝尊、毛奇龄等文人，观察了中原地区和塞外的地理形势，并且在山东章丘买了田产，在雁门之北，五台之东，和李因笃等二十多人集资垦荒，建立庐舍，作为进行隐蔽活动的基地。

1663 年，南浔庄氏史案发，炎武的好友吴炎、潘柽章牵连被杀，炎武所藏史录、奏状一两千本借给吴、潘两人的，也随同散失。庄廷钺修史时，也曾托人邀请炎武参加，炎武看了情况，知道庄廷钺没有学问，不肯留下。书刻版时没有列上炎武姓名，这才幸免于死。

五年后，莱州黄培诗狱案发，炎武又被牵连，从北京赶到山东投案。案情是莱州人姜元衡告发他的主人黄培写逆诗（反对清朝的诗），又揭发吴人陈济生所编《忠节录》，说这书是顾宁人编的，书上有名的牵连到三百多人。李因笃听到消息，立刻赶到北京告急营救，炎武的许多朋友也到济南帮忙，这时朱彝尊正在山东巡抚处做幕僚，几方面想法子，炎武打了半年官司，居然免祸，可也够危险了。

炎武虽然饱经忧患，跋涉半生，却勤勉好学，没有一天不读书，没有一天不抄书，蝇头行楷，万字如一。朋友们有时终日宴饮，他总是皱眉头，客人走了，叹口气说：可惜又是一天白白度过了。读的书越多，游历的地方越多，写的书也越多，名气也就越大。1671 年熊赐履要举荐炎武助修《明史》，他当面拒绝说："果有此举，不为介推之逃，则为屈原之死矣。"1678 年叶方霭、韩菼又打算举荐炎武应博学宏儒科，炎武坚决辞谢，一连给叶方霭写了三封信，表明态度，叶方霭知道不能勉强，方才作罢。为了避免这类麻烦，炎武从此再也不到北京来了。

1677 年，炎武已经六十五岁了。从山东到陕西华阴，住王宏撰家。王宏撰替他盖了几间房子，决定在此定居。两年后写信告诉他三个侄子说：陕西人喜欢经学，看重处士，主持清议，和他省人不同。在此买水田四五十亩，可以维持生活。华阴这地方是交通枢纽，就是不出门，也可以看到各方面来的人，知道各地方的事情。一旦局势有变化，跑进山里去守险，也不过十来里路。要是志在四方呢，一出关门，就可以掌握形势。从这封信可以看出，炎武之定居华阴，是和他的一生志愿抗清斗争密切相关的。

这时候，炎武的三个外甥都已做了大官，徐元文是顺治十六年（1659）状元，康熙十八年（1679）任《明史》监修总裁官，第二年任都察院左都御史。徐乾学是康熙九年（1670）探花，徐秉义是康熙十二年的探花。三兄弟在青年时都曾得到过炎武的资助和教育。他们看到舅父年老，流离外方，几次写信迎接炎武南归，答应给准备房子和田产，炎武回信坚决拒绝。他不但自己不肯受这几个清朝新贵的供养，连他的外甥要请他的得意门生潘耒去做门客，也去信劝止。义正词严地指出这些人官越大，门客越多，好巴结的人留下，刚正方直的人走开，他们不过要找一两个有学问的人在身边来遮丑而已。应该知道香的和臭的东西是不可以放在一个盒子里的，要记住"白沙在涅，与之俱黑"的话，不要和狎客豪奴混在一起才是。从这两件事，可以看出炎武的生性刚介和气节。

和他的为人一样，炎武做学问也是丝毫不苟的，总是拿最严格的要求来要求自己，从不自满。所著《音学五书》，前后历时三十多年，所过山川亭障，没有一天不带在身边。稿子改了五次，亲自抄写了三次，到刻版的时候，还改了许多地方。著名的《日知录》，1670 年刻了八卷，过了六七年，他的学问进步了，检查旧作，深悔过去学问不博，见解不深，有很多缺点，又渐次增改，写成二十多卷。他很虚心，朋友中有指出书中错误的地方，便立刻改正。又十分郑重，有人问他近来《日知录》又写成几卷了，他说，别来一年，反复研究，只写得十几条。他认为知识是无穷无尽的，过去的成绩不可以骄傲，未来的成就更不可以限制自己。做学问不是一天天进步，便会一天天退步。个人独学，没有朋友帮助，就很难有成就，老是住在一个地方，见闻寡陋，也会习染而不自觉。对于自己在学术上的错误，从不宽恕，在给潘耒信上说：读书不多的人，轻易写书，一定会害了读者，像我《跋广韵》那篇文章便是例子。现在把它作废，重写一篇，送给你看，也记住我的过失。我生平所写的书，类此的也还很多，凡是存在徐家的旧作，可以一字不存。自己思量精力还不很衰，不一定就会死，再过些年，总可以搞出一个定本来。

对搜辑资料，也付出极大的努力。例如他在《金石文字记序》所说：我从年轻时就喜欢访求古人金石文字，那时还不是很懂。后来读了欧阳修的《集古录》，才知道可以和史书相证明，阐幽表微，补阙正误，不止是文字之好而已。这二十年来，周游各地，所到名山、大镇、祠庙、伽蓝，无不寻求，登危峰，探窈壑，扪落石，履荒榛，伐颓垣，畚朽壤，只要发现可读的碑文，就亲手抄录，要是得到一篇为前人所没有看到的，往往喜欢得睡不着觉。对写作文字，态度也极为谨严，他立定宗旨，凡是文章不关联到学术的，和当代实际没有关系的，一概不写。并且慨叹像韩愈那样的人，假如只写《原道》、《原毁》、《争臣论》、《平淮西碑》、《张中丞传后叙》这几篇，其他捧死人骨头的铭状一概不写，那就真是近代的泰山北斗了！可惜他没有这样做。

他主张为人要"行己有耻"。有耻就是有气节，有骨头，做学问要"好古敏求"，要继承过去的遗产，努力钻研。对明代末期和当时的学风，他是很不以为然的。在《与友人论学书》里说："呜呼！士而不先言耻，则为无本之人，非好古而多闻，则为空虚之学。以无本之人而讲空虚之学，吾见其日从事于圣人而去之弥远也。"也正因为他这样主张，这样做，所以有些人叫他为怪，和他合不来。

炎武于康熙二十一年（1682）正月，因上马失足坠地，病死于山西曲沃，年七十岁。

原载 1962 年 2 月 7 日《人民日报》

晚明仕宦阶级的生活

一

晚明仕宦阶级的生活，除了少数的例外（如刘宗周之清修刻苦，黄道周之笃学正身），可以用"骄奢淫逸"四字尽之。田艺衡《留青日札》记："严嵩孙严绍庚、严鹄等尝对人言，一年尽费二万金，尚苦多藏无可用处。于是竞相穷奢极欲。"《明史·严嵩传》记鄢懋卿之豪奢说："鄢懋卿持严嵩之势，总理两浙、两淮、长芦、河东盐政，其按部尝与妻偕行，制五彩舆，令十二女子舁之。"万历初名相张居正奉旨归葬时："真定守钱普创为坐舆，前舆后室，旁有两庑，各立一童子供使令，凡用舁夫三十二人。所过牙盘上食味逾百品，犹以为无下箸处。"①这种闹阔的风气，愈来愈厉害，直到李自成、张献忠等起来，这风气和它的提倡者才同归于尽。

其实，说晚明才有这样的放纵生活，也不尽然。周玺《垂光集·论治化疏》说："中外臣僚士庶之家，靡丽奢华，彼此相尚，而借贷费用，习以为常。居室则一概雕画，首饰则滥用金宝，倡优下贱以绫缎为袴，市井光棍以锦绣缘袜，工匠役之人任意制造，殊不畏惮。虽朝廷禁止之诏屡下，而奢靡僭用之习自如。"②周玺是弘治时人（？—1508），可见在16世纪初期的仕宦生活已经到这地步。风俗之侈靡，自上而下，风行草偃，渐渐地浸透了整个社会。堵允锡曾畅论其弊，他说："冠裳之辈，恬堂成习，厝火忘危，膏粱文绣厌于口体，宫室妻妾昏于志虑。一篮之费数金，一日之供中产，声伎优乐，日缘而盛。夫缙绅者，士民之表，表之不戒，尤以成风。于是有纨绔子弟，益侈豪华之志以先其父兄，温饱少年亦竞习裘马之容以破其家业。挟弹垆头，吁卢伎室，意气已骄，心神俱溃，贤者丧志，不肖倾家，此士人之蠹也。于是又有游手之辈，习谐媚以蛊良家子弟，市井之徒，咨凶谲以行无赖之事。白日思群，昏夜伏莽，不耕不织，生涯问诸傥来，非土非商，自业寄于亡命，狐面狼心，冶服盗质，此庶人之蠹也。如是而风俗不致颓坏，士民不致饥寒，盗贼不致风起者未之有也。"③

<h1 style="text-align:center">二</h1>

大人先生有了身份有了钱以后，饱食终日，无所用心，自然而然会刻意去谋生活的舒适，于是营居室，乐园亭，侈饮食，备仆从，再进而养优伶，召伎女，事博弈，蓄姬妾，雅致一点的更提倡玩古董，讲版刻，组文会，究音律，这一集团人的兴趣，使文学、美术、工艺、金石学、戏曲、版本学等部门有了飞跃的进展。

八股家幸而碰上了机会，得了科第时，第一步是先娶一个姨太太（以今较昔，他们的黄脸婆还有不致被休的运气）。王崇简《冬夜笔记》："明末习尚，士人登第后，多易号娶妾。故京师谚曰：改个号，娶个小。"第二步是广营居室，做大官的邸舍之多，往往骇人听闻，田艺蘅记严嵩籍没时之家产，光是第宅房屋一项，在江西原籍共有六千七百零四间，在北京共一千七百余间。④陆炳当事时，营别宅至十余所，庄园遍四方。⑤郑芝龙田园遍闽粤，在唐王偏安一隅的小朝廷下，秉政数月，增置仓庄至五百余所。⑥

士大夫园亭之盛，大概是嘉靖以后的事。陶奭龄说："少时越中绝无园亭，近亦多有。"⑦奭龄是万历时代人，可见在嘉隆前，即素称繁庶的越中，士大夫尚未有经营园亭的风气。园亭的布置，除自己出资建置外，大抵多出于门生故吏的报效。顾公燮《消夏闲记》卷上说："前明缙绅虽素负清名者，其华屋园亭佳城南亩，无不揽名胜，连阡陌。推原其故，皆系门生故吏代为经营，非尽出己资也。"王世贞《游金陵诸国记》记南京名园除王公贵戚所有者外，有王贡士杞园，吴孝廉园，何参知露园，卜太学味斋园，许典客长卿园，李象先茂才园，汤太守熙召园，陆文学园，张保御园等。《娄东园亭志》仅太仓一邑有田氏园，安氏园，王锡爵园，杨氏日涉园，吴氏园，季氏园，曹氏杜家桥园，王世贞弇州园，王士骕约园，琅玡离赘园，王敬美澹园等数十园。园亭既盛，张南垣至以叠石成名："三吴大家名园皆出其手。其后东至于越，北至于燕，召之者无虚日。"⑧

对于饮食衣服尤刻意求精，互相侈尚。《小柴桑喃喃录》卷上记："近来人家酒席，崇事华侈，非数日治具，水陆毕集，不敢轻易速客。汤饵肴蔬，源源而来，非唯口不给尝，兼亦目不周视，一筵之费，少亦数金。"平居则"耽耽逐逐，日为口腹谋"。张岱《陶庵梦忆》自述："越中清馋无过余者，喜啖方物。北京则苹婆果，黄鼠，马牙松。山东则羊肚菜，秋白梨，文官果，甜子。福建则福橘，福橘饼，牛皮糖，红乳腐。江西则青根、丰城脯。山西则天花菜。苏州则带骨鲍螺，山楂丁，山楂糕，松子糖，白圆，橄榄脯。嘉兴则马交鱼脯，陶庄黄雀。南京则套樱桃，桃门枣，地栗团，莴笋团，山楂糖。杭州则西瓜，鸡豆子，花下藕，韭芽，元笋，塘栖密蜜。肖山则杨梅，莼菜，鸠鸟，青鲫，方柿。诸暨则香貍，樱桃，虎栗。嵊则蕨粉，细榧，龙游糖。临海则枕头瓜。台州则瓦楞蚶，江瑶柱。浦江则火肉，东阳则南枣，山阴则破塘笋，谢橘，独山菱，河蟹，三江屯蛏，白蛤，江鱼，鲥鱼，里河鲢。远则岁致之，近则月致之，日致之。"⑨衣服则由布袍而为绸绢，由浅色而改淡红。范濂《云间据目钞》记云间风俗，虽然只是指一个地方而言，也足以代表这种由俭朴而趋奢华的时代趋势。他说："布袍乃儒家常服，周年鄙为寒酸，贫者必用绸绢色衣，谓之薄华丽。而恶少且从典肆中觅旧段旧服翻改新起，与豪华公子列坐，亦一奇也。春元必用大红履，儒童年少者必穿浅红道袍，上海生员冬必穿绒道袍，暑必用绉巾绿伞，虽贫如思丹，亦不能免。稍富则绒衣巾，盖益加盛矣。余最贫，尚俭朴，年来亦强服色衣，乃知习俗移人，贤者不免。"明代制定士庶服饰，不许混淆，嘉靖以后，这种规定亦复不能维持，上下群趋时髦，巾履无别。范濂又记："余始为诸生时，见朋辈戴桥梁绒线巾，春元戴金线巾，缙绅戴忠靖巾。自后以为烦俗，易高士巾素方巾，复变为唐巾晋巾汉巾褊巾。丙午（1606）以来皆用不唐不晋之巾，两边玉屏花一双，而年少貌美者加犀玉奇簪贯发。"他又很愤慨地说："所可恨者，大家奴皆用三镶宦履，与士官漫无分别，而士官亦喜奴辈穿着，此俗之最恶者也。"

三

士大夫居官则狎优纵博，退休则广蓄声伎，宣德间都御史刘观每赴人邀请，辄以妓自随。户部郎中肖翔等不理职务，日唯挟妓酣饮恣乐。⑩曾下饬禁止："宣德四年八月丙申，上谕行在礼部尚书胡濙曰：祖宗时文武官之家不得挟妓饮宴。近闻大小官私家饮酒，辄命妓歌唱，沉酣终日，怠废政事。甚者留宿，败礼坏俗。尔礼部揭榜禁约，再犯者必罪之。"⑪妓女被禁后，一变而为小唱，沈德符说："京师自宣德顾佐疏后，严禁官妓，缙绅无以为娱，于是小唱盛行，至今日几如西晋太康矣。"⑫实际上这项禁令也只及于京师居官者，易代之后，勾栏盛况依然。《冰华梅史》有《燕都妓品序》："燕赵佳人，颜美如玉，盖自古艳之。矧帝都建鼎，于今为盛，而南人风致，又复袭染熏陶，其色艳宜惊天下无疑。万历丁酉庚子（1597—1600）其妖冶已极。"所定花榜借用科名条例有状元榜眼探花之目。称妓则曰老几，茅元仪《暇老齐杂记》卷四："近来士人称妓每曰老，如老一老二之类。"同时曹大章有《秦淮士女表》，《萍乡花史》有《广陵士女殿最序》。余怀《板桥杂记》记南京教坊之盛，"南曲衣裳妆束，四方取以为式。"崇祯中四方兵起，南京不受丝毫影响，依然征歌召妓："宗室王孙，翩翩裘马，以及乌衣子弟湖海宾游，靡不挟弹吹箫，经过赵李，每开筵宴，则传呼乐籍，罗绮芬芳，行酒纠觞，留髡送客，酒阑棋罢，堕珥遗簪，真欲界之仙都，升平之乐国也！"⑬

私家则多蓄声伎，穷极奢侈。万历时理学名臣张元忭后人的家伎在当时最负盛名。《陶庵梦忆》卷四《张氏声伎》条记："我家声伎，前世无之。自大父于万历年间与范长白、邹愚公、黄贞父、包涵所诸先生讲究此道，遂破天荒为之。有可餐班，次则武陵班……再次则梯仙班……再次则吴郡班……再次则苏小小班……再次则平子茂苑班……主人解事日精一日，而僮僮伎艺则愈出愈奇。"阮大铖是当时最负盛名的戏曲作家，他的家伎的表演最为张宗子所称道。同书卷八记："阮元海家优讲关目，讲情理，讲筋节，与他班孟浪不同。然其所打院本又皆主人自制，笔笔勾勒，苦心尽出，与他班卤莽者又不同。故所搬演本本出色，脚脚出色，出出出色，句句出色，字字出色。"士大夫不但蓄优自娱，谱制剧曲，并能自己度曲，压倒伶工。沈德符记："近年士大夫享太平之乐，以其聪明寄之剩技。吴中缙绅留意音律，如太仓张工部新、吴江沈吏部璟、无锡吴进士澄时俱工度曲，每广座命伎，即老优名倡俱皇遽失措，真不减江东公瑾。"⑭风气所趋，使梨园大盛，所演若《红梅》、《桃花》、《玉簪》、《绿袍》等记不啻百种："括其大意，则皆一女游园，一生窥见而悦之，遂约为夫妇。其后及第而归，即成好合。皆徒撰诡名，毫无古事可考，且意俱相同，毫无足喜。"乡村每演剧以祷神："谓不以戏为祷，则居民难免疾病，商贾必值风涛。"⑮豪家则延致名优，陈懋仁《泉南杂志》："优伶媚趣者不吝高价，豪奢家攘而有之，婵鬓传粉，日以为常。"使一向被贱视的伶工，一旦气焰千丈。徐树丕《识小录》记吴中在崇祯十四年（1641）奇荒后的情形："辛巳奇荒之后……优人鲜衣美食，横行里中。人家做戏一台，一本费至十余金，而诸优犹恨恨嫌少。甚至有乘马者，乘舆者，在戏房索人参汤者，种种恶状。然必有乡绅主之，人家惴惴奉之，得一日无事便为厚矣。"优人服节有至千金以上者。⑯男优之外，又有女戏："十余年来苏城女戏盛行，必有乡绅主之。盖以倡兼优而缙绅为之主。"⑰亦有缙绅自教家姬演戏者，张岱记朱云崃女戏，"西施歌舞，对舞者五人，长袖缓带，绕身若环，曾挠摩地，扶施猗那，弱如秋乐；女官内侍，执扇葆璇，盖金莲宝炬、纨扇、宫灯二十余人，光焰荧煌，锦绣粉叠，见者错愕。"⑱刘晖吉女戏则以布景著："刘晖吉奇情幻想，欲补从来梨园之缺陷；如唐明皇游月宫，叶法善作，场上一时黑魆地暗，手起剑落，霹雳一声，黑幔忽收，露出一月，其圆如规，四下以羊角染五色云气，中坐常仪，桂树吴刚，白兔捣药。轻纱缦之内，燃赛月明数株，光焰青黎，色如初曙，撤布成梁，遂蹑月窟，境界神奇，忘其为戏也。"⑲

四

士大夫的另一种娱乐是赌博。顾炎武《日知录》记："万历之末太平无事，士大夫无所用心，间有相从赌博者。至天启中始行马吊之戏，而今之朝士若江南山东几于无人不为此。有如韦昭论所云穷日尽明，继以脂烛，人事旷而不修，宾旅阙而不接。"甚至有"进士有以不工赌博为耻"的情形。吴伟业又记当时有叶子戏："万历末年，民间好叶子戏，图赵宋时山东群盗姓名于牌而斗之，至崇祯时大盛。有曰闯，有曰献，有曰大顺，初不知所自起，后皆验。"㉑缙绅士大夫以纵博为风流，《列朝诗集小传》记："福清何士璧跅弛放迹，使酒纵博。""皇甫冲博综群籍，通挟凡击毬音乐博弈之戏，吴中轻侠少年咸推服之。""万历间韩上挂为诗多倚待急就，方与人纵谈大噱，呼号饮博，探题立就，斐然可观。"此风渐及民间，结果是如沈德符所说："今天下赌博盛行，其始失货财，甚则鬻田宅，又甚则为穿窬，浸成大伙劫贼，盖因本朝法轻，愚民易犯。"㉑

自命清雅一点的则专务搜古董，巧取豪夺："嘉靖末年海内宴安，士大夫富厚者以治园亭教歌舞之际，间及古玩。如吴中吴文恪之孙，溧阳史尚宝之子，皆世藏珍秘，不假外索。延陵则稽太史应科，云间则朱太史大韶，携李项太学，锡山安太学华户部辈不吝重资收购，名播江南。南都则姚太史汝循胡太史汝嘉亦称好事。若辈下则此风稍逊，唯分宜严相国父子朱成公兄弟并以将相当途，富贵盈溢，旁及雅道，于是严以势劫，朱以货贿，所蓄几及天府。张江陵当国亦有此嗜。董其昌最后起，名亦最重，人以法眼归之。"㉒年轻气盛少肯读书的则组织文社，自相标榜，以为名高。《消夏闲记》下："文社始于天启甲子张天如等之应社……推大迄于四海。于是有广应社，复社，云间有几社，浙江有闻社，江北有南社，江西有则社，又有历亭席社，昆阳云簪社，而吴门别有羽朋社，武林有读书社，山左有大社，金会于吴，统于复社。"以讥弹骂詈为事，黄宗羲讥为学骂，他说："昔之学者学道者也，今之学者学骂者也。矜气节者则骂为标榜，志经世者则骂为功利，读书作文者则骂为玩物丧志，留心政事者则骂为俗吏，接庸僧数辈则骂考亭为不足学矣，读艾千子定待之尾，则骂象山阳明为禅学矣。濂溪之主静则盘桓于腔子中者也，洛下之持敬则曰是有方所之学也。逊志骂其学误主，东林骂其党亡国，相讼不决，以后息者为胜。"㉓老成人物则伪标讲学，内行不修。艾南英《天佣子集》曾提及江右士夫情形："敝乡理学之盛，无过吉安，嘉隆以前，大概质行质言，以身践之。近岁自爱者多而亦不无仰愧前哲者也。田土之讼，子女之争，告讦把持之风日有见闻，不肖视其人皆正襟危坐以持论相高者也。"㉔

仕宦阶级有特殊地位，也自有他们的特殊风气。《小柴桑喃喃录卷下》说："士大夫膏肓之病，只是一俗，世有稍自脱者即共命为迂为疏为腐，于是一入仕途，则相师相仿，以求入乎俗而后已。如相率而饮狂泉，亦可悲矣。"在这情形下的社会，谢肇淛说得最妙："燕云只有四种人多，奄竖多于缙绅，妇女多于男子，倡伎多于良家，乞丐多于商贾。"⑱

1934 年 1 月 22 日

原载《大公报·史地周刊》第三十一期，1935 年 4 月 19 日

注释

①《明史卷二一三·张居正传》。

②《垂光集卷一》。

③《堵文忠公集·救时十二议疏》。

④《留青日札》。

⑤《明史卷三〇七·陆炳传》。

⑥林时对《荷锸丛谈卷四》。

⑦《小柴桑喃喃录》下。

⑧黄宗羲《撰仗集·张南垣传》。

⑨《卷四方物》。

⑩《明宣宗实录卷五六》。

⑪《明宣宗实录卷五七》。

⑫《野获编卷二四》。

⑬余怀《板桥杂记》。

⑭《野获编卷二四》。

⑮汤来贺《梨园说》。

⑯黄宗羲《南雷集子·刘子行状》。

⑰《识小录卷二》。

⑱《陶庵梦忆卷二》。

⑲《陶庵梦忆卷五》。

⑳《绥寇纪略卷一二》。

㉑《野获编·补遗卷三》。

㉒《野获编卷二六》。

㉓《南雷文案卷一七》。

㉔《卷六复陈怡云公祖书》。

㉕《五杂俎卷三》。

《金瓶梅》的著作时代及其社会背景

　　要知道《金瓶梅》这部书的社会背景，我们不能不先考定它的产生时代。同时，要考定它的产生时代，我们不能不把一切关于《金瓶梅》的附会传说肃清，还它一个本来面目。

　　《金瓶梅》是一部现实主义作品，所集中描写的是作者所处时代的市井社会的奢靡淫荡的生活。它的细致生动的白描技术和汪洋恣肆的气势，在未有刻本以前，即已为当时的文人学士所叹赏惊诧。但因为作者敢对于性生活作无忌惮的大胆的叙述，便使社会上一般假道学先生感觉到逼胁而予以摈斥，甚至怕把它刻板行世会有堕落地狱的危险，但终之不能不佩服它的艺术的成就。另一方面一般神经过敏的人又自作聪明地替它解脱，以为这书是"别有寄托"，替它捏造成一串可歌可泣悲壮凄烈的故事。

　　无论批评者的观点怎样，《金瓶梅》的作者，三百年来却都一致公认为王世贞而无异辞。他们的根据是：

　　1. 沈德符的话：说这书是嘉靖中某大名士作的。这一位某先生，经过几度的附会，就被指实为王世贞。

　　2. 因为书中所写的蔡京父子，相当于当时的严嵩父子。王家和严家有仇，所以王世贞写这部书的目的是（甲）报仇，（乙）讽刺。

　　3. 是据本书的艺术和才气立论的。他们先有了一个"苦孝说"的主观之见，以为像这样的作品非王世贞不能写。现在我们不管这些理由是否合理，且把他们所乐道的故事审查一下，看是王世贞作的不是。

一、《金瓶梅》的故事

《金瓶梅》的作者虽然已被一般道学家肯定为王世贞（他们以为这样一来，会使读者饶恕它的"猥亵"描写），但是他为什么要写这书？书中的对象是谁？却众说纷纭，把它归纳起来不外是：

甲、复仇说　对象（1）严世蕃

（2）唐顺之

乙、讽刺说　对象——严氏父子

为什么《金瓶梅》会和唐顺之发生关系呢？这里面又包含着另外一个故事——《清明上河图》的故事。

1.《清明上河图》和唐荆川

《寒花盦随笔》：

"世传《金瓶梅》一书为王弇州（世贞）先生手笔，用以讥严世蕃者。书中西门庆即世蕃之化身，世蕃亦名庆，西门亦名庆，世蕃号东楼，此书即以西门对之。""或谓此书为一孝子所作，所以复其父仇者。盖孝子所识一巨公实杀孝子父，图报累累皆不济。后忽侦知巨公观书时必以指染沫，翻其书叶。孝子乃以三年之力，经营此书。书成黏毒药于纸角，觇巨公外出时，使人持书叫卖于市，曰天下第一奇书，巨公于车中闻之，即索观，车行及其第，书已观讫，啧啧叹赏，呼卖者问其值，卖者竟不见，巨公顿悟为所算，急自营救已不及，毒发遂死。"今按二说皆是，孝子即凤洲（世贞号）也，巨公为唐荆川（顺之），凤洲之父忤死于严氏，实荆川赞之也。姚平仲《纲鉴絜要》载杀巡抚王忬事，注谓"忬有古画，严嵩索之，忬不与，易以摹本。有识画者为辨其赝。嵩怒，诬以失误军机杀之。"但未记识画人姓名，有知其事者谓识画人即荆川，古画者《清明上河图》也。

凤洲既抱终天之恨，誓有以报荆川，数遣人往刺之，荆川防护甚备。一夜，读书静室，有客自后握其发将加刃，荆川曰："余不逃死，然须留遗书嘱家人。"其人立以俟，荆川书数行，笔头脱落，以管就烛，伴为治笔，管即毒弩，火热机发，镞贯刺客喉而毙。凤洲大失望！

后遇于朝房，荆川曰："不见凤洲久，必有所著。"答以《金瓶梅》，实凤洲无所撰，姑以诳语应耳。荆川索之急，凤洲归，广召梓工，旋撰旋刊，以毒水濡墨刷印，奉之荆川。荆川阅书甚急，墨浓纸黏，卒不可揭，乃屡以纸润口津揭书，书尽毒发而死。

或传此书为毒死东楼者。不知东楼自正法，毒死者实荆川也。彼谓以三年之力成书，及巨公索观于车中云云，又传闻异词耳。

这是说王忬进赝书于严嵩，为唐顺之识破，致陷忬于法。世贞图报仇，进《金瓶梅》毒死顺之。刘廷玑的《在园杂志》也提到此事，不过把《清明上河图》换成《辋川真迹》，把识画人换成汤裱褙，并且说明顺之先和王忬有宿怨。他说：

明太仓王思质（忬）家藏右丞所写《辋川真迹》，严世蕃闻而索之。思质爱惜世宝，予以抚本。世蕃之裱工汤姓者，向在思质门下，会识此图，因于世蕃前陈其真赝，世蕃衔之而未发也。会思质总督蓟辽军务，武进唐应德顺之以兵部郎官奉命巡边，严嵩筋之内阁，微有不满思质之言，应德颔之。至思质军，欲行军中驰道，思质以己兼兵部堂衔难之，应德怫然，遂参思质军政废弛，虚糜国帑，累累数千言。先以稿呈世蕃，世蕃从中主持之，逮思质至京弃市。

到了清人的《缺名笔记》又把这故事变动一下：

《金瓶梅》为旧说部中四大奇书之一，相传出王世贞手，为报复严氏之《督亢图》。或谓系唐荆川事。荆川任江右巡抚时有所周纳，狱成，雁大辟以死。其子百计求报，而不得间。会荆川解职归，偏阅奇书，渐叹观止。乃急草此书，渍砒于纸以进，盖审知荆川读书时必逐页用纸黏舌，以次披览也。荆川得书后，览一夜而毕，蓦觉舌木强涩，镜之黑矣。心知被毒；呼其子曰："人将谋我，我死，非至亲不得入吾室。"逾时遂卒。

旋有白衣冠者呼天抢地以至，蒲伏于其子之前，谓曾受大恩于荆川，愿及未盖棺前一亲其颜色。鉴其诚许之入，伏尸而哭，哭已再拜而出。及殓则一臂不知所往，始悟来者即著书之人，因其父受缳首之辱，进酖不足，更残其肢体以为报也。

2. 汤裱褙

识画人在另一传说中，又变成非大儒名臣的当时著名装潢家汤裱褙。这一说最早的要算沈德符的《野获编》，他和世贞同一时代，他的祖、父又都和王家世交，所以后人都偏重这一说。《野获编补遗卷二·伪画致祸》：

> 严分宜（嵩）势炽时，以诸珍宝盈溢，遂及书画骨董雅事。时鄢懋卿以总醢使江淮，胡宗宪、赵文华以督兵使吴越，各承奉意旨，搜取古玩，不遗余力。时传闻有《清明上河图》手卷，宋张择端画，在故相王文恪（鏊）胄君家，其家钜万，难以阿堵动。乃托苏人汤臣者往图之，汤以善装潢知名，客严门下，亦与娄江王思质中丞往还，乃说王购之。王时镇蓟门，即命汤善价求市，既不可得，遂嘱苏人黄彪摹真本应命，黄亦画家高手也。

> 严氏既得此卷，珍为异宝，用以为诸画压卷，置酒会诸贵人赏玩之。有妒王中丞者知其事，直发为赝本。严世蕃大惭怒，顿恨中丞，谓有意绐之，祸本自此成。或云即汤姓怨弇州伯仲自露始末，不知然否？

这一说是《清明上河图》本非王忬家物，由汤裱褙托王忬想法不成功，才用摹本代替，末了还是汤裱褙自发其覆。顾公燮《消夏闲记摘抄》作"《金瓶梅》缘起王凤洲报父仇"一则即根据此说加详，不过又把王鏊家藏一节改成王忬家藏，把严氏致败之由，附会为世蕃病足，把《金瓶梅》的著作目的改为讥刺严氏了：

> 太仓王忬家藏《清明上河图》，化工之笔也。严世蕃强索之，忬不忍舍，乃觅名手摹赝者以献。先是忬巡抚两浙，遇裱工汤姓流落不偶，携之

归，装潢书画，旋荐之世蕃。当献画时，汤在侧谓世蕃曰："此图某所目睹，是卷非真者，试观麻雀小脚而踏二瓦角，即此便知其伪矣。"世蕃恚甚，而亦鄙汤之为人，不复重用。

会俺答入寇大同，忬方总督蓟辽，鄢懋卿嗾御史方辂劾忬御边无术，遂见杀。后范长白公允临作《一捧雪》传奇，改名为《莫怀古》，盖戒人勿怀古董也。

忬子凤洲（世贞）痛父冤死，图报无由。一日偶谒世蕃，世蕃问坊间有好看小说否？答曰有，又问何名，仓促之间，凤洲见金瓶中供梅，遂以《金瓶梅》答之，但字迹漫灭，容钞正送览。退而构思数日，借《水浒传》西门庆故事为蓝本，缘世蕃居西门，乳名庆，暗讥其闺门淫放，而世蕃不知，观之大悦。把玩不置。

相传世蕃最喜修脚，凤洲重赂修工，乘世蕃专心阅书，故意微伤脚迹，阴擦烂药，后渐溃腐，不能入直，独其父嵩在阁，年衰迟钝，票本批拟，不称上旨，宠日以衰。御史邹应龙等乘机劾奏，以至于败。

徐树丕的《识小录》又以为汤裱褙之证画为伪，系受贿不及之故，把张择端的时代由宋升至唐代，画的内容也改为汴人掷骰：

> 汤裱褙善鉴古，人以古玩赂严世蕃必先贿之，世蕃令辨其真伪，其得贿者必曰真也。吴中一都御史偶得唐张择端《清明上河图》临本馈世蕃而贿不及汤。汤直言其伪，世蕃大怒，后御史竟陷大辟。而汤则先以诓谝遣戍矣。

> 余闻之先人曰《清明上河图》皆寸马豆人，中有四人樗蒲，五子皆六而一犹旋转，其人张口呼六，汤裱褙曰："汴人呼六当撮口，而今张口是采闻音也。"以是识其伪。此与东坡所说略同，疑好事者伪为之。近有《一捧雪》传奇亦此类也，特甚世蕃之恶耳。

3. 况叔祺及其他

梁章炬《浪迹丛谈》记此事引王襄《广汇》之说，即本《识小录》所载，所异的是不把识画人的名字标出，他又以为王忬之致祸是由于一诗一画：

王襄《广汇》："严世蕃常索古画于王忬，云值千金，忬有临幅绝类真者以献。乃有精于识画者往来忬家有所求，世贞斥之。其人知忬所献画非真迹也，密以语世蕃。会大同有房警，巡按方辂劾忬失机，世蕃遂告嵩票本论死。"

又孙之𬴊《二申野录注》："后世蕃受刑，弇州兄弟赎得其一体，熟而荐之父灵，大恸，两人对食，毕而后已。诗画贻祸，一至于此，又有小人交构其间，酿成尤烈也。"

按所云诗者谓杨椒山（继盛）死，弇州以诗吊之，刑部员外郎况叔祺录以示嵩，所云画者即《清明上河图》也。

综合以上诸说，归纳起来是：

1. 《金瓶梅》为王世贞作，用意（甲）讥刺严氏，（乙）作对严氏复仇的督亢图，（丙）对荆川复仇。

2. 唐荆川赞杀王忬，忬子世贞作《金瓶梅》，荆川于车中阅之中毒卒。

3. 世贞先行刺荆川不遂，后荆川向其索书，遂撰《金瓶梅》以毒之。

4. 唐、王结怨之由是荆川识《清明上河图》为伪，以致王忬被刑。

5. 《金瓶梅》为某孝子报父仇作，荆川因以被毒。

6. 汤裱褙识王忬所献《辋川真迹》为伪，唐顺之行边与王忬忤，两事交攻，王忬以死。

7. 《清明上河图》为王鏊家物，世蕃门客汤臣求之不遂，托王忬想法也不成功，王忬只得拿摹本应命，汤裱褙又自发其覆，遂肇大祸。

8. 严世蕃强索《清明上河图》于王忬，忬以赝本献，为旧所提携汤姓者识破。

9. 世蕃向世贞索小说，世贞撰《金瓶梅》以讥其闺门淫放，而世蕃不知。

10. 世贞赂修工烂世蕃脚，不能入直，严氏因败。

11. 王忬献画于世蕃，而贿不及汤裱褙，因被指为伪，致陷大辟。

12. 王忬致祸之由为《清明上河图》及世贞吊杨继盛诗触怒严氏。

以上一些五花八门的故事，看起来似乎很多，其实包含着两个有联系的故事——《清明上河图》和《金瓶梅》。

二、王忬的被杀与《清明上河图》

按《明史卷二〇四·王忬传》："嘉靖三十六年（1557）部臣言蓟镇额兵多缺宜察补。乃遣郎中唐顺之往核。还奏额兵九万有奇，今唯五万七千，又皆羸老，忬与……等俱宜按治……三十八年二月把都儿、辛爱数部屯会州挟朵颜为乡导……由潘家口入渡滦河……京师大震。御史王渐、方辂遂劾忬及……罪，帝大怒……切责忬令停俸自效。至五月辂复劾忬失策者三，可罪者四，遂命逮忬及……下诏狱……明年冬竟死西市。忬才本通敏，其骤拜都御史及屡更督抚也，皆帝特简，所建请无不从。为总督数以败闻，由是渐失宠。既有言不练主兵者，帝益大恚，谓忬怠事负我。嵩雅不悦忬，而忬子世贞复用口语积失欢于嵩子世蕃，严氏客又数以世贞家琐事构于嵩父子，杨继盛之死，世贞又经纪其丧，嵩父子大恨，滦河变闻，遂得行其计"。

当事急时，世贞"与弟世懋日蒲伏嵩门涕泣求贷，篙阴持忬狱，而时为谩语以宽之。两人又日囚服跽道旁遮诸贵人舆搏颡请救，诸贵人畏嵩，不敢言"（《明史卷二八七·王世贞传》）。

王忬死后，一般人有说他"死非其罪"的，也有人说他是"于法应诛"的，他的功罪我们姑且不管，要之，他之死于严氏父子之手，却是一件不可否认的事实。

我们要判断以上所记述的故事是否可靠，第一我们先要研求王忬和严氏父子结仇的因素，关于这一点最好拿王世贞自己的话来说明。

《弇州山人四部稿卷一二三·上太傅李公书》：

> ……至于严氏所以切齿于先人者有三：其一，乙卯冬仲芳兄（杨继盛）且论报，世贞不自揣，托所知向严氏解救不遂，已见其嫂代死疏辞蕙，少为笔削。就义之后，躬视含殓，经纪其丧。为奸人某某（按即指况叔祺）文饰以媚严氏。先人闻报，弹指唾骂，亦为所诇。其二，杨某为严氏报仇曲杀沈炼，奸罪万状，先人以比壤之故，心不能平，间有指斥。渠误谓青琐之抨，先人预力，必欲报之而后已。其三，严氏与今元老

相公（徐阶）方水火，时先人偶辱见收葭莩之末。渠复大疑有所弃就，奸人从中构牢不可解。以故练兵一事，于拟票内一则曰大不如前，一则曰一卒不练，所以阴夺先帝（嘉靖帝）之心而中伤先人者深矣。预报贼耗则曰王某恐吓朝廷，多费军饷。虏贼既退，则曰将士欲战，王某不肯。兹谤既腾，虽使曾参为子，慈母有不投杼者哉！

以上三个原因（1）关于杨继盛，（2）关于沈炼，（3）关于徐阶，都看不出有什么书画肇祸之说。试再到旁的地方找去，《明史卷二八七·王世贞传》说：

> 奸人阎姓者犯法，匿锦衣都督陆炳家，世贞搜得之。炳介严嵩以请，不许。杨继盛下吏，时进汤药。其妻讼夫冤，为代草。既死，复棺殓之。嵩大恨。吏部两拟提学，皆不用。用为青州兵备副使。父忬以滦河失事，嵩构之论死。

沈德符《野获编卷八·严相处王弇州》：

> 王弇州为曹郎，故与分宜父子善。然第因乃翁思质（忬）方总督蓟辽，姑示密以防其忮，而心甚薄之。每与严世蕃宴饮，辄出恶谑侮之，已不能堪。会王弟敬美继登第，分宜呼诸孙切责以"不克负荷"诃诮之，世蕃益恨望，日谮于父前，分宜遂欲以长史处之，赖徐华亭（阶）力救得免，弇州德之入骨。后分宜因唐荆川阅边之疏讥切思质，再入鄢剑泉（懋卿）之赞决，遂置思质重辟。

这是说王忬之得祸，是由于世贞之不肯趋奉严氏和谑毒世蕃，可用以和《明史》相印证。所谓恶谑，丁元荐《西山日记》曾载有一则：

> 王元美先生善谑，一日与分宜胄子饮，客不任酒，胄子即举杯虐之，至淋漓巾帻。先生以巨觥代客报世蕃，世蕃辞以伤风不胜杯杓，先生杂以诙谐曰："爹居相位，怎说出伤风？"旁观者快之。

也和《清明上河图》之说渺不相涉。

现在我们来推究《清明上河图》的内容和它的流传经过，考察它为什么会和王家发生关系，衍成如此一连串故事的由来。

《清明上河图》到底是一幅怎样的画呢？李东阳《怀麓堂集卷九·题清明上河图》一诗描写得很清楚详细：

> 宋家汴都全盛时，四方玉帛梯航随，清明上河俗所尚，顷城士女携童儿。城中万屋翚甍起，百货千商集成蚁，花棚柳市围春风，雾阁云窗粲朝绮。芳原细草飞轻尘，驰者若飙行若云，虹桥影落浪花里，掠舵撇篷俱有神。笙声在楼游在野，亦有驱牛种田者，眼中苦乐各有情，纵使丹青未堪写！翰林画史张择端，研朱吮墨镂心肝，细穷毫发夥千万，直与造化争雕镌。图成进入缉熙殿，御笔题签标卷面，天津一夜杜鹃啼，倏忽春光几回变。朔风卷地天雨沙，此图此景复谁家？家藏私印屡易主，赢得风流后代夸。姓名不入《宣和谱》，翰墨流传藉吾祖，独从忧乐感兴衰，空吊环州一抔土！丰亨豫大纷彼徒，当时谁进《流民图》？乾坤颒仰意不极，世事荣枯无代无！

钱谦益《牧斋初学集卷八五·记清明上河图卷》：

> 嘉禾谭梁生携《清明上河图》过长安邸中，云此张择端真本也……此卷向在李长沙家，流传吴中，卒为袁州所购致，袁州籍没后已归御府，今何自复流传人间？书之以求正于博雅君子。天启二年壬戌五月晦日。

按长沙即李东阳，袁州即严嵩。据此可知这图的收藏经过是：

1. 李东阳家藏，
2. 流传吴中，
3. 归严氏，
4. 籍没入御府。

一百年中流离南北，换了四个主人，可惜不知道在吴中的收藏家是谁。推测当分宜籍没时，官中必有簿录，因此翻出《胜朝遗事》所收的《文嘉钤山堂书画记》，果然有详细的记载，在《名画部》宋有：

张择端《清明上河图》。

图藏宜兴徐文靖（徐溥）家，后归西涯李氏（东阳），李归陈湖陆氏，陆氏子负官缗，质于昆山顾氏，有人以一千二百金得之。然所画皆舟车城郭桥梁市廛之景，亦宋之寻常画耳，无高古气也。

按田艺蘅《留青日札》"严嵩"条记嘉靖四十四年八月抄没清单有：

石刻法帖三百五十八册轴，古今名画刻丝纳纱纸金绣手卷册共三千二百零一轴。内有……宋张择端《清明上河图》……乃苏州陆氏物，以千二百金购之，才得其赝本，卒破数十家。其祸皆成于王彪、汤九、张四辈，可谓尤物害民。

这一条记载极关重要，它所告诉我们的是：

1. 《清明上河图》乃苏州陆氏物。

2. 其人以千二百金问购，才得赝本，卒破数十家。

3. 诸家记载中之汤裱褙或汤生行九，其同恶为严氏鹰犬者有王彪、张四诸人。

考陈湖距吴县三十里，属苏州。田氏所记的苏州陆氏当即为文氏所记之陈湖陆氏无疑。第二点所指明的也和文氏所记吻合。由苏州陆氏的渊源，据《钤山堂书画记》："陆氏子负官缗，质于昆山顾氏。"两书所说相同，当属可信。所谓昆山顾氏，考《昆新两县合志卷二〇·顾梦圭传》：

顾懋宏字靖甫，初名寿，一字茂俭，潜孙，梦圭子。十三补诸生，才高气豪，以口过被祸下狱，事白而家壁立。依从父梦羽蕲州官舍，用蕲籍再为诸生。寻东还，游太学，举万历戊子乡荐。授休宁教谕，迁南国子学录，终莒州知州。自劾免。筑室东郊外，植梅数十株吟啸以老。

按梦圭为嘉靖癸未（1523）进士，官至江西布政使。他家世代做官，为昆山大族。其子懋宏十三补诸生。嘉靖四十一年（1562）五月严嵩事败下狱，四十四年三月严世蕃伏诛，严氏当国时代恰和懋宏世代相当，由此可知传中所谓"以口过被祸下狱，事白而家壁立"一段隐约的记载，即指《清明上河图》

事，和文田两家所记相合。

这样，这图的沿革可列如下：

1. 宜兴徐氏，

2. 西涯李氏，

3. 陈湖陆氏，

4. 昆山顾氏，

5. 袁州严氏，

6. 内府。

在上引的史料中，最可注意的是《钤山堂书画记》。因为文嘉家和王世贞家是世交，他本人也是世贞好友之一。他在嘉靖四十四年（1565）应何宾涯之召检阅籍没入官的严氏书画，到隆庆二年（1568）整理所记录成功这一卷书。时世贞适新起用由河南按察副使擢浙江布政使司左参政分守湖州。假如王氏果和此图有关系，并有如此悲惨的故事包含在内，他决不应故没不言！

在以上所引证的《清明上河图》的经历过程中，很显明安插不下王忬或王世贞的一个位置。那么，这图到底是怎样才和王家在传说中发生关系的呢？按《弇州山人四部稿续稿卷一六八·〈清明上河图〉别本跋》：

> 张择端《清明上河图》有真赝本，余均获寓目。真本人物舟车桥道宫室皆细于发，而绝老劲有力，初落墨相家，寻籍入天府为穆庙所爱，饰以丹青。

> 赝本乃吴人黄彪造，或云得择端稿本加删润，然与真本殊不相类，而亦自工致可念，所乏腕指间力耳，今在家弟（世懋）所。此卷以为择端稿本，似未见择端本者。其所云于禁烟光景亦不似，第笔势遒逸惊人，虽小粗率，要非近代人所能办，盖与择端同时画院祗候，各图汴河之胜，而有甲乙者也。吾乡好事人遂定为真稿本，而谒彭孔嘉小楷，李文正公记，文征仲苏书，吴文定公跋，其张著杨准二跋，则寿承休承以小行代之，岂唯出蓝！而最后王禄之陆子傅题字尤精楚。陆于逗漏处，毫发贬驳殆尽，然不能断其非择端笔也。使画家有黄长睿那得尔？

其第二跋云：

　　按择端在宣政间不甚著，陶九畴纂《图绘宝鉴》，搜括殆尽，而亦不载其人。昔人谓逊功帝以丹青自负，诸祗候有所画，皆取上旨裁定。画成进御，或少增损。上时时草创下诸祗候补景设色，皆称御笔，以故不得自显见。然是时马贲、周曾、郭思、郭信之流，亦不致泯然如择端也。而《清明上河》一图，历四百年而大显，至劳权相出死构，再损千金之值而后得，嘻！亦已甚矣。择端他图余见之殊不称，附笔于此。

　　可知此图确有真赝本，其赝本之一确曾为世贞爱弟世懋所藏，这图确曾有一段悲惨的故事："至劳权相出死构，再损千金之值而后得"。这两跋都成于万历三年（1575）以后，所记的是上文所举的昆山顾氏的事，和王家毫不相干。这一悲剧的主人公是顾懋宏，构祸的是汤九或汤裱褙，权相是严氏父子。

　　由以上的论证，我们知道一切关于王家和《清明上河图》的记载，都是任意捏造，牵强附会。无论他所说的是《辋川真迹》，是《清明上河图》，是黄彪的临本，是王鏊家藏本，或是王忬所藏的，都是无中生有。事实的根据一去，当然唐顺之或汤裱褙甚至第三人的行谱或指证的传说，都一起跟着不存在了。

　　但是，像沈德符、顾公燮、刘廷玑、梁章炬等人，在当时都是很有名望的学者，沈德符和王世贞是同一时代的人，为什么他们都会捕风捉影，因讹承讹呢？

　　这原因据我的推测，以为是：

　　一是看不清《四部稿》两跋的原意，误会所谓"权相出死力构"是指他的家事，因此而附会成一串故事。

　　二是信任《野获编》作者的时代和他与王家的世交关系，以为他所说的话一定可靠，而靡然风从，群相应和。

　　三是故事本身的悲壮动人，同情被害人的遭遇，辗转传述，甚或替它装头补尾，虽悖"求真之谛"亦所不惜。

　　次之因为照例每个不幸的故事中，都有一位丑角在场，汤裱褙是当时的名装潢家，和王严两家都有来往，所以顺手把他拉入作一点缀。

　　识画人的另一传说是唐顺之，因为他曾有疏参王忬的事迹，王忬之死他多少应负一点责任。到了范允临的时候，似乎又因为唐顺之到底是一代大儒，不好任意得罪，所以在他的剧本——《一捧雪》传奇中仍旧替回了汤裱褙。几百年来，这剧本到处上演，剧情的凄烈悲壮，深深地感动了千万的人，于是汤裱褙便永远留在这剧本中做一位挨骂的该死丑角。

三、《金瓶梅》非王世贞所作

最早提到《金瓶梅》的，是袁宏道的《觞政》：

> 凡《六经》、《语》、《孟》所言饮式，皆酒经也。其下则汝阳王《甘露经酒谱》……为内典……传奇则《水浒传》、《金瓶梅》为逸典……（《袁中郎全集》卷一四，十之掌故）

袁宏道写此文时《金瓶梅》尚未有刻本，已极见重于文人，拿它和《水浒》并列了。可惜袁宏道只给了我们一个艺术价值的暗示，而没提出它的著者和其他事情。稍后沈德符的《野获编卷二五·金瓶梅》所说的就详细多了，沈德符说：

> 袁中郎《觞政》以《金瓶梅》配《水浒传》为外典，予恨未得见。丙午（1606）遇中郎京邸，问曾有全帙否？曰第睹数卷甚奇快，今唯麻城刘延白承禧家有全本，盖从其妻家徐文贞录得者。又三年小修（袁中道，宏道弟）上公车，已携有其书，因与借抄挈归。吴友冯犹龙见之惊喜，怂恿书坊以重价购刻。马仲良时榷吴关，亦劝予应梓人之求，可以疗饥。予曰："此等书必遂有人板行，但一刻则家传户到，坏人心术，他日阎罗究诘始祸，何辞置对？吾岂以刀锥博泥犁哉！"仲良大以为然，遂固箧之。未几时而吴中悬之国门矣。然原本实少五十三回至五十七回。遍觅不得。有陋儒补以入刻，无论肤浅鄙俚，时作吴语，即前后血脉，亦绝不贯串，一见知其赝作矣。
>
> 闻此为嘉靖间大名士手笔，指斥时事，如蔡京父子则指分宜，林灵素则指陶仲文，朱勔则指陆炳，其他各有所属云。

关于有刻本前后的情形和书中所影射的人物，他都讲到了，单单我们所认为最重要的著者，他却只含糊地说了"嘉靖间大名士"了事，这六个字的含义是：

1. 作者是嘉靖时人；
2. 作者是大名士；
3. 《金瓶梅》是嘉靖时的作品。

几条嘉靖时代若干大名士都可适用的规限，更不妙的是他指这书是"指斥时事"的，平常无缘无故的人要指斥时事干什么呢？所以顾公燮等人便因这一线索推断是王世贞的作品，牵连滋蔓，造成上述一些故事。康熙乙亥（1695）刻的《金瓶梅》谢颐作的序便说：

> 《金瓶梅》一书传为凤洲门人之作也。或云即出凤洲手。然洋洋洒洒一百回内，其细针密线，每令观者望洋而叹。

到了《寒花盦随笔》、《缺名笔记》一些人的时代，便索性把或字去掉。一直到近人蒋瑞藻《小说考证》还认定是弇州之作而不疑：

> 《金瓶梅》之出于王世贞手不疑也。景倩距弇州时代不远，当知其详。乃断名士二字了之，岂以其诲淫故为贤者讳欤！（《小说考证二》，九六页）

其实一切关于《金瓶梅》的故事，都只是故事而已，都不可信。应该根据真实史料，把一切荒谬无理的传说，一起踢开，还给《金瓶梅》以一个原来的面目。

第一，我们要解决一个问题，要先抓住它的要害点，关于《清明上河图》在上文已经证明和王家无关。次之就是这一切故事的焦点——作《金瓶梅》的缘起和《金瓶梅》的对象严世蕃或唐荆川之被毒或被刺。因为这书据说是作者来毒严氏或唐氏的，如两人并未被毒或无被毒之可能时，这一说当然不攻自破。

甲、严世蕃是正法死的，并未被毒，这一点《寒花盦随笔》的作者倒能辨别清楚。顾公燮便不高明了，他以为王忬死后世贞还去谒见世蕃，世蕃索阅小说，因作《金瓶梅》以讥刺之。其实王忬被刑在嘉靖三十九年（1560）十月初一日，殁后世贞兄弟即扶柩返里，十一月二十七日到家，自后世贞即屏居里门，到隆庆二年（1568）始起为河南按察副使。另一方面严嵩于四十一年五月罢相，世蕃也随即被刑。王忬死后世贞方痛恨严氏父子之不暇，何能腼颜往谒贼父之仇？而且世贞于父死后即返里屏居，中间无一日停滞，南北相隔，又何能与世蕃相见？即使可能，世蕃已被放逐，不久即死，亦何能见？如说此书之目的专在讽刺，则严氏既倒，公论已明，亦何所用其讽刺？且《四部稿》中不乏抨责严氏之作，亦何庸写此洋洋百万言之大作以事此无谓之讽刺？

再次顾氏说严氏之败是由世贞贿修工烂世蕃脚使不能入直致然的，此说亦属无稽，据《明史卷三〇八·严嵩传》所言：

> 嵩虽警敏，能先意揣帝指，然帝所下手诏语多不可晓，唯世蕃一览了然，答语无不中。及嵩妻欧阳氏死，世蕃当护丧归，嵩请留侍京邸，帝许之，然自是不得入直所代嵩票拟，而日纵淫乐于家。嵩受诏多不能答，遣使持问世蕃，值其方耽女乐，不以时答，中使相继促嵩，嵩不得已自为之，往往失旨。所进青词又多假手他人不能工，以是积失帝欢。

则世蕃之不能入直是因母丧，嵩之败是因世蕃之不代票拟，也和王世贞根本无关。

乙、关于唐顺之，按《明史》："顺之出为淮扬巡抚，兵败力疾过焦山，三十九年春卒。"王忬死在是年十月，顺之比王忬早死半年，世贞何能预写《金瓶梅》报仇？世贞以先一年冬从山东弃官省父于京狱，时顺之已出官淮扬，二人何能相见于朝房？顺之比王忬早死半年，世贞又安能遣入行刺于顺之死后？

第二，"嘉靖中大名士"是一句空洞的话，假使可以把它牵就为王世贞，那么，又为什么不能把它归到曾著有杂剧四种的天都外臣汪道昆？为什么不是以杂剧和文采著名的屠赤水王百穀或张凤翼？那时的名士很多，又为什么不是所谓前七子、广五子、后五子、续五子以及其他的山人墨客？我们有什么反证说他们不是"嘉靖间的大名士"？

第三，再退一步承认王世贞有作《金瓶梅》的可能（自然，他不是不能作）。但是问题是他是江苏太仓人，并且是土著，有什么保证可以断定他不

"时作吴语"?《金瓶梅》用的是山东的方言,王世贞虽曾在山东做过三年官(1557—1559),但是能有证据说他在这三年中,曾学会了甚至和土著一样地使用当地的方言吗?假使不能,又有什么根据使他变成《金瓶梅》的作者呢?

前人中也曾有人断定王世贞绝不是《金瓶梅》的作者,清礼亲王昭梿就是其中的一个,他说:

> 《金瓶梅》其淫衰不待言。至叙宋代事,除《水浒》所有外,俱不能得其要领。以宋明二代官名羼杂其间,最属可笑。是人尚未见商辂《宋元通鉴》者,无论宋元正史!弇州山人何至谫陋若是,必为赝作无疑也。(《啸亭续录卷二》)

作小说虽不一定要事事根据史实,不过假如是一个史学名家作的小说,纵使下笔十分不经意,也不至于荒谬到如昭梿所讥。王世贞在当时学者中堪称博雅,时人多以有史识史才许之,他自身亦以此自负。且毕生从事著述,卷帙甚富,多为后来修史及研究明代掌故者所取材。假使是他作的,真的如昭梿所说:"何至谫陋若是!"不过昭梿以为《金瓶梅》是赝作,这却错了。因为以《金瓶梅》为王世贞作的都是后来一般的传说,在《金瓶梅》的本文中除掉应用历史上的背景来描写当时的市井社会奢侈放纵的生活以外,也丝毫找不出有作者的什么本身的暗示存在着。作者既未冒王世贞的名字,来增高他著述的声价,说他是赝作,岂非无的放矢?

四、《金瓶梅》是万历中期的作品

小说在过去时代是不登大雅之堂的,尤其是"猥亵"的作品。因此小说的作者姓名往往因不敢署名,而致埋没不彰。更有若干小说不但不敢署名,并且还故意淆乱书中史实,极力避免含有时代性的叙述,使人不能捉摸这一作品的著作时代。《金瓶梅》就是这样的一个作品。

但是,一个作家要故意避免含有时代性的记述,虽不是不可能,却也不是一件容易的事。因为他不能离开他的时代,不能离开他的现实生活,他是那时候的现代人,无论他如何避免,在对话中,在一件平凡事情的叙述中,多少总不能不带有那时代的意识。即使他所叙述的是假托古代的题材，无意中也不能不流露出那时代的现实生活。我们要从这些作者所不经意的疏略处，找出他原来所处的时代，把作品和时代关联起来。

常常又有原作者的疏忽为一个同情他的后代人所删削遮掩，这位同情者的用意自然是匡正作者，这举动同样不为我们所欢迎。这一事实可以拿《金瓶梅》来做一例证。

假如我们不能得到一个比改订本更早的本子的时候，也许我们要被作者和删节者瞒过，永远不能知道他们所不愿意告诉我们的事情。

幸而，最近我们得到一个较早的《金瓶梅词话》刻本，在这本子中，我们知道许多从前人所不知道的事。这些事都明显地刻有时代的痕迹。因此我们不但可以断定这部书的著作时代，并且可以明白这部书产生的时代背景，和为什么这样一部名著却包含有那样多的描写性生活部分的原因。

1. 太仆寺马价银

《金瓶梅词话》本第七回页九至十有这样一段对话：

> 张四道："我见此人有些行止欠端，在外眠花宿柳，又裹虚外实，少人家债负，只怕坑陷了你！"
>
> 妇人道："四舅，你老人家，又差矣！他就外边胡行乱走，奴妇人家只管得三层门内，管不得那许多三层门外的事，莫不成日跟着他走不成！常言道：世上钱财倘来物，那是长贫久富家。紧着来，朝廷爷一时没有钱使，还问太仆寺支马价银子来使。休说买卖人家，谁肯把钱放在家里！各人裙带上衣食，老人家倒不消这样费心。"

在崇祯本《金瓶梅》（第七回第十页）和康熙乙亥本《第一奇书》（第七回第九页）中，孟三儿的答话便删节成：

> 妇人道："四舅，你老人家又差矣！他少年人就外边做些风流勾当，也是常事。奴妇人家，那里管得许多。若说虚实，常言道，世上钱财倘来物，那是长贫久富家。况姻缘事皆前生分定，你老人家倒不消这样费心。"

天衣无缝，使人看不出有删节的痕迹。

朝廷向太仆寺借银子用，这是明代中叶以后的事，《明史卷九二·兵志·马政》：

> 成化二年以南土不产马，改征银。四年始建太仆寺常盈库，贮备用马价……隆庆二年提督四夷馆太常少卿武金言，种马之设，专为孳生备用，备用马既别买，则种马可遂省。今备用马已足三万，宜令每马折银三十两解太仆种马尽卖输兵部，一马十两，则直隶山东河南十二万匹，可得银百二十万，且收草豆银二十四万。御史谢廷杰谓祖制所定，关军机，不可废。兵部是廷杰言。而是时内帑乏，方分使括天下逋赋，穆宗可金奏，下部议。部请养卖各半，从之。太仆之有银也自成化时始，然止三万余两。及种马卖，银日增。是时通贡互市，所贮亦无几。及张居正作辅，力主尽卖之议……又国家有兴作赏赉，往往借支太仆银，太仆帑益耗。十五年寺卿罗应鹤请禁支借。二十四年诏太仆给陕西赏功银，寺臣言先年库积四百余万，自东西二役兴，仅余四之一。朝鲜用兵，百万之积俱空。令所存者止十余万。况本寺寄养马岁额二万匹，今岁取折色，则马之派征甚少，而东征调兑尤多，卒然有警，马与银俱竭，何以应之！章下部，未能有所厘革也。崇祯初核户兵工三部借支太仆马价至一千三百余万。

由此可知太仆寺之贮马价银是从成化四年（1468）起，但为数极微。到隆庆二年（1568）百年后定例卖种马之半，藏银始多。到万历元年（1573）张居正做首相尽卖种马，藏银始建四百余万两。又据《明史卷七九·食货志三·仓库》：

> 太仆，则马价银归之……隆庆中……数取光禄太仆银，工部尚书朱衡极谏不听……至神宗万历六年……久之，太仓光禄太仆银括取几尽，边赏首功向发内库者亦取之太仆矣。

则隆庆时虽会借支太仆银，尚以非例为朝臣所谏诤。到了张居正死后（1582），神宗肆无忌惮地向太仆支借，其内库所蓄，则靳不肯出。《明史卷二一三·张居正传》载居正当国时：

太仓粟充盈可支十年。互市饶马，乃减太仆种马，而令民以价纳。太仆金亦积四百余万。

在居正当国时，综核名实，令出法行，所以国富民安，号称小康，即内廷有需索，亦往往为言官所谏止，如《明史卷二二九·王用汲》传说：

> 万历六年……上言……陛下……欲取太仓、光禄，则台臣科臣又言之，陛下悉见嘉纳，或遂停止，或不为例。

其用途专充互市抚赏，《明史卷二二二·方逢时传》说：

> 万历五年召理戎政……言……财货之费，有市本有抚赏，计三镇岁费二十七万，较之乡时户部客饷七十余万，太仆马价十数万，十才二三耳。

到了居正死后，朝政大变，太仆马价内廷日夜借支，宫监佞幸，为所欲为，专以贷利导帝，《明史卷二三五·孟一脉传》说：

> 居正死，起故官。疏陈五事：言……数年以来，御用不给，今日取之光禄，明日取之太仆，浮梁之磁，南海之珠，玩好之奇，器用之巧，日新月异……锱铢取之，泥沙用之。

不到十年工夫，太仆积银已空。《明史卷二三三·何选传》：

> 光禄、太仆之帑，括取几空。

但还搜括不已，恣意赏赐，如《明史卷二三三·张贞观传》所记：

> 三王并封制下……采办珠玉珍宝费至三十六万有奇，又取太仆银十万充赏。

中年内外库藏俱竭，力靳内库银不发，且视太仆为内廷正供，廷臣请发款充军费，反被谯责。万历三十年时：

> 国用不支，边储告匮……乞发内库银百万及太仆马价五十万以济边

储，复忤旨切责。(《明史卷二二〇·赵世卿传》)

万历时贷借支太仆寺马价银的情形，朱国桢《涌幢小品卷二》说得很具体：

> 太仆寺马价隆庆年间积一千余万，万历年间节次兵饷借去九百五十三万。又大礼大婚光禄寺借去三十八万两。零星宴赏之借不与焉。至四十二年老库仅存八万两。每年岁入九十八万余两，随收随放支，各边年例之用尚不足，且有边功不时之赏，其空虚乃尔，真可寒心。

明神宗贪财好货，至为御史所讥笑，如《明史卷二三四·雒于仁传》所载四箴，其一即为戒贪财：

> 十七年……献四箴……传索帑金，括取币帛，甚且掠问宦官，有献则已，无则谴怒，李沂之疮痍未平，而张鲸之赏赉复入，此其病在贪财也。

再就嘉靖隆庆两朝内廷向外库借支情况作一比较，《明史卷二〇六·郑一鹏传》：

> 嘉靖初……宫中用度日侈，数倍天顺时，一鹏言：今岁灾用诎，往往借支太仓。

《明史卷二一四·刘体乾传》：

> 嘉靖二十三年……上奏曰：又闻光禄库金自嘉靖改元至十五年，积至八十万，自二十一年以后，供亿日增，余藏顿尽……隆庆初进南京户部尚书……召改北部，诏取太仓银三十万两……是时内供已多，数下部取太仓银。

据此可知嘉隆时代的借支处只是光禄和太仓，因为那时太仆寺尚未存有大宗马价银，所以无借支的可能。到隆庆中叶虽曾借支数次，却不如万历十年以后的频数。穆宗享国不到六年（1567—1572），朱衡以隆庆二年九月任工部尚书，刘体乾以隆庆三年二月任户部尚书，刘氏任北尚书后才疏谏取太仓银而不及太仆，则朱衡之谏借支太仆银自必更在三年二月以后。由此可知在短短的两三年内，即使借支太仆，其次数决不甚多，且新例行未久，其借支数目亦不能过大。到了张居正当国，厉行节俭，足国富民，在这十年中帑藏充盈，无借支之必要，且神宗慑于张氏之威棱，亦无借支之可能。由此可知《词话》中所指"朝廷爷还问太仆寺借马价银子来使"必为万历十年以后的事。

《金瓶梅词话》的文本包含有万历十年以后的史实，则其著作的最早时期必在万历十年以后。

2. 佛教的盛衰和小令

《金瓶梅》中关于佛教流行的叙述极多，全书充满因果报应的气味。如丧事则延僧作醮追荐（第八回、第六十二回），平时则许愿听经宣卷（第三十九回、第五十一回、第七十四回、第一百回），布施修寺（第五十七回、第八十八回），胡僧游方（第四十九回），而归结于地狱天堂，西门庆遗孤且入佛门清修。这不是一件偶然的事实，假如作者所处的时代佛教并不流行，或遭压迫，在他的著作中决不能无中生有捏造出这一个佛教流行的社会。

明代自开国以来，对佛道二教，初无歧视，后来因为政治关系，对喇嘛教僧稍予优待，天顺成化间喇嘛教颇占优势，佛教徒假借余光，其地位在道教之上。到了嘉靖时代，陶仲文、邵元节、王金等得势，世宗天天在西苑玄修作醮，求延年永命，一般方士偶献一二秘方，便承宠遇。诸官僚翰林九卿长贰入直者往往以青词称意，不次大拜。天下靡然风从，献灵芝、白鹿、白鹊、丹砂，无虚日。朝臣亦天天在讲符瑞，报祥异，甚至征伐大政，必以告玄。在皇帝修养或做法事时，非时上奏的且得殊罚。道士遍都下，其领袖贵者封侯伯，位上卿，次亦绾牙牌，跻朝列，再次亦凌视士人，作威福。一面则焚佛牙，毁佛骨，逐僧侣，没庙产，熔佛像，佛教在世宗朝算是销声匿迹，倒尽了霉。

到隆万时，道教失势了，道士们或贬或逐，佛教徒又承渥宠，到处造庙塑佛，皇帝且有替身出家的和尚，其煊赫比拟王公（明列帝俱有替身僧，不过到万历时代替身僧的声势，则为前所未有）。《野获编卷二十七》"释教盛衰"条：

武宗极喜佛教，自列西番僧，呗唱无异。至托名大庆法王，铸印赐诰命。世宗留心斋醮，置竺乾氏不谈。初年用工部侍郎赵璜言，刮正德所铸佛镀金一千三百两。晚年用真人陶仲文等议，至焚佛骨万二千斤。逮至今上，与两宫圣母首建慈寿、万寿诸寺，俱在京师，穷丽冠海内。至度僧为替身出家，大开经厂，颁赐天下名刹殆遍。去焚佛骨时未二十年也。

由此可知武宗时为佛教得势时代，嘉靖时则完全为道教化的时代，到了万历时代佛教又得势了。《金瓶梅》书中虽然也有关于道教的记载，如六十二回的潘道士解禳，六十五回的吴道士迎殡，六十七回的黄真人荐亡，但以全书论，仍是以佛教因果轮回天堂地狱的思想做骨干。假如这书著成于嘉靖时代，决不会遍重佛教到这个地步！

再从时代的习尚去观察，《野获编卷二五·时尚小令》：

元人小令行于燕赵，后浸淫日盛。自宣正至成宏后，中原又行《锁南枝》、《傍妆台》、《山坡羊》之属，李崆峒先生初自庆阳徙居汴梁，闻之以为可继国风之后。何大复继至，亦酷爱之。今所传《泥捏人》及《鞋打卦》、《熬鬏髻》三阕为三牌名之冠，故不虚也。自兹以后，又有《耍孩儿》、《驻云飞》、《醉太平》诸曲，然不如三曲之盛。嘉隆间乃兴《闹五更》、《寄生草》、《罗江怨》、《哭皇天》、《干荷叶》、《粉红莲》、《桐城歌》、《银纽丝》之属，自两淮以至江南，渐与词曲相远，不过写淫媟情态，略具抑扬而已。比年以来又有《打枣竿》、《挂枝儿》二曲。其腔调约略相似，则不问南北，不问男女，不问老幼良贱，人人习之，亦人人喜听之，以至刊布成帙，举世传诵，沁人心腑。其谱不知从何来，真可骇叹！又《山坡羊》者，李何二公所喜，今南北词俱有此名，但北方唯盛爱数落《山坡羊》，其曲自宣大辽东三镇传来。今京师妓女惯以此充弦索北调，其语秽亵鄙浅，并桑濮之音亦离去已远，而羁人游婿嗜之独深，丙夜开樽，争先招致。

《金瓶梅词话》中所载小令极多，约计不下六十种。内中最流行的是《山坡羊》，综计书中所载在二十次以上（见第一、八、三十三、四十五、五十、

五十九、六十一、七十四、八十九、九十一诸回），次为《寄生草》（见第八、八十二、八十三诸回），《驻云飞》（见第十一、四十四诸回），《锁南枝》（见第四十四、六十一诸回），《耍孩儿》（见第三十九、四十四诸回），《醉太平》（见第五十二回），《傍妆台》（见第四十四回），《闹五更》（见第七十三回），《罗江怨》（见第六十一回），其他如《绵搭絮》、《落梅风》、《朝天子》、《折桂令》、《梁州序》、《画眉序》、《锦堂月》、《新水令》、《桂枝香》、《柳摇金》、《一江风》、《三台令》、《货郎儿》、《水仙子》、《荼蘼香》、《集贤宾》、《一见娇羞》、《端正好》、《宜春令》、《六娘子》……散列书中，和沈氏所记恰合。在另一方面，沈氏所记万历中年最流行的《打枣竿》、《挂枝儿》二曲，却又不见于《词话》。《野获编》书成于万历三十四年（丙午，1606），由此可见《词话》是万历三十四年以前的作品，词话作者比《野获编》的作者时代略早，所以他不能记载到沈德符时代所流行的小曲。

3. 太监、皇庄、皇木及其他

太监的得势用事，和明代相终始。其中只有一朝是例外，这一朝代便是嘉靖朝。从正德宠任刘瑾、谷大用等八虎，坏乱朝政以后，世宗即位，力惩其弊，严抑宦侍，不使干政作恶。嘉靖九年（1530）革镇守内臣。十七年（1538）从武定侯郭勋请复设，在云贵、两广、四川、福建、湖广、江西、浙江、大同等处各派内臣一人镇守，到十八年四月以彗星示变撤回。在内廷更防微极严，不使和朝士交通，内官因之奉法安分，不敢恣肆。根基不厚的大珰，有的为了轮值到请皇帝吃一顿饭而破家荡产，无法诉苦。在有明一代中嘉靖朝算是宦官最倒霉失意的时期。反之在万历朝则从初年冯保、张宏、张鲸等柄用起，一贯地柄国作威，政府所有设施，须先请命于大珰，初年高拱任首相，且因不附冯保而被逐。张居正在万历初期的新设施，新改革，所以能贯彻实行，是因为在内廷有冯保和他合作。到张居正死后，宦官无所顾惮，权势更盛，派镇守，探皇木，领皇庄，榷商税，采矿税。地方官吏降为宦寺的属下，承其色笑，一拂其意，缇骑立至。内臣得参奏当地督抚，在事实上几成地方最高长官。在天启以前，万历朝可说是宦官最得势的时代。

《词话》中有许多关于宦官的记载，如清河一地就有看皇庄的薛太监，管砖厂的刘太监，花子虚的家庭出于内臣，王招宣家与太监缔姻。其中最可看出当时情形的是第三十一回西门庆宴客一段：

> 说话中间，忽报刘公公薛公公来了。慌得西门庆穿上衣，仪门迎接。二位内相坐四人轿，穿过肩蟒，缨枪队喝道而至。西门庆先让至大厅上，拜见叙礼，接茶。落后周守备、荆都监、夏提刑等武官，都是锦绣服，藤棍大扇，军牢喝道，僚椽跟随，须臾都到了门口，黑压压的许多伺候，里面鼓乐喧天，笙箫迭奏。上坐递酒之时，刘薛二内相相见。厅正面设十二张桌席，都是帼拴锦带，花插金瓶，桌上摆着簇盘定胜，地下铺着锦捆绣球。
>
> 西门庆先把盏让坐次，刘薛二内相再三让逊："还有列位大人！"周守备道："二位老太监齿德俱尊。常言三岁内官，居于王公之上，这个自然首坐，何消泛讲。"彼此逊让了一回。薛内相道："刘哥，既是列位不首，难为东家，咱坐了罢。"
>
> 于是罗圈唱了个喏，打了恭，刘内相居左，薛内相居右，每人膝下放一条手巾，两个小厮在傍打扇，就坐下了。其次者才是周守备、荆都监众人。

一个管造砖和一个看皇庄的内使，声势便煊赫到如此，在宴会时座次在地方军政长官之上，这正是宦官极得势时代的情景，也正是万历时代的情景。

皇庄之设立，前在天顺景泰时代已见其端，正德时代达极盛期。世宗即位，裁抑恩幸，以戚里佞幸得侯者着令不许继世。中唯景王就国，拨赐庄田极多。《明史卷七七·食货志一》说：

> 世宗初命给事中夏言等清核皇庄田，言极言皇庄为厉于民。自是正德以来投献侵牟之地，颇有给还民者。而宦戚辈复中挠之。户部尚书孙交造皇庄新册，额减于旧，帝命核先年顷亩数以闻，改称官地，不复名皇庄。诏所司征银解部。

由此可知嘉靖时代无皇庄之名，只称官地。《食货志一》又记：

> 神宗赉予过侈，求无不获。潞王寿阳公主恩最渥，而福王分封，括河南山东湖广田为王庄，至四万顷，群臣力争，乃减其半。王府官及诸阉丈地征税，旁午于道，扈养厮役，廪食以万计，渔敛惨毒不忍闻，驾帖捕民，格杀庄佃，所在骚然。

由此可知《词话》中的管皇庄太监，必然指的是万历时代的事情。因为假如把《词话》的时代放在嘉靖时的话，那就不应称为管皇庄，应该称为管官地的才对。

所谓皇木，也是明代一桩特别的恶政，《词话》第三十四回有刘百户盗皇木的记载：

> 西门庆告诉："刘太监的兄弟刘百户因在河下管芦苇场，撰了几两银子。新买了一所庄子。在五里店挐皇木盖房……"

明代内廷兴大工，派官往各处采大木，这木就叫皇木。这事在嘉靖万历两朝特别多，为民害极酷。《明史卷八二·食货志六》说：

> 嘉靖元年革神木千户所及卫卒。二十年宗庙灾，遣工部侍郎潘鉴副都御史戴金于湖广、四川采办大木。
>
> 二十六年复遣工部侍郎刘伯跃采于川、湖、贵州。湖广一省费至三百三十九万余两。又遣官核诸处遗留大木，郡县有司以迟误大工，逮治褫黜非一，并河州县尤苦之。
>
> 万历中三殿工兴，采楠杉诸木于湖广、四川、贵州，费银九百三十余万两，征诸民间，较嘉靖年费更倍。而采鹰平条桥诸木于南直、浙江者，商人逋直至二十五万。科臣劾督运官迟延侵冒，不报。虚糜干没，公私交困焉。

按万历十一年慈宁宫灾，二十四年乾清、坤宁二宫灾，《词话》中所记皇木，当即指此而言。

《词话》第二十八回有"女番子"这样一个特别名词。

> 经济道："你老人家是个女番子，且是倒会的放刀……"

所谓番子，《明史·刑法志三》说：

> 东厂之属无专官，掌刑千户一，理刑百户一，亦谓之贴刑，皆卫官。其隶役悉取给于卫。最轻点黠猾巧者乃拔充之。役长曰档头，帽上锐，衣青素褡襫系小条，白皮靴，专主伺察。其下番子数人为干事，京师亡命诓财挟仇视干事者为窟穴，得一阴事，由之以密白于档头，档头视其事大小，先予之金。事曰起数，金曰买起数。既得事，帅番子至所犯家左右坐曰打桩，番子即突入执讯之，无有左证符牒，贿如数，径去。少不如意，榜治之名曰干醡酒，亦曰搬曾儿，痛楚十倍官刑。且授意使牵有力者，有力者予多金，即无事，或靳不予，予不足，立闻上，下镇抚司狱，立死矣。

番子之刺探官民阴事为非作恶如此，所以在当时口语中就称平常人的放刁挟诈者为番子，并以施之女性。据《明史》在万历初年冯保以司礼监兼厂事，建厂东上北门之北曰内厂，而以初建者为外厂，声势煊赫一时，至兴王大臣狱，欲族高拱。但在嘉靖时代，则以世宗驭中官严，不敢恣，厂权且不及锦衣卫，番子之不敢放肆自属必然。由这一个特别名词的被广义地应用的情况说，《词话》的著作时代亦不能在万历以前。

4. 古刻本的发现

两年以前《金瓶梅》的最早刻本，我们所能见到的是康熙三十四年（乙亥，1695）皋鹤草堂刻本张竹坡批点《第一奇书金瓶梅》和崇祯本《新刻绣像金瓶梅》。在这两个本子中没有什么材料可以使我们知道这书最早刊行的年代。

最近北平图书馆得到了一部刊有万历丁巳序文的《金瓶梅词话》，这本子不但在内容方面和后来的本子有若干处不同，并且在东吴弄珠客的序上也明显地载明是万历四十五年（丁巳，1617）冬季所刻。在欣欣子的序中并具有作者的笔名兰陵笑笑生（也许便是作序的欣欣子罢）。这本子可以说是现存的《金瓶梅》最早的刊本。其内容最和原本相近，从它和后来的本子不相同处及被删改处比较的结果，使我们能得到这样的结论，断定它的最早开始写作的时代不能在万历十年以前，退一步说，也不能过隆庆二年。

但万历丁巳本并不是《金瓶梅》第一次的刻本，在这刻本以前，已经有过几个苏州或杭州的刻本行世，在刻本以前并且已有抄本行世。因为在袁宏道的《觞政》中，他已把《金瓶梅》列为逸典，在沈德符的《野获编》中他已告诉我们在万历三十四年（丙午，1606）袁宏道已见过几卷，麻城刘氏且藏有全本。到万历三十七年袁中道从北京得到一抄本，沈德符又向他借抄一本。不久苏州就有刻本，这刻本才是《金瓶梅》的第一个本子。

袁宏道的《觞政》在万历三十四年以前已写成，由此可以断定《金瓶梅》最晚的著作时代当在万历三十年以前。退一步说，也决不能后于万历三十四年。

综结上文所论，《金瓶梅》的成书时代大约是在万历十年到三十年这二十年（1582—1602）中。退一步说，最早也不能过隆庆二年，最晚也不能后于万历三十四年（1568—1606）。

五、《金瓶梅》的社会背景

《金瓶梅》是一部现实主义小说，它所写的是万历中年的社会情形。它抓住社会的一角，以批判的笔法，暴露当时新兴的结合官僚势力的商人阶级的丑恶生活。透过西门庆的个人生活，由一个破落户而土豪、乡绅而官僚的逐步发展，通过西门庆的社会联系，告诉了我们当时封建统治阶级的丑恶面貌和这个阶级的必然没落。在《金瓶梅》书中没有说到那时代的农民生活，但在它描写市民生活时，却已充分地告诉我们那时农村经济的衰颓和崩溃的必然前景。当时土地集中的情形，万历初年有的大地主拥田到七万顷，粮至二万石（张居正《张文忠公集·书牍六·答应天巡抚宋阳山论均粮足民》）。据万历六年全国田数七百零一万三千九百七十六顷计算，这一个大地主的田数就占全国田数的百分之一。又如皇庄，嘉靖初年达数十所，占地至三万七千多顷。夏言描写皇庄破坏农业生产的情形说：

> 皇庄既立，则有管理之太监，有奏带之旗校，有跟随之名目，每处动至三四十人……擅作威福，肆行武断……起盖房屋，架搭桥梁，擅立关隘，出给票帖，私刻关防。凡民间撑架舟车，牧放牛马，采捕鱼虾螯蚌莞蒲之属，靡不括取。而邻近土地，则展转移筑封堆，包打界至，见亩征

银。本土豪猾之民，投为庄头，拨置生事，欲助为恶，多方掊克，获利不赀。输之宫闱者曾无十之一二，而私入囊橐者盖不啻十八九矣。是以小民脂膏，吮剥无余，由是人民逃窜而户口消耗，里分减并而粮差愈难。卒致辇毂之上，生理寡遂，闾阎之间，贫苦到首，道路嗟怨，邑里萧条。

公私庄田，跨庄逾邑，小民恒产，岁朘月削，产业既失，税粮犹存，徭役苦于并充，粮草苦于重出，饥寒愁苦，日益无聊，展转流亡，靡所底止。以致强梁者起而为盗贼，柔善者转死于沟壑。其巧黠者或投存势家庄头家人名目，恣其势以转为善良之害，或匿入海户陵户勇士校尉等籍，脱免徭役，以重困敦本之人。凡所以蠹民命脉，竭民膏血者，百孔千疮，不能枚举。（《桂洲文集卷十三·奉敕勘报皇庄及功臣国戚田土疏》）

虽然说的是嘉靖前期的情况，但是也完全适用于万历时代，而且应该肯定，万历时代的破坏情形只有比嘉靖时代更严重。据《明史》景王、潞王、福王等传：景恭王于"嘉靖四十年（1562）之国……多请庄田……其他土田湖陂侵入者数万顷"。潞王"居京邸，王店王庄遍畿内……居藩多请赡田食盐无不应……田多至四万顷"。福王之国时，"诏赐庄田四万顷……中州腴土不足，取山东、湖广田益之"，尺寸皆夺之民间，"伴读承奉诸官假履亩为名，乘传出入，河南北齐楚间所至骚动"。潞王是明穆宗第四子，万历十七年之藩；福王是明神宗爱子，万历四十二年就藩。三王的王庄多至十数万顷，加上宫廷直属的皇庄和外戚功臣的庄田，超经济的剥削，造成人民逃窜，户口消耗，道路嗟怨，邑里萧条，强梁者起而为"盗贼"，柔善者转死于沟壑的崩溃局面。

除皇庄以外，当时农民还得摊派商税，如毕自严所说山西情形：

榷税一节，病民滋甚。山右僻在西隅，行商寥寥。所有额派税银四万二千五百两，铺垫等银五千七百余两，皆分派于各州府。于是斗粟半菽有税，沽酒市脂有税，尺布寸丝有税，赢特骞卫有税，既非天降而地出，真是头会而箕敛。（《石隐园藏稿卷五·嵩祝陛辞疏》）

明末侯朝宗描写明代后期农民的被剥削情况说：

明之百姓，税加之，兵加之，刑加之，役加之，水旱灾祲加之，官吏之渔食加之，豪强之吞并加之，是百姓一而所以加之者七也。于是百姓之富者争出金钱而入学校，百姓之黠者争营巢窟而充吏胥，是加者七而因而诡之者二也。即以赋役之一端言之，百姓方苦其穷极而无告而学校则除矣，吏胥则除矣……天下之学校吏胥渐多而百姓渐少……彼百姓之无可奈何者，不死于沟壑即相率而为盗贼耳，安得而不乱哉。（《壮悔堂文集·正百姓》）

农民的生活如此。另一面，由于倭寇的肃清，商业和手工业的发达，海外贸易的扩展，国内市场的扩大，计亩征银的一条鞭赋税制度的实行，货币地租逐渐发展，高利贷和商业资本更加活跃，农产品商品化的过程加快了。商人阶级兴起了。从亲王勋爵官僚士大夫都经营商业，如"楚王宗室错处市廛，经纪贸易与市民无异。通衢诸绸帛店俱系宗室。间有三吴人携负至彼开铺者，亦必借王府名色"（包汝楫《南中纪闻》）。如翊国公郭勋京师店舍多至千余区（《明史卷一三〇·郭英传》）如庆云伯周瑛于河西务设肆邀商贾，虐市民，亏国课；周寿奉使多挟商艘（《明史卷三〇〇·周能传》）；如吴中官僚集团的开设囤房债典百货之肆，黄省曾《吴风录》说：

自刘氏、毛氏创起利端，为鼓铸囤房，王氏债典，而大村名镇必张开百货之肆，以榷管其利，而村镇之负担者俱困。由是累金百万。至今吴中缙绅仕夫，多以货殖为急，若京师官店六郭开行债典兴贩屠酤，其术倍克于齐民。

嘉靖初年夏言疏中所提到的"见亩征银"和顾炎武所亲见的西北农民被高利贷剥削的情况：

日见凤翔之民，举债于权要，每银一两，偿米四石，此尚能支持岁月乎！（《亭林文集卷三·病起与蓟门当事书》）

商人阶级因为海外和内地贸易的关系，他们手中存有巨额的银货，他们一方面利用农民要求银货纳税的需要，高价将其售出，一方面又和政府官吏勾结，把商品卖给政府，收回大宗的银货，如此循环剥削，资本积累的过程，商人阶级壮大了，他们日渐成为社会上的新兴力量，成为农民阶级新的吸血虫。

西门庆所处的就是这样一个时代，他代表他所属的那个新兴阶级，利用政治的和经济的势力，加紧地剥削着无告的农民。

在生活方面，因此就表现出两个绝对悬殊的阶级，一个是荒淫无耻的专务享乐的上层阶级，上自皇帝，下至市侩，莫不穷奢极欲，荒淫无度。就过去的历史事实说："皇帝家天下"，天下的财富即是皇帝私人的财富，所以皇帝私人不应再有财富。可是在这个时代，连皇帝也殖私产了，金花银所入全充内帑，不足则更肆搜刮。太仓、太仆寺所藏本供国用，到这时也拼命借支，藏于内府，拥宝货做富翁。日夜希冀求长生，得以永葆富贵。和他的大臣官吏上下一致地讲秘法，肆昏淫，明穆宗、谭纶、张居正这一些享乐主义者的死在醇酒妇人手中和明神宗的几十年不接见朝臣，深居宫中的腐烂生活正足以象征这个时代。社会上的有闲阶级，更承风导流，夜以继日，妓女、小唱、优伶、赌博、酗酒，成为日常生活，笙歌软舞，穷极奢华。在这集团下面的农民，却在另一尖端，过着饥饿困穷的生活。他们受着十几重的剥削，不能不在水平线下生活着，流离转徙，一遭意外，便只能卖儿鬻女。在他们面前只有两条道路：一条是转死沟壑，一条是揭竿起义。

西门庆的时代，西门庆这一阶级人的生活，我们可以拿两种地方记载来说明。《博平县志卷四·人道六·民风解》：

> ……至正德嘉靖间而古风渐渺，而犹存什一于千百焉……乡社村保中无酒肆，亦无游民……畏刑罚，怯官府，窃铁攘鸡之讼，不见于公庭……由嘉靖中叶以抵于今，流风愈趋愈下，惯习骄吝，互尚荒侠，以欢宴放饮为豁达，以珍味艳色为盛礼。其流至于市井贩鬻厮隶走卒，亦多缨帽细鞋，纱裙细裤，酒庐茶肆，异调新声，泊泊浸淫，靡焉勿振。甚至娇声充溢于乡曲，别号下延于乞丐……逐末游食，相率成风。

截然地把嘉靖中叶前后分成两个时代。崇祯七年刻《郓城县志卷七·风俗》：

> 郓地……称易治。迩来竞尚奢靡，齐民而士人之服，士人而大夫之官，饮食器用及婚丧游宴，尽改旧意。贫者亦槌牛击鲜，合飧群祀，与富者斗豪华，至倒囊不计焉。若赋役施济，则毫厘动心。里中无老少，辄习

浮薄，见敦厚俭朴者窘且笑之。逐末营利，填衢溢巷，货杂水陆，淫巧恣异，而重侠少年复聚党招呼，动以百数，椎击健讼，武断雄行。皂隶之徒亦华侈相高，日用服食，拟于市宦。

所描写的"市井贩鬻"、"逐末营利"商业发展情形和社会风气的变化及其生活，不恰就是《金瓶梅》时代的社会背景吗？

我们且看西门庆和税关官吏勾结的情形：

> 西门庆叫陈经济后边讨五十两银子来，令书童写了一封书，使了印色，差一名节级，明日早起身，一同去下与你钞关上钱老爹，叫他过税之时，青目一二。（第五十八回）

> 西门庆听见家中卸货，吃了几盅酒，约掌灯以后就来家。韩伙计等着见了，在厅上坐的，悉把前后往回事，说了一遍。西门庆因问钱老爹书下了，也见些分上不曾？韩道国道："全是钱老爹这封书，十车货少使了许多税钱，小人把缎箱两箱并一箱，三停只报两停，都当茶叶马牙香，柜上税过来了。通共十大车，只纳了三十两五钱钞银子，老爹接了报单，也没差巡捕拦下来查点，就把车喝过来了。"

> 西门庆听言，满口欢喜，因说："到明日少不得重重买一份礼，谢那钱老爹。"（第五十九回）

和地方官吏勾结，把持内廷进奉的情形：

> 应伯爵领了李三来见西门庆……李三道："今有朝廷东京行下文书，天下十三省，每省要万两银子的古器，咱这东平府，坐派着二万两，批文在巡按处，还未下来。如今大街上张二官府破二百两银子，干这宗批要做，都看有一万两银子寻……"西门庆听了说道："批文在哪里？"李三道："还在巡按上边，没发下来呢。"西门庆道："不打紧，我这差人写封书，封些礼，问宋松原讨将来就是了。"李三道："老爹若讨去，不可迟滞，自古兵贵神速，先下米的先吃饭，诚恐迟了，行到府里，乞别人家干的去了。"西门庆笑道："不怕他，设使就行到府里，我也还教宋松原拏回去就是，胡府尹我也认的。"（第七十八回）

当时商人进纳内廷钱粮的内幕：

> 李三黄四商量向西门庆再借银子，应伯爵道："你如今还得多少才勾？"黄四道："李三哥他不知道，只要靠着问那内臣借一般，也是五分行利。不如这里借着，衙门中势力儿，就是上下使用也省些。如今找着，再得出五十个银子来，把一千两合用，就是每月也好认利钱。"

> 应伯爵听了，低了低头儿，说道："不打紧……管情就替你说成了。我出了五百两银子来，共捣一千两文书，一个月满破认他五十两银子，那里不去了，只当你包了一个月老婆了。常言道秀才取添无真，进钱粮之时，香里头多上些木头，蜡里头多搉些柏油，哪里查帐去！不图打点，只图混水，借着他这名声儿，才好行事。"（第四十五回）

西门庆不但勾结官吏，偷税漏税，营私舞弊，并且一般商人还借他做护符，赚内廷的钱！

在另一方面，另一阶级的人，却不能不卖儿鬻女。《词话》第三十七回：

> 冯妈妈道："爹既是许了，你拜谢拜谢儿。南首赵嫂儿家有个十三岁的孩子，我明日领来与你看，也是一个小人家的亲养孩儿来，他老子是个巡捕的军，因倒死了马，少桩头银子，怕守备那里打，把孩子卖了，只要四两银子，教爹替你买下吧！"

这样的一个时代，这样的一个社会，农民的忍耐终有不能抑止的一天。不到三十年，火山口便爆发了！张献忠李自成的大起义，正是这个时代这个社会的必然发展。

这样的一个时代，这样的一个社会，才会产生《金瓶梅》这样的一部作品。

1933 年 10 月 10 日，于北平

《文学季刊》创刊号

（本编第三部分为出版者增补）

明太祖

本篇为吴晗较早写作的朱元璋的传记（吴晗曾五次写作朱元璋的传记，此为第二次的写本），详细地介绍了明太祖朱元璋从乞丐、和尚最终成长为一代帝王的传奇经历。入木三分地描绘了一个刚强果决、英勇睿智、勤政爱民却又猜疑敏感、杀戮成性的平民帝王形象，是帝王传记中的精品名作。

自　序

　　写这本小书，参考的资料少得可怜。过去所曾读过的有关史籍，如《明太祖实录》、《高皇帝文集》、《皇明祖训》、《大诰》、《大诰续编》、《大诰三编》、《大诰武臣》、《御制皇陵碑》、《世德碑》、《纪梦》、《西征记》、《平西蜀文》、《周颠仙人传》、《皇朝本纪》、《天潢玉牒》、《国初礼贤录》，和陆深《平胡录》、《北平录》、《平汉录》、《平吴录》、《平蜀记》、黄标《平夏记》、张纮《云南机务钞黄》、高岱《鸿猷录》、唐枢《国琛集》、王世贞《名卿绩纪》、顾璘《国宝新编》、徐祯卿《翦胜野闻》、王文禄《龙兴慈记》（从《皇陵碑》以下有沈节甫《纪录汇编》本）、叶子奇《草木子》、孔齐《至正直记》、何乔远《名山藏》、谈迁《国榷》、刘振《识大录》、钱谦益《国初群雄事略》、夏燮《明通鉴》诸书，都因无法找到，不能利用。甚至像郎瑛《七修类稿》之类的普通书，也百计访觅而不可得！手头所有的书只有《元史》、《明史》、谷应泰《明史纪事本末》、权衡《庚申外史》、陶宗仪《辍耕录》、陆容《菽园杂记》、钱谦益《太祖实录辨证》、潘柽章《国史考异》，以及作者过去所发表的几篇论文而已。

　　写成以后，请孙毓棠兄修正，他的批评是：这本书最好叫《大明帝国开国史》。因为书中讲明太祖的地方实在不够多，文字也有点演讲派头，想是教书习惯了的缘故。

　　其实，除了毓棠兄所说之外，文字的拙劣和材料的不够，也是这本小书的最大弱点，不过毓棠兄客气，不肯说出来罢了。

　　清本校读以后的心境是颇为惆怅的。再三想想，即使算是《大明帝国开国史》，在缺乏一般读物的今天，这本小书所代表的是作者个人对于六百年前一个大人物的看法，也许可以帮助读者对这个人和这个时代的了解。

友人毛开凌先生夫人代为誊录清本，于此敬致谢意。

书中错误疏忽的地方一定很多，切望读者予以指正。

吴 晗

1943 年 11 月 22 日

第一章　流浪青年

第一节　孤儿

元至正四年（1344）春季，淮北一带，好几个月没有下过雨。栽下的苗晒得干瘪枯黄，田地都裂成了一条条的龟缝。挨到快收割的时候，穗上稀稀的几颗粟粒，又给弥天漫地的蝗虫吃得一干二净。村子里有年纪的人都说，几十年来没有见过这样的年成，这日子着实是过不得了。不料祸不单行，村子里的人接二连三地病倒，起病时只觉得浑身无力气，上吐下泻，不到一昼夜便断了气。开头大家还不觉得，到了村东头刘家一天病死五个大人，隔壁的一家大小三口都同时病倒同时断气的时候，才知道这是可怕的瘟疫。慌得满村人携儿带女，逃往亲戚家躲避，连家里的病人也顾不得了。不过几天的工夫，这上百人家的村子便闹得人烟寥落，鸡犬声稀，显出一片凄凉黯淡的景象。

小河边的朱家——朱世珍夫妻和他们的长子朱兴隆，便在这次瘟疫里相继死亡，次子兴盛和他的小兄弟朱元璋（原名兴宗），眼看一家人在短短几天内便死了三口，只急得相对痛哭。尤其伤心的是：家里没有一贯钞，买不得棺木，更买不得茔地，正没计较处，幸亏隔壁住的刘继祖是个财主，有慈心，听得朱家连遭三丧，没法安葬，慨然舍了一块地，两兄弟称谢了，将就把几件破衣裳包扎埋了，才算了却一桩大事。

元璋饿了几日，到处找活计作。谁知大户人家都已逃荒逃瘟去了，到处碰壁，懒洋洋地不愿回家，一径到村外给他父母上坟。他蹲在父母坟边，又伤心又着急，沉思日后的出路。

他长得躯干魁伟，黑黑的脸，下巴比嘴唇长出一寸多，高高的颧骨，却又大鼻子，大耳朵；就整个脸盘看，恰像一个横摆的山字，脑盖上一块奇骨隆起，像一个小山丘。粗眉毛，大眼睛，样子虽看着叫人不喜欢，却怪得匀称，怪得威严而沉着。

他今年十七岁了，六七年前才移住到这村子——濠州钟离太平乡。他父亲老实本分，辛苦了一辈子，才挣得三两亩薄田，两间破房子，好容易盼得儿女都长大了，老大老二都娶了媳妇，老三兴祖出赘给刘家，老大生了两个孩子，老二也生了一个男孩，大女儿嫁给王七一，小女儿嫁给盱眙李贞，只剩下小儿子没成家。要是时和世顺，一家子勤勤恳恳，佃几十亩田，男耕女织，靠着人力多，省吃俭用，倒也过得日子。偏又时运不济，二三两房媳妇都先后病死，大孙子和二房的孩子也夭折了，王家满门死绝，嫁给李家的小女儿也死了，李贞带着他的儿子保儿逃荒，不知去向。这时又是一家三口同时疫死，偌大一个人家，只剩下大嫂王氏和二侄文正、二哥和元璋自己了。本来粮食就不够半年，平时一家子都靠力气血汗换饭吃，今年又旱又蝗，这一闹眼看得打饥荒。估计大嫂还有娘家，借得三斗两斗的，加上侄儿拣的树皮草根，还可以对付三两个月；二哥呢，这几天脸色也不大对劲。自己食量又大，粗重活计虽干得，却苦于这荒年，连大户人家也都逃荒去了，空有力气没处卖。小时候虽曾跟蒙馆老师上过几个月学，认得几个字，又苦不甚通解，做不得文墨勾当。父亲在本地落籍，本是图着这地方地多人手少，只要不躲懒，靠天吃饭，总活得了。没想到却受了一辈子田主的气，三节送礼，陪着笑脸，还是掂斤播两地嫌麦子太潮，不够秤。那一些管事的更是刁难刻薄，饶是肥鸡大肉请他们，还拍桌拍凳，脸上剥不出一丝笑容。这年头能少交一点租就算恩德了，还敢向他们开口借口粮！本家呢，伯叔父这一房在泗州盱眙县，是祖父手上起的家，伯父底下有四房，听说近年也衰落了，几个哥哥侄儿都先后去世，只剩一个四嫂在守寡，看光景也投奔不得。

再往上，祖籍是句容，朱家巷还有许多族人，祖父在元朝初年是淘金户，本地不出金，官府却按年按额定的数目要，只好到旁县买金子缴纳，后来实在赔纳不起，没奈何，只好合家迁居到泗州盱眙县。那边几代没来往，情况不明。再老的老家原是沛县，如今隔了几百年，越发不用说了。

　　舅家呢，外祖陈公那一嘴的大白胡子，惯常仰着头，那叩齿念咒的神气还依稀记得。外祖死的那年已经九十九岁了，差一年便算人瑞，可以报官领赏银，据说还有花红，县太爷还要和他作揖呢！母亲曾翻来覆去地说外祖的故事，这话已有五六十年了：那时外祖在宋朝大将张世杰部下当亲兵，鞑子兵进来，宋朝的地方全被占了，张世杰忠心耿耿，和陆丞相保着小皇帝逃到崖山。那年是己卯年（1279），二月间张世杰集合了一千多条大船，和鞑子兵决战，不料崖山海口失守，樵汲路绝，无柴无水，大家只好吃干粮，喝海水，全军人都呕泻病困。鞑子兵乘机进攻，宋兵船大，又都连在一起，不便转动，三军望绝死战，一霎时中军也被冲破了。陆丞相眼见事急，义不辱国，仗剑叫妻子儿女都投海殉了国，自己也背着六岁的小皇帝跳下了海！张世杰带了十几条船，冲出重围，打算重立宋后，恢复国土，忠义之气，实在可佩。不幸船刚到平章山洋面上，一阵飓风，把十几条船都吹翻，张世杰也淹死了，宋朝也就真个亡了国！外祖也掉在海里，侥幸被人救起。回家后不愿替敌人当兵，迁居到盱眙津里镇。他原来会巫术，就靠着当巫师过日子。到晚年他常含着泪说这故事，惹得听的人也听一遍哭一遍。外祖只生了两个女儿，大的嫁给季家，小的就是母亲。外祖过继了季家的大表兄做孙子，外祖死后，这几年也没有和季家来往，料想这年头情形也不见得比自己强。元璋想来想去，竟是无处投奔，左右无路可走。就越想越闷，无精打采地走回家来，蒙头便睡。

　　吃了一些日子树皮草根，半饥半饱，百无聊赖，常时在一起的几个朋友周德兴、汤和年纪都比元璋大，有力气，有见识，又都出外谋生去了，无人可商量。从四月到九月，半个年头，还计较不出一条活路。

　　一天，他猛然想起，小时候因为多病，父亲和皇觉寺高彬法师认得，曾把自己舍给寺里做徒弟，还上了一笔捐，起过法名，后来病好了，也就不提此事。如今何不竟到寺里出家？一来可以算还了父亲许的愿，二来总有碗淡饭吃。愈想愈有理，这晚上竟睡得很熟。

　　九月里的一天，朱元璋做了皇觉寺里的小和尚，光葫芦头，披了一件破衲衣，居然算是佛门弟子了。他早晚听得钟声、鼓声、木鱼声，想想自己，想想家，心中无限感慨。

第二节　游方和明教

皇觉寺规模不大，十几间殿阁禅房，八九个僧人，平时靠着有限的一点常住田租米和施主的乐助，使他们还能吃一碗安逸饭。可是，在这大荒年，连和尚也闹饥荒了，租米收不到，施主大半逃荒走了。朱元璋的出家，一来是先前有过话，二来邻居汪妪——寺的施主——替他送一点人事，又百般说情，才勉强被接受。

粗茶淡饭，有一顿，没一顿；暮鼓晨钟，有一天，没一天。寺里的存粮吃完了，和尚们只好各奔前程，各自出外游方挂单。不上一个月工夫，全走光了，寺里只剩下几十尊不必吃饭的泥菩萨和一个新来的朱元璋。没奈何，虽然念不得经典，做不得佛事，也只好学师父师叔们的榜样，硬着头皮，出外行脚，混饱肚子再说。听说往西汝、颖一带，收成较好，就南下到合肥，又转西到固始、光州、息州、罗山、信阳，北转到汝州、陈州，东返由鹿邑、亳州到颖州，前后三年，沿途托钵，受尽了人生的辛苦，走遍了淮西一带的名都大邑。到至正八年（1348），听说家乡一带盗贼纵横，人心惶惶，不由得勾引起思乡之念，一笠一钵，还是回到皇觉寺。

淮西在朱元璋游方的几年中，后来西系红军的开山祖师彭莹玉正在这一带秘密传布教义，几年后这地方又成为东系红军的根据地。在这大元帝国的火药库里周游了三年，二十一岁的朱元璋，濡染了新的宗教、新的意识，嗅饱了火药气味，加入了秘密组织，回到皇觉寺后，不久便被发觉他是一个危险分子。

彭莹玉秘密传布的宗教，是多元的，并且含有外国来的成分。他们烧香诵偈，礼弥勒佛，主要的经典有《大小明王出世经》。莹玉生于浏阳，出家于袁州，布教于淮西，可以说是南派。另一个系统是北派，领袖是赵州栾城的韩家。韩家几代以来都以白莲会烧香结众，很得一般农民的信仰，潜势力很大，为官府所忌，谪徙广平永年县（今河北永年）。到韩山童接手当头目后，便倡言天下要大乱，弥勒佛降生，明王出世。这两派在起兵以后，因目标同，信仰同，就混而为一。他们都以红巾为号，时人称之为红军；因为烧香礼佛，又称为香军；所奉的偶像是弥勒佛，也被称为弥勒教；倡明王出世之说，又称明教。

明教的来源可以远溯到唐朝，原来叫摩尼教（Manichaeism），是波斯人摩尼（Mānī, 216—277）所创。系杂糅祆教、基督教、佛教而成。主要教义为明、暗二宗，以明克暗。明为善为理，暗为恶为欲。神为明使，亦称明尊。有净风、善母二光明使，及净气、妙风、妙明、妙火、妙水五明使。明战胜暗，最后归宿为光明极乐世界。这宗教在唐武后延载元年（694）传入我国，后又传入回鹘，为回鹘朝野所信奉。教规不奉像设，不事鬼神，斋食禁杀。教徒白衣白帽，日晚乃食。回鹘当时有大功于唐，因此明教在中国也受到政府的保护。迨九世纪中期，回鹘残破，为唐军大败，会昌（唐武宗年号）毁佛，明教也被禁黜，从此明教便成为秘密宗教。因为在政治上失去护法，又和我国国情不合，只好吸收佛、道二教和民间的原始信仰，成为一种新宗教。

五代时，明教徒在陈州造反被剿平，一支传入福建，到北宋时闽南成为明教最重要的教区，其经典且被编入《道藏》，安置于亳州明道宫。又由闽入浙，温州一地就有明教斋堂四十余处。其长老名行者，徒众则有侍者、听者、姑婆、斋姊等名号。到南宋初年，已遍播于淮南、两浙、江东西一带，他们严格地在密日（日曜日）持斋，神像为摩尼、夷数（耶稣），深目高鼻，乡下人看不惯，叫之为魔，以此这教在教外的人称作"吃菜事魔"。他们适应农村社会的需要，提倡素食、薄葬，节省消费，使贫苦的农民得以维持最低的生活。同党的有无相通，大家捐钱来帮助新参加的教友，提高他的生活水准。每逢初一、十五出四十九钱给教头烧香，这笔钱汇齐后交给教主做教里的经费。一家有事，同教的人都出力帮忙，充分地发挥互助合作的精神。农民入教的愈来愈多，明教的教区也愈来愈大，有野心的教首就常常利用这势力来和政府对抗。从北宋末年起，睦州、台州、信州、衢州、东阳、泾县都曾发生明教徒的叛变。

明教又和弥勒教、白莲会混合。弥勒教和白莲会都出于佛教的净土宗，前者为弥勒净土，后者为弥陀净土。弥勒佛是佛教里的著名人物，在佛灭度后，世界立入苦境，一切恶趣，次第显现。到弥勒佛出世时，立成极乐世界："广博严净，无诸荆棘，溪谷堆埠，平正润泽，金沙覆地。处处皆有清池茂林，名花瑞草，及众宝聚，更相辉映，甚可爱乐。人皆慈心，修行十善。以修善故，寿命长远，丰乐安稳。士女殷稠，城邑鳞次，鸡飞相及。所营农稼，一营七获，自然成熟，不须耘耨。"弥勒经典之翻译，盛于两晋，南北朝时佛教造像最多的是弥勒佛和阿弥陀佛，由之弥勒佛出世的信仰，逐渐普遍于民间。奉弥勒佛的信徒也白衣白冠，也烧香，也相信世界有明、暗两势力，大体上和明教极近似，结果这两教就混合成为一个。

白莲会所崇奉的是阿弥陀佛，主念佛修行，其最后之归宿为西方净土。起于五世纪初年，到十二世纪前期，又参合天台宗格言，忌葱乳，不杀，不饮酒，衍变而成白莲教。因为仪式和戒条都和明教、弥勒相近，所以创教后不久也和他们合流了。

明教和弥勒教都相信目前的现状不够好，都不满意现在，都相信在以后会有一个更好的或最好的世界来到。这理想世界之实现有一个标识，是"明王"或"弥勒佛"的出世，宗教的最后归宿是政治的革命。因之在现实政治最使人民失望时，"明王"或"弥勒"的出世便最为人民所迫切盼望，教徒的叛变在历史上便层出不穷，虽然都失败了，但在人民的心目中，却坚信总有一天会有真的"明王"或"弥勒"出世来解放、来满足他们。

远在朱元璋出生的前三年，元泰定二年（1325）六月，息州人赵丑厮、郭菩萨就倡言弥勒佛当有天下。十二年后，陈州人棒胡（闰儿）又以弥勒降生为号召，烧香聚众，反于汝宁府信阳州，破归德府、鹿邑，焚陈州（陈州正是四百多年前明教徒叛乱的根据地）。这年朱元璋已经十岁，懂人事了。次年周子旺反于袁州，周子旺是袁州慈化寺僧彭莹玉的徒弟，莹玉能为偈颂，劝人念弥勒佛号，遇夜燃火炬名香，念偈礼拜，徒众日多。约定用寅年寅月寅日寅时起兵，参加的人背心写上一个佛字，就刀兵不能伤。后至元四年（1338）戊寅是寅年，年月日时都凑齐，周子旺带了五千多人就开始动了手，这一支未经组织训练的乌合之众，虽有信仰，打仗却不中用，刚一点火就被地方兵扑灭了，彭莹玉侥幸逃脱，躲在淮西民家，秘密传教，预备再举。

朱元璋三年内所涉历的地方：息州、陈州、信阳和淮西整个区域，前三个是弥勒教徒举事失败的场所，后者则是酝酿起事的火药库。

第三节　逼上梁山

至正八年底，元璋回到皇觉寺以后，念经礼佛，锄地种菜，安下心本本分分过了两整年的温饱生活。

突然平地一声雷，至正十一年（1351）五月红军起事，东系起于颍州，推杜遵道为首，奉韩山童，陷朱皋（镇名，属今河南固始），据仓粟，从者数十万，陷汝宁、光、息、信阳。西系起于蕲、黄，宗彭莹玉和尚，推徐真逸（寿辉）为首，陷德安、沔阳、安陆、武昌、江陵、江西诸郡。起于湘、汉的，推布王三、孟海马为首：布王三号北琐红军，奄有唐、邓、南阳、嵩、汝、河南府；孟海马号南琐红军，奄有均、房、襄阳、荆门、归峡。起于丰、沛的推芝麻李为首，亦奄有徐州近县及宿州、五河、虹县、丰、沛、灵璧，南并安丰、濠、泗。前后不过几个月工夫，东西两系红军，东起徐、泗，西迄均、房，像腰斩似的把大元帝国切作两段，从此南北阻绝。

大元帝国的崩溃，有远因也有近因。

远因是赵宋三百二十年的统治，德泽在民。后期的几个君主，虽然孱弱，却也说不到荒淫无道。一旦被左衽旃裘的外族征服，生活习惯和思想都不同的新的统治者，很使人民发生反感。蒙古人的屠杀、掳掠、野蛮、残虐的行为，尤其种下了民族间的深仇大恨。在这外族统治之下的社会组织是畸形的，不健全的。在文化方面，蒙古族比汉族落后；在人口方面，蒙古族比汉族少得多，他们只凭武力的优越来控制一切。皇室、贵族、僧侣、官吏、商人、地主所组成的统治阶级，和用以维持政权的巨额军队，一切的费用都由汉人（包括金的国民和高丽、契丹、女真）、南人（宋的百姓）负担。汉人、南人的生命财产由统治者任意处分，在政治上享受差别待遇，中央和地方各机关的长官必须是蒙古人或色目人（蒙古人先征服的钦察回回、康里、波斯等族的统称），汉人、南人只能担任不重要的职务。汉人、南人一部分被强迫做奴隶，世世子孙都为政府及其主人服役。统治阶级同时也是大地主，拥有全国最大部分最好的土地，汉、南人除一小部分例外，都被迫失去土地，降为贫农和佃户。国内最大的商业经营都被操纵在回回人的手中，他们更替蒙古贵族经营惊人的高利贷，以榨取汉、南人的血汗。蒙古政府又下令没收汉、南人的军器马匹，不许集党结会，各地遍驻戍军，武装弹压，用以防止汉、南人的叛乱。可是，正因为对于汉、南人钳制得过分精密，越发激起被压迫者的同仇敌忾，统治者也因之松懈了警备征服地的情绪，耽溺于奢汰生活的享受，放恣任性的政治行为替自己掘下待葬的坟墓。从可歌可泣的崖山之役，张世杰、陆秀夫壮烈殉国后，起兵复国、屡起屡踬、百折不回的文丞相（天祥），终于在至元十九年（1282）十二月就刑燕京，成仁取义。这两件事充分发挥中华民族的正气，感动全民族和后代子孙，使他们自觉地要"驱走鞑虏，恢复中华！"才对得起先烈，对得起民族。至元二十年，建宁路总管黄华起义，用宋祥兴年号。二十三年，西川赵和尚称宋福王子，在广州起事。后至元三年（1337），合州大足县民韩法师自称南朝赵王反，都以恢复赵宋为名。此外如至元二十年广州的罗平国，二十年的漳、邕、宾、梧、韶、衡诸州农民之乱，二十三年婺州永康县民陈巽四之乱，二十五年广东、浙江之乱，二十七年的江西之乱，成宗元贞二年（1296）的赣州之乱，以迄后至元三年（1337）广州的大金国之乱，至正八年辽东锁火奴自称大金子孙之乱。前仆后继，起因虽不尽同，目标却是一致的。至正十一年的红军大举，正是这一连串反抗运动的延续。

近因是元代后期的腐化，引起自身的崩溃。元世祖以后，诸帝都由大臣拥立，政变内乱，相继不已。西北诸小国，都各自独立，离开母国，引起帝国的分裂和统治权的动摇。世祖穷兵黩武，扬威海外，任用兴利之臣，专以掊克敛财为事，造成一种贪污刻薄的吏治风气。诸王和僧侣的浪费，使国家无法负担，只好预卖盐引，动支钞本，破坏了健全的财政制度。再加上宫廷的浪费和军费的支出，专靠发钞维持，发钞愈多，钞价愈跌，物价愈高，到末年用车用船接连地运钞，钞价已同废纸，不值一钱，造成国家财政和国民经济的总崩溃。政治上则从武宗以来，爵赏太滥，优伶、屠沽、僧道，有做到左丞、平章、参政等大官，国公、司徒、丞相，多到不可胜数。贵族擅政，诸王家室都有生死人、进退人之权。刑禁太疏，豪民犯法多贿赂僧侣，假借为君主祈福获免。又时常大赦，奖励官吏人民犯罪。末年卖官鬻爵，贿赂公行，蒙古、色目的官吏，罔然不知廉耻为何物，问人讨钱，各有名目：所属始参有"拜见钱"，无事白要有"撒花钱"，逢节有"追节钱"，生辰有"生日钱"，管事而索有"常例钱"，送迎有"人情钱"，勾追有"赍发钱"，论诉有"公事钱"。觅得钱多说是"得手"，除得州美说是"好地"，补得职近说是"好窠"。甚至台宪官都先讲说价钱，钱多的得缺，肃政廉访司官所到州县，各带库子，检钞秤银，争多论少，和做买卖一般。大官吃小官，小官吃百姓，民间有诗嘲官道："解贼一金并一鼓，迎官两鼓一声锣。金鼓看来都一样，官人与贼不争多。"军队呢，自从平宋之后，太平日久，民不知兵，将家之子累世承袭，骄奢淫佚，徒知自奉，至于武阵，从不讲究，但以飞觞为飞炮，酒令为军令，肉阵为军阵，笙歌为凯歌，兵士也养尊处优，毫无作战的意志和能力，元初纵横欧亚、叱咤风云的蒙古、色目健儿，到这时已经完全不能用了。这样一个千疮百孔、到处霉烂的架子，自然经不起红军雷霆万钧的一击。

红军爆发的导火线是元政府对南人加重压迫和歧视。

元顺帝由广西入京时，河南行省平章伯颜，提所有蒙古、汉军扈从入京。即位后，以伯颜为丞相。伯颜恃宠擅权，家畜西番师婆名界界，每问来岁吉凶，又问自己身后事当如何，界界说当死于南人之手，伯颜因此深恨南人。后至元三年（1337）正月，广州朱光卿反，称大金国，二月棒胡反于汝宁信阳州。伯颜假借题目，四月间下诏禁汉人、南人、高丽人不得执持军器，凡有马的都拘收入官。又禁汉人、南人不得学习蒙古、色目文字。五月间又诏：汝宁棒胡、广东朱光卿、聂秀卿等都是汉人，汉人有在省台院和翰林集贤做官的，应该讲究诛捕造反汉人的法子，呈报政府。甚至奏请杀张、王、刘、李、赵五姓汉人，因为这五姓都是大族，人数最多。汉人杀了大半，自然不会造反。五年四月又申汉人、南人、高丽人不得执军器之禁。又诏蒙古、色目人殴打汉人、南人，汉人、南人只许挨打，不得回手。伯颜贬死后，他的兄弟马札儿台做丞相，又禁民间藏军器。马札儿台辞位，他的儿子脱脱继为丞相。红军起事后，报告到政府，中书省吏把报告案卷加标题"谋反事"，脱脱看了，改题作"河南汉人谋反事"。把河南全部汉人都看作叛徒了。伯颜、脱脱这一家人接连做首相，他们的意见也就代表政府和贵族的意见，这一连串的事实，使汉人、南人不由得不感觉恐慌，直接地唤起他们的民族意识。

点上爆发火药库的导火线的是丞相脱脱，时黄河决白茅口，归德知府观音奴献计疏塞黄河，以为地利。脱脱听了他的话，命工部尚书成遵去察看。成遵回来报告说，河工太大开不得，而且南阳、安丰盗贼成群，无端集合了几十万佚子，万一被人煽动，便成大患。脱脱不听，另用贾鲁为工部尚书兼河防使，四月二十二日，发汴梁、大名十三路民十五万，庐州等戍十八翼军二万，从黄陵冈南达白茅，放于黄固、哈只等口，又从黄陵冈西至阳青村，合于故道，凡二百八十里有奇。韩山童得了这消息，便生了主意，叫人四处散播童谣说："石人一只眼，挑动黄河天下反。"暗地里凿了一个石人，面门上只有一只眼睛，偷偷把它埋在黄陵冈当路处。又分拨几百个党徒羼入伕子里面做工，倡言天下当大乱，弥勒佛降生，一人传十，十人传百，河南、江、淮一带的老百姓全信了。山童和他的亲信刘福通、杜遵道、罗文素、盛文郁、王显忠、韩咬儿计较，要让士大夫们也来入伙，至少也要做到使他们同情，刘福通说有办法，鞑子不得人心，我们上一代都是宋朝的百姓，只要提出复宋的招牌，读书人没有不赞成的。贾鲁开河开到黄陵冈，果然在当路处挖出一眼的石人，几万伕子骇得目瞪口呆，韩山童的人便从中鼓动，说是天下合当大乱了，大家都入伙去，待在这里干甚！一时人心骚动，三个一堆，五个一群，窃窃私语，只等举事的日子一到，便一齐作反。

刘福通聚合三千人在白鹿庄，斩了白马乌牛，祭告天地，说韩山童是宋徽宗八世孙，当为中国主。福通是宋朝大将刘光世的后人，该帮旧主起事，恢复天下。大家齐心奉山童为"明王"，克期起兵，四处派人通知日期，同时发动，这面正在准备旗帜枪刀，以红巾为号，兴高采烈的时候，不料消息走露了，永年县官带领马快兵役前来剿捕，团团围住白鹿庄，韩山童脱身不及，被擒去杀了，妻杨氏带着儿子林儿趁着慌乱，逃出重围，躲入武安山中（在永年县境内），隐姓埋名，等候外边的消息。刘福通见情势不妙，等不到预定的日期，提前起事，先占了颍州，攻破罗山、正阳、确山，分兵进攻舞阳、叶县等处，河伕一得消息，立刻呐一声喊，杀了监工的官长，头上裹着红巾，归附过来，不上一个月，红军的队伍已有五六万人，两淮、江东西的穷苦百姓，赶着参加，真是"从乱如归"，声势一日比一日浩大，接着又攻陷汝宁、光、息，人数增加到十几万。各地红军闻风响应，徐寿辉起蕲、黄，布王三、孟海马等起湘、汉，芝麻李、彭大、赵均用起丰、沛，各别攻城陷邑，开仓库，赈穷民，严秉教规，不杀不淫，越发博得人民的爱戴。

朱元璋在寺里接连不断地得到外边的消息：前些日子红军占襄阳，元兵死了多少；某日红军又占南康，元兵不战而逃。红军的檄文指斥元室的罪状，最精彩的几句是："蕴玉玺于海东，取精兵于日本；贫极江南，富夸塞北"。蒙古人饱得胀死，汉人、南人却饿得要死，什么好东西，财帛粮食都成船成车给运到北边去，做活卖力的是一种人，享用的又是一种人。又听说徐寿辉已在蕲水建了都，国号天完，年号治平，拜邹普胜为太师，竟大做起来了。元兵到处打败仗，好容易调了六千的绿睛回回阿速军和汉军来打颍州，才打照面，看见红军阵势大，主将就扬鞭连说："阿卜！阿卜！"（"阿卜"是逃走的意思），一时所部都退，红军传为笑谈。朝廷派御史大夫也先帖木儿统三十万大军收复汝宁，才到城下，尚未交锋，便跃马先遁。地方官急得挽住马不让逃，就拔刀要斫，说："我的不是性命！"飞马先逃，全军大溃。蒙古、色目、汉军都不能打，真正和红军打的却是各地官吏地主募集的义兵和民兵，这一些人有的怕红军不放过，有的要守住家屋，为着自己的身家才肯拼命。到十二年二月底，又听说濠州也给红军占了，头目是郭子兴、孙德崖、张天祐等五人。

郭子兴是定远县有名的豪杰，原是曹州人，他父亲到定远卖卦相命，很有名气，积了一点钱，有一家大财主的闺女，长得体面，却是瞎子，再也嫁不出去。他父亲娶了，得了一份大财，生下三个儿子，子兴是老二。子兴一来家产富足，二来素性慷慨，平日交结宾客，接纳壮士，焚香密会，预备做一番大事业。红军起事后，各地闻风响应。钟离、定远的农民抛去锄头，拿起兵器，一哄就聚成几万人的一股大势力，地方官吏平时只知贪赃枉法，到这时便一筹莫展，张一只眼闭一只眼只装不知道。二月二十七日，郭子兴集合了几千人，趁黑夜先后偷入濠州，半夜里一声号炮，闯入州衙，杀了州官，遥秉东系红军的约束，五人都称濠州节制元帅。元将彻里不花带了一支军队，远远地隔濠州几十里扎住营，却怕红军厉害，不敢攻城，成天派兵到各村庄骚扰，把老百姓捉去，头上给包上红巾，算是战阵上俘获来的，向上官报赏。濠州红军见官军不来惹事，乐得安闲，关起城门享福，两下里"互不侵犯"。只是苦透了一般老百姓，官军把他当红军，红军又把他当官军的奸细，左右做人难，又得供应粮秣，红军要了，官军又要，闹得人人自危。有钱有地的人怕事，都投到官军这边；无钱无地的人不消说，包上一块红巾。投奔濠州，干反叛的勾当去了。

朱元璋正在思量出路，投官军呢？官军的纪律他知道得太多，去了是自投死路，况且蒙古人的淫暴刻毒，谁都痛恨，外祖父说的崖山的故事，尚清楚地留在记忆中，堂堂男子岂可为外族为敌人效命，残杀自己的兄弟父老！投红军呢？听说濠州的五个元帅，各不相下，群龙无首，怕也不能成事。留在寺里呢？迟早被官军捉去当红军，也免不了一死。想了又想，三条路都走得，却都有难处。

一天有人给他带来一个信，原来是个熟人从濠州带来的，大意是劝他到红军队伍里来。得信后越发满怀心事，在大殿上踱来踱去，反复计较了，猛然想起，把信烧了。过了十天，同房的师兄偷偷地告诉他，前日那信有人知道了，要向官军告发，你还是赶快投奔濠州去吧。元璋急得无法，只好出外找一个朋友，和他仔细商量，这朋友劝他向菩萨讨一个卦，元璋心里还是忐忑不定，慢慢踱回寺里，刚到寺的左近，嗅到一股烟焰的气味，到了寺门，只见颓垣败壁，大殿剩了后半进，僧房斋堂全烧完了，烧下的石头木料兀自冒着白烟。僧众星散，不知去向。原来官军以为僧寺奉有弥勒佛，红军中有很多和尚，僧寺难免和红军有勾结，便把附近的寺都烧了，皇觉寺自然不能例外。元璋呆了一阵，走到伽蓝神前，默默祝祷，拿起圣筊，祝逃亡外方给阳筊，守住破寺，给一阴一阳，一掷全是阴的。再祝逃到官军给阳筊，一掷又是阴的。剩下只好投红军了，又祝投红军给阴的，一掷果然是阴的。二十年后他自撰《皇陵碑》描写这时候的心情道：

> 住（皇觉寺）方三载，而又雄者跳梁。初起汝、颍，次及凤阳（濠州）之南厢。未几陷城，深高城隍。拒守不去，号令彰彰。友人寄书，云及趋降。既忧且惧，无可筹详。旁有觉者，将欲声扬。当此之际，逼迫而无已，试与知者相商。乃告之曰：“果束手以待毙，亦奋臂而相戕！”知者为我画计，且默祷以阴相，如其言往卜去守之何祥？神乃阴阴乎有警，其气郁郁乎洋洋。卜逃卜守则不吉，将就凶而不妨。

第二天，他离开皇觉寺，投奔红军去了。

第二章 从士兵到统帅

第一节 红军的小兵

　　至正十二年（1352）闰三月初一日，元璋到了濠州城下。这时元军仍在濠州附近，虽然按兵不动，红军还是不敢大意，城上布满警戒的部队，巡逻哨探的更是川流不绝。城门的守兵看见一个丑和尚，衣衫蓝缕，头上却包着红巾，大模大样走入门内，毫不畏怯。盘问他来踪去路，却只说来求见郭元帅，更无别话，不由得起了疑心，以为是元兵派来的奸细，三言两语，起了冲突，把元璋绑了，派人报告郭元帅，请令旗行刑。子兴听了报告，觉得诧异，心想若是奸细，不该如此从容，头上包有红巾，求见自己，许是来投顺的好汉，不要枉杀了好人。要知道一个究竟，就骑了一匹快马，赶到城门，远远看见四五十个兵围着，人头攒动，指手划脚在呵斥，连忙喝退众兵，只见一个躯干修伟的和尚，五花大绑，捆在拴马桩上，相貌虽丑，却有一股威严的神气，被绑着候令斩决，却毫无畏惧恐慌的模样。心里已有点纳罕，下马上前问了底细，知道果然是来投奔的，子兴大喜，立命解缚，收为步卒。

　　元璋入了伍，参见了队长，逐日跟着队伍上操习技，因为体格好，记性又强，不上半个月，已是队里顶尖顶上的角色，几次跟着队伍出城哨探，他态度安详，计谋又多，同队的都听他的调度，每次出去，总是得了功，却不损伤一人一卒，慢慢的连队长也遇事和他商量了。不知不觉过了两个多月，一天，郭子兴带了亲兵出来巡察，经过元璋的营房，全队都排成一横列向主帅行礼。元璋个子高大，恰好排在队首。子兴见了记起前事，唤队长来问这新投效的心地和才干如何，队长极口称赞，子兴听了，就吩咐将元璋升为亲兵十夫长，立刻调回帅府。

元璋遇事小心勤谨，却又敢作敢为，几次奉命出征，临阵勇往无前，战胜攻取，所得财帛扫数献与子兴；得有赏赐，又推功分给同伴。说话不多，句句都有斤两。几个月后，不但军中誉声四起，子兴也视同心腹，言听计从了。子兴次妻张夫人抚养马公季女，已经成年，子兴爱重元璋，要他出死力，和张夫人商量，招赘元璋，张夫人也听说元璋才资出众，满口赞成，就择日给两口成婚。从此军中就改称元璋为朱公子。

和子兴同时起事的孙德崖等四元帅，势均位等，谁也不肯服谁，各自发施号令，没有个通盘的调度，占了濠州半年，各人只是带领部下，向四乡剽掠，兵力不能出濠州一步。子兴素有大志，看不惯这样行径，几次拿话劝导，说得不投机，竟闹翻了。子兴气极，索性闲住在家里，一切军民大政都不闻不问。元璋看出形势不妙，借一个方便，劝告子兴应该照常视事，不可灰心，假如老躲在家里，他们四个联合起来，对付你一个，这个亏是吃定了。子兴听了，只是摇头叹气而已。元璋见劝不动，只好背地里向孙德崖四人解释，用意联络弥缝，免得伤了和气。

九月间，元丞相脱脱统兵征徐州，招募场下盐丁和城市健儿三万人，黄衣黄帽号为黄军，一口气把徐州攻下，芝麻李落荒逃走，被元兵所杀，同党彭大、赵均用率领残兵投奔濠州。徐、濠都是红军，两下里原是一家，彭、赵起事早，兵多，占的地方也大，到了濠州以后，竟反客为主，郭子兴、孙德崖倒要听客人的调度了。彭大聪明有板眼，和郭子兴相处得很好，赵均用则和孙德崖拉拢。两派明争暗斗，心里都不服气，孙德崖又把话来挑拨赵均用，说郭子兴眼皮浅，只认得彭将军，百般趋奉；对将军却白眼相待，瞧不起人。均用大怒，带领亲兵径来火并。子兴冷不防，被均用的亲兵一索子捆了，带到孙德崖家，锁闭在一间空房子里。这天元璋恰好出差在外，得信奔回，阖家大小忙乱着，要派兵去抢救，元璋连忙止住，叫出子兴二子天叙、天爵，一径去找彭大，彭大听了，勃然大怒说："他们太胡闹了，有我在，谁敢害你元帅！"即刻派兵去孙家，元璋也全身盔甲，把空房子打开，救出子兴，破开镣械，背回家里。赵均用知道彭大出头，怕伤了和气，也就隐忍着算了。

元丞相脱脱趁连下徐州、汝宁之势，分兵派贾鲁进围濠州。大敌当头，红军的几个头脑慌了，才释去旧憾，齐心一志地坚守城池。元璋深得军心，朝夕上城帮同守御，从这年冬天一直到第二年春天，整整被围了五个月，幸得城里粮食丰足，未生他变。一天，元将贾鲁病死，军无斗志，只好解围他去。围虽解了，红军却也折伤不少人马，吃亏不少。

彭大、赵均用兴高采烈，彭大自称鲁淮王，均用自称永义王，子兴和孙德崖等仍然是元帅。

第二节　带兵官

濠州经过五个月的围攻，不但是粮秣感着缺乏，兵力也衰减得多。元璋细察二王和诸帅，胸襟太窄，眼光太短，都非成事之器。他得了郭子兴的允许，回到钟离，竖起大旗招兵，旬日间得了七百人，乡人徐达、汤和等听说朱元璋已做了红军头目，都来投效。子兴大喜。至正十三年六月，元璋被署为镇抚，从此一跃为一个带兵官了。

彭、赵二王恣睢自用，遇下苛虐，子兴又兵力衰弱，不能有大作为。元璋把新兵交代以后，禀准了主将，率领徐达、汤和、吴良、吴祯、花云、陈德、顾时、费聚、耿再成、耿炳文、唐胜宗、陆仲亨、华云龙、郑遇春、郭兴、郭英、胡海、张龙、陈桓、谢成、李新、张赫、周铨、周德兴等二十四壮士南取定远，用计降了张家堡驴牌寨的民兵，得兵三千。又招降秦把头，得八百余人。夜袭元将张知院于横涧山，收其卒二万，军声大振。

元璋得到大量生力军，立刻重新部署，加紧训练。他最看重纪律，在检阅新军时，他恳切地训诫将士说："你们原来是一个很大的部队，可是我很轻易地就把你们归并过来。原因是你们的将官没有纪律，士卒缺乏训练。现在我们要矫正这两个缺点，加紧训练，严明纪律，共立事功。"三军听了，无不踊跃思奋，等候机会，一显身手。

定远人冯国用、冯国胜（后改名胜）兄弟因乱团结义兵，立砦保卫乡里，听说元璋军队的纪律好，率众归附。元璋端详这两兄弟，装束很像读书人，举止谈吐都和众人不同，就问以定天下大计。国用以为建康龙蟠虎踞，帝王之都，先据建康，以为根本，然后命将出师，扫除群寇，救生灵于水火，勿贪子女玉帛，倡仁义以收人心，统一天下不是难事。元璋大喜，留两兄弟在幕府赞兵政，预机密。把两家军队合并编制，南下攻滁州。

在进军滁州的道中，定远人李善长到军门谒见。李善长读书有智谋，学的是法家的学问，善于料事。和元璋谈得极为投机，元璋问他天下何时可定？善长劝他取法汉高祖，以为汉高祖起于布衣，豁达大度，知人善任，不嗜杀人，五年工夫，便成帝业。元朝政治混乱，天下土崩瓦解。濠州和沛相去不远，如能取法这位同乡，天下也不足定。元璋连声叫好，留做掌书记，并且告诫他说："方今群雄并争，参谋人才是很要紧的。我看群雄中，管书记和做参谋的，多毁左右将士，将士不得展其能，以至于败，羽翼既去，头脑也站不住了，自然都被消灭。你要调和诸将，不要学他们的榜样。"从此元璋心目中时时有一个汉高祖在，事事要学他。善长也悉心调护诸将，量才进用，曲布诚款，使他们都能安心。

元璋率大军南下，各地豪杰闻风响应。前锋花云单骑冲破敌阵，一鼓而下滁州。元璋亲侄文正、姊夫李贞带了他的儿子保儿（后改名文忠）得到消息，奔来投靠；定远人沐英父母都亡，孤苦可怜，元璋把三个孩子都收为义子。收养义子是当时流行的风气，带兵的将领要培养心腹干部人才，喜欢把俊秀勇猛的青年收养，不但临阵时得其死力，在紧要关头，还仗他们以监视诸将。沐英在军中称为周舍，又呼沐舍。元璋义子中除文正、文忠、沐英而外，著名的有柴舍（即朱文刚，后死处州之难）、朱文逊（后死太平之役）、道舍（即何文辉）、马儿（即徐司马）、保儿（即平安）等，凡二十余人。

元璋驻师滁州，时赵均用、彭早住（彭大子，彭大先为均用所排挤而死，早住代领其众，仍称鲁淮王）挟郭子兴攻盱眙、泗州。均用深恨子兴，要借题目杀他。又派人来请元璋往守盱眙，元璋推辞了，暗中却派说客去说均用道："当大王穷困时，由徐奔濠，郭帅开门延纳，恩德至厚，大王不但不思报德，反听小人挑拨，要自剪羽翼，失豪杰心，怕不合道理。而且郭帅还容易对付，他部下在滁州的兵势很重，投鼠忌器，大王也得见到这一点。"均用听了，对子兴才放松一点。元璋又派人去贿赂他的左右，替子兴说好话，子兴才得带领自己部下一万多人到滁州，元璋把兵权交出，仍听他的约束。

十四年冬十月，元丞相脱脱总兵大败张士诚于高邮，分兵围六合。

张士诚小字九四，泰州白驹场亭人。有弟士德、士信，并以操舟、贩盐为业。轻财好施，颇得众心。常时卖盐给富家，受够了富人的欺侮，专捉私盐的弓手丘义，尤其作践得他们很苦。士诚气忿不过，趁着天下大乱，带着兄弟和李伯升、潘原明、吕珍等十八个壮士，杀了丘义和诸富人，一把火把他们房子烧了，招兵买马，攻下泰州，据高邮，自称诚王，国号大周，建元天祐，这是至正十三年正月间的事。

元兵围六合，六合主帅到郭子兴处求救。六合和滁州有唇齿之势，六合破，滁州也不能幸存，元璋在子兴前面说明这个道理，可是元兵势盛，诸将无人敢去，元璋慷慨请行，奋力血战，把六合的老弱妇孺撤退到滁州。元兵不久大举攻滁州，元璋设伏大败元兵，得了好多马匹。却顾虑到孤城无援，元兵如再添兵来攻，势不可守。只好预备牛酒，派地方父老把马送还，说城中守卫是防他盗攻掠，本底子全是良民，不敢作反。现在愿意供给军需给养，请大军并力去灭高邮巨寇，不要残杀良民。元军吃了败仗，眼看一时也打不下，兼又得了好处，也就引兵他去，滁州算是保全了。

脱脱用全力攻高邮，城中支持不住，要投降又怕朝廷不肯赦罪。正在两难间，外城又被攻破了，内城指日可下。元兵正在踊跃图功，突然元廷颁下诏旨，解除脱脱兵权，安置淮安路，大军百万，一时四散，无所归附的都投入红军。脱脱受诏罢兵后，又诏使西行，鸩死于吐蕃境上。张士诚因之复振，红军也因之而扩充实力，下一年给元朝以一个致命的打击。

这变化简单说是政权的争夺。脱脱忠贞许国，元顺帝也以全权托付。平徐州后，脱脱威权日盛，顺帝也觉得天下无事，应该好好享乐，宣政院使哈麻阴进西天僧于帝，行房中运气之术，能使人身之气，或消或涨，或伸或缩，号"演揲儿法"。资政院使陇卜又进西番僧会秘密法的，竞相蛊惑，更使顺帝沉溺女色。复用十亲贵为倚纳，内中有母舅和皇弟，君臣共被，互易妻室，名曰"些郎兀该"（意为"事事无碍"）。哈麻忌脱脱碍眼，谮之令出外总兵。当脱脱全军苦战、正要成功时，哈麻又使人以劳师费财弹击脱脱，罢其兵权，置之死地。脱脱一死，自坏长城，元朝之亡，已只是时间问题了。

脱脱在政治上是他伯父伯颜的死敌，在对汉人、南人的意见上，却继承他伯父的衣钵。当红军初起时，凡议军事，每回避汉人、南人。有一次入内廷奏事，回顾中书韩伯高、韩大雅随后来，忙叫守门人喝住，不许入内。又上奏说，方今河南汉人反，宜榜示天下，令一概剿捕。诸蒙古、色目因迁谪在外的都召还京，免得给汉人荼毒。这榜文一出，不但河南，连河北的汉人也被迫加入红军，红军声势，因之愈盛。

脱脱死后，顺帝愈无忌惮。时天下嚣乱，京师大饥，加以疫疠，人民易子而食。他却于内苑造龙舟，委内官供奉少监塔思不花监工，自制其样。船首尾长一百二十尺，广二十尺，前瓦帘棚穿廊两暖阁，后五殿楼子龙身并殿宇，用五彩金妆，前有两爪，用水手二十四人，身衣紫衫，金荔枝带，四带头巾，于船两旁下各执篙一，从后宫到前宫山下海子内往来游戏。行时其龙首眼口爪尾皆动。内有机括，龙爪自拨水中。帝每登龙舟，用采女盛妆，两岸牵挽。又自制宫漏，约高六七尺，宽三四尺，造木为柜，阴藏诸壶其中，运水上下。柜上设西方三圣殿，柜腰立玉女捧时刻筹，时至辄浮水而上。左右列二金甲神，一悬钟，一悬钲，夜则神人自能按时而击，无分毫差。当钟、钲之鸣，狮凤在侧者皆翔舞。柜之西东有日月宫，飞仙六人立宫前，遇子午时飞仙自能耦进，度仙桥达三圣殿，已而复退立如前。其精巧绝出，人谓前代所鲜有。又尝为近幸臣建宅，自画屋样。又自削木构宫，高尺余，栋梁楹槛，宛转皆具，付匠者按其式为之。京师遂称鲁班天子。内侍利其金珠之饰，告帝曰此房屋比某人家殊陋劣，帝辄命易之，内侍由此刮金珠而去。造作不已，怠于政事，荒于游宴。以宫女三圣奴、妙乐奴、文殊奴等十六人按舞，名为十六天魔，首垂发数辫，戴象牙佛冠，身被璎珞，大红销金长短裙袄云肩合袖天衣，绶带鞋袜，唱金字经，舞雁儿舞，各执加巴剌盘之器。内一人执铃杵奏乐。又宫女十一人练槌髻勒帕常服，或用唐帽窄衫。所奏乐用龙笛、头管、小鼓、筝、箜、琵琶、笙、胡琴、响板、拍板，以宦者长安迭不花管领，遇宫中赞佛，则按舞奏乐，宫官受秘密戒者得入，余不得预。帝与倚纳等十人行大喜乐法，以夜作昼，宫廷中充满了穷奢极欲的景象。

滁州在战乱后，突然增加了四五万大兵，粮食不够吃，军心恐慌。元璋建议用计取和州，移兵就食，郭子兴答应了。虹县人胡大海长身铁面，智力过人，举家归附；元璋一见语合，用为前锋。十五年正月，克和州。子兴就用檄文派元璋总诸将兵守和州。时诸将破城，暴横多杀掠，城中人民夫妇不相保。元璋故意不把檄文宣露，约日和诸将相会。当时席位以右首为尊，诸将恃功骄横，不肯服低，先入都抢右首坐下，元璋后到，坐在左首。等到该处理军务的时候，元璋却剖决如流，事事合理，诸将才稍稍屈服。末了约定分工修城，各人认定地位丈尺，三日完工，到时诸将所认定的都未修好，唯有元璋这一段先期完工。元璋这才拿出檄文，坐在南面，对诸将说：“奉主帅令总诸公兵，修城大事，都不齐心；总兵责任大，如无约束，如何办事？自今以后，凡违令的都军法从事。”诸将惶恐谢罪，愿听约束。搜出军中妇女，都放还家。元璋从此又从带兵官的身份一跃而为统帅了。诸将多子兴旧部，地位和元璋一样，未尽心服，只有汤和奉令唯谨，李善长又从中尽心调护，方得无事。

元兵十万围攻和州，元璋以万人拒守两个多月，粮食快完，城外饷道，又被元太子秃坚、枢密副使绊住马、民兵元帅陈野先三支军队所阻。元璋率诸将出城，各个击破。元兵乘虚攻城，李善长督兵还击，两下夹攻，元兵都渡江逃走。

濠州旧帅孙德崖因濠州缺粮，率领部下到和州就食。子兴知道这消息，也从滁州赶到和州。德崖听说子兴来了，着了慌，即命全军出发他去，前军已经启行，德崖和后军在城中待发，元璋送前军出城，忽然城中来报，德崖和子兴两军起了冲突，德崖被擒，德崖军忿恨，也扣留元璋作抵。子兴听说元璋被执，如失左右手，连忙派徐达去交涉互换俘虏，德崖军放了元璋，子兴也放了德崖。

子兴深恨德崖，因元璋被留，勉强交换，悒悒不乐，三月，子兴病卒，归葬于滁。孙德崖听了子兴死讯，又卷土重来，要接收子兴的兵权，子兴的儿子天叙大惧，请元璋帮同负责军务，加上子兴妇弟张天祐，成为三头政治的局面。

第三节　统帅

元至正十五年（宋龙凤元年）二月，红军统帅刘福通派人在砀山访得了韩林儿，迎到亳州，立为皇帝，号小明王，建国曰宋，建元龙凤。拆鹿邑太清宫材，治宫阙于亳。小明王尊母杨氏为皇太后，以杜遵道、盛文郁为丞相，刘福通、罗文素平章政事，福通弟刘六知枢密院事。军旗上写着鲜明的联语道："虎贲三千，直抵幽燕之地；龙飞九五，重开大宋之天。"遵道得宠任事，福通不服气，暗地里派甲士挝杀遵道，自为丞相加太保，东系红军军政大权一归福通。

郭子兴原受亳都节制，子兴死后，小明王檄授子兴子天叙为都元帅，子兴部将张天祐为右副元帅，朱元璋为左副元帅，军中文移从此遵用龙凤年号。

虹县人邓愈年十六，从父兄起兵，父兄战死，愈代领其众，每战必挺身破敌，军中服其勇决。怀远人常遇春刚毅多智勇，膂力绝人，初从巨盗刘聚，聚抄掠无远志，遇春决心离开，愈归元璋为管军总管，遇春投元璋自请为先锋。

和州东南临大江，城小兵多，粮食大成问题。唯一可能的出路和发展，是渡江直取金陵。渡江必须舟楫，载运大军过江的舟楫不是三两日所能造就。元璋正在踌躇思虑，无法解决时，附近巢湖水军头目派人来要求归附。

庐州巢县人廖永安、永忠兄弟，俞廷玉、通海、通源、通渊父子，赵仲中、庸兄弟，合肥人张德胜、叶升，无为人张世杰，和州含山人华高等，各率众泊巢湖，连结水寨，以捍寇盗。红军左君弼据庐州，永安等战败，闻元璋兵盛，以水军千艘归附，元璋大喜，即亲往抚定其众。时元中丞蛮子海牙集楼船塞马肠河口，阻住出路。元璋率舟师出湖口，到和州铜城闸，忽大雨水涨，从小港径出，大败蛮子海牙军于裕溪口，水军入大江，从归和州，因定渡江之计。

六月初一日，元璋率众渡江，乘风直抵牛渚，遂据采石，缘江诸垒一齐归附。诸将争取资粮，打算运回和州，慢慢享用。元璋和徐达商量，第一仗打得不坏，不如乘胜直取太平，把所有的船缆都切断，放船在急流中，断士卒归路，使其必进。又命李善长预备好戒饬军士榜文。初二日克太平路，执万户纳哈出。揭榜文于街，有一小卒违令，立斩以徇，军中肃然。当地者儒李习、陶安等，率父老出迎，陶安见元璋师有纪律，实在难得，因进言："方今四方鼎沸，豪杰并争，攻城屠邑，互相雄长，这一般人都不过志在子女玉帛，根本没有拨乱安民、救天下的志气。元帅率众渡江，神武不杀，以此顺天应人而行吊伐，天下统一不成问题。"元璋问以取金陵如何？陶安以为金陵是古代帝王之都，形势险要，又有长江天险，如以金陵作根基，出兵讨伐四方，是绝妙的战略。两人说得非常投机，就留陶安在幕府参议机密。改太平路为太平府，以李习知府事。置太平兴国翼元帅府，元璋自领元帅，以李善长为帅府都事，汪广洋为帅府令史，潘庭坚为帅府教授。籍乡民为兵，以税户宋成等为千户统领，居民蓄积尽数运入城内，准备固守。

太平在占领以后即被元兵包围，水路方面由元将蛮子海牙、右丞阿鲁灰以巨舟截采石江，闭姑熟口，断绝红军归路及和州的交通，陆路由山寨民兵元帅陈埜先、水军元帅康茂才以兵数万攻城。元璋分兵两路：一支由汤和率领正面迎战，一支由徐达、邓愈潜师由间道绕到元兵后路，从背面夹攻。元兵腹背受敌大败，埜先被擒，蛮子海牙、阿鲁灰得到败讯，也不敢进攻，还军驻裕溪口。元璋释埜先缚，令作书招降其部队，第二天其众皆降。分命徐达等取溧水、溧阳、句容、芜湖等地。

九月，郭天叙、张天祐和陈埜先率兵进攻集庆（金陵）。埜先之降，非其本心，被逼写信招降部曲时，以为其众未必从命，不意全军归附，自悔失计，阴谋复兴元合。元璋察知其计，故意交还部队，让他和元集庆守将福寿勾通，攻城时，郭、张二帅攻东门，野先伪攻南门，城中坚守。二帅不知野先底细，以为一家。野先邀天叙喝酒，席间把他杀了，又诱擒天祐献于福寿，天祐亦被杀。回师追袭红军于溧阳，行经葛仙乡，地方民兵恨野先反复，使地方糜烂，设计把他杀死，从子兆先代领其众。郭、张二帅死后，子兴旧部都归元璋，元璋遂独领都元帅，半年来的三头局面到此结束。

元璋率大军渡江，马夫人率将士家属仍留和州。郭、张二帅被诱杀以后，陈兆先屯方山，蛮子海牙则屯采石，水陆犄角，威胁太平。元璋乘时整顿军队，加强实力。龙凤二年（至正十六年）二月亲率常遇春等大败蛮子海牙军于采石，纵火焚其连舰，蛮子海牙仅以身免，江路始通。三月率诸将进攻集庆，水陆并进，至江宁镇，攻破陈兆先营，降其众三万六千人，释兆先以为元帅，令从征讨。进败元兵于蒋山，直抵城下。城破，福寿战死，得了军民五十余万，元将康茂才降。元璋入城，剀切告诉军民父老官吏说："元朝政治混乱，战争四起，生民涂炭。我来是为民除乱，大家应该各安职业，不要疑心害怕。贤士吾礼用之，旧政有不便者吾急除之。做官吏的不要贪暴，使百姓吃苦。"简单的几句话，把城中人心定下来，恢复了秩序。改集庆路为应天府，置天兴建康翼统军大元帅府，以廖永安为统军元帅。以赵忠为兴国翼元帅，守太平。置上元、江宁二县。辟儒士夏煜、孙炎、杨宪等十余人，以次录用。亳都得到捷报后，升元璋为枢密院同金，以帅府都事李善长为经历。不久又升元璋为江南等处行中书省平章，故元帅郭天叙弟天爵为右丞，李善长为左右司郎中，以下诸将都升元帅。元璋这年才二十九岁，已经是独当一面的人物、统领十万大军的统帅了。

元璋据应天后，他的势力，以应天为北境，西起滁州划一直线到芜湖，东起句容，南到溧阳，一块不等边形，横摆着的斗形地带。西线是斗底，东线是斗口。四面的形势：东边元将定定扼守镇江；东南张士诚已据平江（苏州），破常州，转掠浙西；东北面青衣军张明鉴据扬州；南面是元将八思尔不花驻徽州，别不华、杨仲英屯宁国；西面池州已为徐寿辉所据；东南外围则元将石抹宜孙守处州，其弟厚孙守婺州，宋伯颜不花守衢州，真是四面受敌。幸亏这时元兵正用全力对付小明王，前一年十二月元将答失八都鲁大败刘福通于太康，进围亳州，小明王奔安丰（今安徽寿县）。察罕帖木儿和红军转战河南，都无暇南顾。红军势力暂时消沉，张士诚又猖獗于东南，徐寿辉鸱张于襄汉，元兵左支右绌，已苦无法应付。龙凤二年（至正十六年）红军复振，遣兵分出略地：李武、崔德陷商州，破武关，进图关中；毛贵陷胶、莱、益都、滨州，山东郡邑多下。三年刘福通率众攻汴梁，分军三道：关先生、破头潘、冯长舅、沙刘二、王士诚趋晋冀；白不信、大刀敖、李喜喜趋关中；毛贵出山东北犯。第一路军分二路：一出绛州，一出沁州，逾太行，破辽、潞，陷冀宁，攻保定，陷完州，掠大同、兴和塞外诸部，至陷上都，转掠辽阳，抵高丽，从西北折回到东北，绕了一个大圈子。第二路军陷兴元，入凤翔，南入四川。一部又陷宁夏，掠灵武诸边地。第三路军陷东平、济宁、东昌、益都、广平、顺德、济南，北陷蓟州，犯漷州，略柳林以逼大都。福通则陷大名、曹、濮、卫辉，出没河南北。四年五月，攻下汴梁，迎小明王以为都城。红军所至无不摧破，元州郡长吏闻红军来，往往不战而遁。五六年中，红军长驱深入，来回地兜圈子，元军用全力抵抗和进攻，无力顾到朱元璋，使得这个新进最后起的红军小头目，得以从容巩固地盘，扩充实力，得以各别消灭群雄，开辟疆土。而且在地理上，朱元璋和元朝大军中间恰好隔着，东边是张士诚，北面是小明王，西边是徐寿辉，这三个卫星使他无从受到元军的主力攻击，等到红军主力已被元朝消灭的时候，朱元璋已经广土众民，拥有最强大的实力，可以和元军一决雌雄了。

在这斗形地带所受到最大的威胁，东边镇江如为张士诚所据，则可以直捣应天，危及根本。南边的宁国如为徐寿辉所占，则后方又失去屏障。元璋在应天经营甫定，即遣徐达攻克镇江，分兵下金坛、丹阳等县。向东伸出一触角。到六月又派邓愈攻陷广德，堵住徐寿辉的来路。在出师时严申军令，毋焚掠，毋杀掳，犯令者处以军法。破镇江时，号令严肃，城中晏然，不知有兵。改镇江路为江淮府，置淮兴镇江翼元帅府，以徐达、汤和为统军元帅。置秦淮翼元帅府，以俞通海为元帅。改广德路为广兴府，置广兴翼行军元帅府，以邓愈、邵成为元帅。分遣诸将攻克长兴、常州，自将攻克宁国，得军士十余万，降其将朱亮祖。又克江阴、常熟、徽州、池州、扬州。在龙凤三年（至正十七年）这一年中，把四周敌人的军略据点悉数占领，成为向外发展的前哨阵地。从江阴到长兴划一条直线，构成堵住张士诚西犯的防线。宁国、徽州则是向浙东进展的门户。西线主守，东线主攻，北线和友军接境，形势已和一年前大不相同了。

元璋深知自己的知识太差，对于实际政治尤其隔膜。所以对于知识分子，特别看重，虚心听从他们的劝告，完成自己的教育。每克一地，必访求当地的贤才，罗致于自己幕府中，初起略地定远时得毛骐典文书机密，下滁州得范常，克太平用宋思颜。从渡江的幕府人才，有郭景祥、李梦庚、杨元杲、阮洪道、汪河、乐韶凤等。下集庆，王濂来归。克镇江，礼聘秦从龙、陈遇。下徽州，召朱升。从龙之来，元璋亲到龙江迎接，事无大小，都和他商量，呼为先生而不名。陈遇画策帷幄，宠礼之隆，诸臣莫比。两人都不受官职，自处于宾师之间，元璋也不敢强以名位。朱升告诉元璋三句话："高筑墙，广积粮，缓称王。"奠定了元璋后来的帝业。

从兴军以来，农村壮丁大部分被逼从军，农田荒芜，又不断被战争所蹂躏，粮食收成减少。各处军队的给养多由掠夺，名为寨粮，元璋的部队也不能例外。生产日少，消费日多，百姓被掠夺而饿死沟壑，军队还是吃不饱肚子。扬州的青军甚至演出吃人的惨剧。元璋听了朱升的劝告，龙凤四年（至正十八年）二月以康茂才为都水营田使，专负责修筑堤防，经营水利，恢复农田生产，供给军需。又分命诸将部兵屯田龙江等处，以生产的多少定其赏罚。几年内就成绩显著，仓库充实。军食既足，就明令禁止征收寨粮，民心归附，足食足兵，两件事都做到了。这年十一月，又立管领民兵万户府，把所定郡县，简拔民间武勇之材，编缉为户，由民兵万户府管领。农时则耕，闲时则加以军事训练，有事则征调入伍，事定后，有功的一体升擢，无功的仍还为民户。实行寓兵于农的制度，使作战力量和生产力量合而为一。

外围的威胁解除，内部的生产问题有了办法，元璋的眼光立刻转移到浙东西的谷仓。先命李文忠进取皖南青阳、石棣、太平、旌德诸县，巩固了后方的防务，再会合邓愈、胡大海两支军队，由徽州昱岭关，进攻建德路，一鼓攻克，改建德路为严州府，先头部队东达浦江，构成侧面包围婺州的形势。十二月元璋亲率军十万出徽州进攻婺州，大败元处州援兵于城下，婺州降，改为宁越府，置中书分省，于省门建二旒大黄旗，上面写着："山河奄有中华地，日月重开大宋天。"下揭二牌："九天日月开黄道，宋国江山复宝图。"辟儒士范祖幹、许元、叶瓒玉、胡翰、汪仲山等十三人分职讲经史。立郡学，延儒士叶仪、宋濂为五经师，戴良为学正，吴沈、徐原为训导。丧乱之余，学校久废，元璋在这个两百年来的理学中心，号为"小邹鲁"的地方，复兴儒学，不但表示他在政治上的远见，同时也是收拾人心——尤其是士大夫——的最好办法。由此也可看出这个划时代的巨人，红军的头目，这时已开始反叛，倾向儒家，虽然中书分省省门的标语还是复宋。

宁越既下，分兵取浙东未下诸路，龙凤五年（至正十九年）正月克诸暨，五月，汴都升元璋为仪同三司江南等处行中书省左丞相。六月，自宁越还应天，留胡大海守宁越。八月，元察罕帖木儿攻陷汴梁，刘福通奉小明王退保安丰。浙东驻军先后克衢州、处州，元璋的领土，遂成北邻张士诚、西邻陈友谅、东邻方国珍、南邻陈有定的局面。士诚最富，友谅最强，国珍和有定都龌龊自保。因之在整个战略上，又改采东南取守势，西北线取攻势的策略。以士诚和友谅比较，士诚迟疑顾虑，友谅轻佻猛鸷，士诚保守，友谅进取，以此，在西北的攻势又分轻重，对士诚是以守为攻，扼住江阴、常州、长兴几个据点，使士诚不能西迈一步。对友谅则以攻为守，使友谅兵力分散，不能集中攻击。

浙东虽已大部平定，可是浙东的几家豪族，尤其是原来在元将石抹宜孙幕府的名士刘基、叶琛、章溢等，有重名，得民心，都避不肯出，元璋遣使致书礼聘，总制孙炎又陈书开谕，基等不得已，于龙凤六年三月应征到应天，元璋大喜，筑礼贤馆以处基等。这几个人，在思想方面继承宋儒的传统，和明教和红军无渊源。在社会地位方面，是浙东的豪绅巨室，声望笼罩一方。他们遵礼法，重保守，在行动上的表现是团结土著，保卫地方。元璋千方百计把他们拉拢到手，固然地方问题是解决了，"山越清宁"。可是他们的思想和主张都自成一系统，和红军格格不相入。被逼出山以后，也就改变作风，利用元璋的雄厚军力，拥之建立新朝，以保持几千年来的传统的秩序、习惯和文化，保持巨室豪绅的利益。结果，自然和出自明教红军的诸将，成地主与流氓、儒生和武弁相持之局。元璋也利用巨室豪绅之护持，儒术之粉饰，建立他的万年基业。在红军实力尚存、对元仍须利用红军拥护的时期，他是红军的别部，不免两面敷衍。一到小明王军力完全被元军消灭以后，他就完全倾向儒生，剥去宗教的外套，自命为旧秩序之恢复者和旧文化的护法人了。从这时以后，他深受这几人的影响，和红军的关系逐渐疏远，和儒家日益接近。

第四节　陈友谅和张士诚

西系红军的组织人彭莹玉经营十数年，到至正十一年（1337），才和麻城邹普胜纠集徒党，以红巾为号，约期举事。

罗田人徐寿辉（又名真逸、真一）以贩布为业，生得魁梧奇伟，一表人才，被彭莹玉看中了，推为头目。这年九月间发动，陷蕲水及黄州路，以蕲水为都城，拥寿辉为皇帝，国号天完，建元治平。分兵陷湖广、江西诸郡县，出昱岭关，陷杭州，又陷太平等路。天完军队所到处，宣扬弥勒佛出世救民的教义，不杀不淫，招民投附者，登记姓名，单只运走府库金帛。相对的所占城池被元军克复后，却大杀大掠，放火焚城。尤其是从湖广调来的苗军，奸淫掳掠，无恶不作，屯军之所，毒过寇乱，民间有谣曰："死不怨泰州张（士诚），生不谢宝庆杨。"政府刑赏不当，民间豪杰倾家起兵，保卫乡里，剿捕寇盗的，百战辛劳，因为是南人，便恩赏不及。反之，如方国珍、张士诚起兵叛乱，政府无力平定，只好招安，抚以好官高爵，反一次，官爵便高一次。因之，平民都相率从乱，像火烧荒山一般，蔓延日广。

徐寿辉到底是卖布出身的，没有多大的见识，所占的地方虽大，却不能守住，随得随失，像拉锯一样，只苦了老百姓。不久迁都到汉阳，为其丞相倪文俊所制。倪文俊兵权在手，谋杀寿辉自立不成功，奔黄州。文俊部将陈友谅，原系沔阳人，家世打鱼营生，他自己在县里当一名小吏，不甘心埋没，投身红军。学文俊的榜样，用计把文俊谋杀，夺过兵权，自称宣慰司，不久又改称平章政事。龙凤四年陷安庆、龙兴（南昌）、抚州诸地，和元璋境壤相邻。江南群雄以他为最强，野心也最大。龙凤六年，挟徐寿辉东下克太平，进驻采石矶，杀寿辉，自立为皇帝，国号汉，改元大义，尽有江西、湖广之地。

友谅兵精地广，气吞一世，遣使于张士诚，约夹攻应天，自引兵从江州东下。应天大震，诸将或议出降，或议出奔，或议先复太平以牵制友谅兵势，元璋都置不答，独引刘基于内室问计。刘基以为主降和主出奔都该杀：友谅兵骄，引其深入，以伏兵围歼，天道后举者胜，取威定霸，以建王业，在这一战！元璋决定了战略，唯一的困难，是怕友谅和士诚同时进攻，首尾受敌，如能设法使友谅先来，便可集中军力，各别击破。友谅破，则士诚胆落，东线便无问题。

元璋一面派胡大海以兵直捣广信，扰乱友谅的后方，一面派康茂才骗友谅速进，茂才和友谅是故旧，茂才的阍人从前跟过友谅，茂才便遣阍人带书信给友谅约降，告以城中虚实，劝其分三路进攻。友谅问阍人："康将军现在何处？"阍人回说："现守江东桥。"问："桥是什么材料？"回说："是木头的。"友谅大喜，约进兵江东桥时以呼"老康"为信号。元璋派人赶夜把江东木桥毁了，新建石桥，以惑友谅。分遣兵埋伏各要地，准备水陆夹攻。

到了约定时日，友谅果然亲统大军来攻，径到江东桥，一看是大石桥，情形不对，连喊："老康！老康！"也无人理会，情知中计。元璋军奋起，水陆夹攻，友谅军大败。元璋军乘胜克复太平，下安庆。胡大海亦取信州，改为广信府。徐寿辉旧将恨友谅杀主，亦以袁州来降。

龙凤七年（元至正二十一年，1361），元璋以功封吴国公。

七月，友谅复遣将陷安庆。时友谅降将具说友谅自弑徐寿辉后，又杀骁将赵普胜，将士离心，政令不一。元璋因定计西伐，以友谅降将做向导，以巨舰溯流西上，连克安庆、江川，友谅将丁普郎、傅友德迎降，友谅奔武昌。南、康、饶、蕲、黄、广济、抚州、龙兴、袁、瑞、临江、吉安都相继归元璋掌握。

次年六月，元大将察罕帖木儿遣使招谕元璋。前一年，察罕复关、陇，平山东，降田丰，军威大振。几年来山东都在毛贵治下，毛贵立屯田，设宾兴院，把山东治理得很好。原来由徐州奔濠州的赵均用，和彭早住纵横淮、泗好几年，早住死，均用遂北上和毛贵合伙，两人闹别扭，火并起来，均用杀了毛贵，毛贵部将续继祖又杀了均用，自相残杀，军力衰减，只剩田丰还站得住。田丰一降，察罕军锋就可指日南下，不唯安丰岌岌可危，即便应天也有唇亡齿寒之势。元璋见形势不好，只得派使人去和察罕通好，察罕时方围攻益都，元璋见益都固守，料察罕暂时不能南下，才敢抽空西伐陈友谅。到这时候，察罕的报聘使人才到，乘战胜之威，劝告元璋归附。不久得到消息，说是六月间察罕已被田丰所刺死，养子扩廓帖木儿代领其众，元璋这才放心。到十二月间，元遣尚书张昶航海到庆元，授元璋为荣禄大夫江西行省平章政事。时元兵内讧，大将扩廓帖木儿和李罗帖木儿互争地盘，更无暇南顾，一发置之不理了。

当察罕报聘使人到了应天之后，宁海人叶兑献书元璋，指陈平定天下大计说：

> 愚闻取天下者必有一定之规模，韩信初见高祖，画楚、汉成败；孔明卧草庐，与先主论三分形势是也。今之规模，宜北绝李察罕，南并张九四（士诚），抚温、台，取闽、越，定都建康，拓地江、汉，进则越两淮以北征，退则画长江而自守。夫金陵古称龙蟠虎踞，帝王之都，借其兵力资财，以攻则克，以守则固，百察罕能如吾何哉！江之所备，莫急上流，今义师已克江州，足蔽全吴，况自滁、和至广陵，皆吾所有，匪直守江，兼可守淮也。张氏倾覆，可坐而待。淮东诸郡，亦将来归。北略中原，李氏可并也。今闻察罕妄自尊大，致书明公，如曹操之招孙权。窃以元运将终，人心不属，而察罕欲效操所为，事势不侔。宜如鲁肃计，定鼎江东，以观天下大衅，此其大纲也。

　　至其目有三：张九四之地，南包杭、绍，北跨通、泰，而以平江（今吴县）为巢穴。今欲攻之，莫若声言掩取杭、绍、湖、秀，而大兵直捣平江。城固难以骤拔，则以锁城法困之，于城外矢石不到之地，别筑长围，分命将卒，四面立营，屯田固守，断其出入之路；分兵略定属邑，收其税粮以赡军中。彼坐守空城，安得不困？平江既下，巢穴已倾，杭、越必归，余郡解体，此上计也。张氏重镇在绍兴，绍兴悬隔江海，所以数攻而不克者，以彼粮道在三斗江门也。若一军攻平江，断其粮道，一军攻杭州，断其援兵，绍兴必拔。所攻在苏、杭，所取在绍兴，所谓多方以误之者也。绍兴既拔，杭城势孤，湖、秀风靡，然后进攻平江，犁其心腹，江北余孽，随而瓦解，此次计也。

　　方国珍狼子野心，不可驯狎。往年大兵取婺州，彼即奉书纳款。后遣夏煜、陈显道招谕，彼复狐疑不从。顾遣使从海道报元，谓江东委之纳款，诱令张昶赍诏而来，且遣韩叔义为说客，欲说明公奉诏。彼既降我，而反欲招我降元，其反复狡狯如是，宜兴师问罪。然彼以水为命，一闻兵至，挈家航海，中原步骑，无如之何。夫上兵攻心，彼言宁越既平，即当纳土，不过欲款我师耳。攻之之术，宜限以日期，责之归顺。彼自方国璋之没，自知兵不可用，又叔义还称义师之盛，气已先挫。今因陈显道以自通，正可胁之而从也。事宜速，不宜缓。宣谕之后，更置官吏，拘其舟舰，潜收其兵权，以消未然之变，三郡可不劳而定。

　　福建本浙江一道，兵脆城陋，两浙既平，必图归附，下之一辩士力耳。如复稽迟，则大兵自温、处入，奇兵自海道入，福州必克。福州下，旁郡迎刃解矣。声威既震，然后进取两广，犹反掌也。

说得头头是道，元璋心服，要留用他，不肯，力辞去。后几年平定东南和两广的规模和次第，果然和他所说的差不多。

小明王从称帝以来，徒拥虚名，一切军政大事都决于刘福通。诸大将原来和福通同时起事，拥兵在外，不听调度，兵虽强盛，威令不行，得地虽多，却不能守。从三路出兵以后，转战万里，兵多走死，余党又被察罕帖木儿和孛罗帖木儿所消灭，只剩山东一部分军力，掩护安丰。到益都被扩廓包围后，刘福通亲自引大军援助，大败走还。益都破，安丰势孤，龙凤九年二月张士诚将吕珍乘机攻围安丰，城中粮尽援绝，小明王危迫，告急于元璋求救。

在元璋赴救前，刘基力谏，以为大兵不应轻出，若救出小明王来，发放何处？作何安顿？是自做头目，还是让他？而且陈友谅虎伺于后，如乘虚来攻，便进退无路。元璋则以为安丰破，应天失去屏蔽，孤立可虑。士诚日益坐大，将不可制。不听劝告，亲自统兵赴援，刘福通突围，乘黑夜疾风暴雨奉小明王居滁州。三月十四日降制赠元璋曾祖考为江西等处行中书省右丞上护军司空吴国公，祖考为江南等处行中书省平章政事上柱国司徒吴国公，考为开府仪同三司录军国重事平章右丞相吴国公，妣皆吴国夫人。

元璋于三月间赴援安丰，陈友谅果然乘虚进攻，于四月大举围洪都（南昌），并分兵陷吉安、临江、无为州。他这次因疆土日蹙，气忿不过，大治楼船数百艘，都高数丈，饰以丹漆，每船三重，置走马棚，上下人语声不相闻。橹箱皆裹以铁。载家属百官，空国而来，兵号六十万，用全力攻南昌。守将朱文正率将士誓死固守，友谅用尽攻城的方法，被围八十五日。到七月元璋亲率二十万大军来救，友谅才解围，东出鄱阳湖迎战。

这一战决定了两雄的命运，两军的主力前后大战三十六日。在会战开始的前四天，元璋先在鄱阳湖出长江的口子安置了几道伏兵，把湖口封锁了，堵住友谅的归路。两军的形势，友谅军号六十万，元璋二十万。友谅联巨舟为阵，楼橹高十余丈，绵亘十余里，旌旗戈盾，望之如山。元璋方面都是小船，相形见绌。论实力和配备都是元璋方面吃亏。但却也有占便宜处：第一，友谅军攻围南昌三月不下，空国而来的必胜信念已经动摇，元璋却是千里赴援，决存亡于一战，士气大不相同。第二，友谅船大，又联结为阵，不便转动。元璋船小，操纵自如，在体积上吃亏，在运动上却占优势。第三，元璋善于统帅，将士上下一心，人人效死。友谅多疑暴躁，将士自危，内部发生裂痕，不但不肯力战，反而解甲投顺。第四，交通线被封锁，元璋军队数量少，有南昌和后方接济，友谅军则鏖战数月，粮尽士疲，军无斗志。血战三十六日，友谅终于身死军歼。

元璋军主要的战术是火攻：一种方式是用火炮，焚烧敌方大船；另一种是用火药和芦苇装满七条船，用敢死士操船，冲入敌阵，纵火焚舟，和敌方的几百条战舰同归于尽。接战时分舟师为十二队，火器弓弩，以次排列，在接近敌人时，先发火器，次用弓弩，最后是短兵接战。全军跃踊死战，友谅军大败，他的左右金吾将军率部来降，军又乏粮，只好冒死突围，打算冲出湖口。元璋军从后用火舟火筏冲击，前面伏兵迎头截击，友谅中流矢死，其部将以其子理奔武昌。

元璋完成歼灭战后，对刘基说："我真不该到安丰，假如友谅趁我出去，应天空虚，顺流而下，直捣建康，我进无所成，退无所归，大事去矣。幸他不进攻建康，而围南昌，南昌坚守三月，给我以充分的机会，一战功成。这战虽然打胜，却是够侥幸的了。"

友谅败死，劲敌已除。龙凤十年（元至正二十四年，1364）正月，元璋遂自立为吴王，建百官。以李善长为右相国，徐达为左相国，常遇春、俞通海为平章政事，立子标为世子。二月亲率军征武昌，陈理降，汉、沔、荆、岳皆下，立湖广行中书省，分兵抚定诸未下郡县。到这年年底，友谅疆土，东至赣州，西到辰、澧，南到韶州，都为元璋所有。

元璋既灭汉，第二个目标是讨张士诚。张士诚在前一年九月称吴王。两雄接境，前后相隔不过三个月，都称吴王，这中间也有一个故事。原来几年前民间有一个童谣说："富汉莫砌楼，贫汉莫砌屋；但看羊儿年，便是吴家国。"张士诚和朱元璋的领土都是从前吴地，为着应这童谣，这两雄便先后都称吴王。

元末群雄可分作两个系统：一是红军系，一是非红军系。红军系分东西两支：东支从小明王到郭子兴、朱元璋，西支从徐寿辉到陈友谅，以及寿辉别部割据川陕的明玉珍。非红军系如吴张士诚，浙方国珍。红军系有政治理想，有民族思想，和元政府势不两立，决不妥协。从韩、彭起事到朱元璋建国，始终和元政府作战。非红军系相反，他们起事，只为了个人的动机，政府招抚的条件合适就投降，政府也就承认既成事实，任为占领地区的军政首长，投降后对政府要求不能满足，就再度叛变，每反复一次，他们的地位和地盘都有变化。

张士诚时叛时降，到龙凤九年九月复自立为吴王。所据地南抵绍兴，北逾徐州，达于济宁之金沟，西有汝、颍、濠、泗，东到海，有地二千余里，有兵数十万，据有全国最富饶的一角。士诚为人持重寡言，无远图。既据有吴中，户口繁盛，物产丰富，渐渐奢纵，怠于政事。诸大将也聚敛财物，日夜歌舞自娱，上下穷奢极侈，不以军务为意。从龙凤二年（1356）起和元璋接境，便互相攻伐。士诚多少次进攻常州、江阴、建德、长兴、诸全（诸暨），都得不到便宜。元璋进攻湖州、绍兴、杭州，也是不能得手。到武昌还师以后，西线已无问题，这才集中军力，进攻士诚。

元璋对张士诚的攻势分作三个阶段：

第一个阶段起于龙凤十一年十月，目标是士诚北境淮东区域，到十二年四月间，半年工夫把泰州、高邮、淮安、濠、徐、宿、安丰完全占领，使士诚的军力局促于长江之南。

第二个阶段起十二年八月，分兵两路攻湖州、杭州，切断士诚的两臂，到十一月间湖州、杭州投降，形成北、西、南三面包围的局势。

第三个阶段起十二年十二月包围平江，到十三年九月克平江，执士诚，前后一共十个月。

在第一个阶段攻势顺利收到战果以后，龙凤十二年五月二十一日，元璋以檄文列数士诚罪状，在这檄文中说明元末形势，和自己起兵经过，不但攻击元政府，连红军也被斥为妖术、妖言了。檄文说：

> 皇帝圣旨，吴王令旨：
>
> 近睹有元之末，王居深宫，臣操威福，官以贿成，罪以情免。宪台举亲而劾仇，有司差贫而优富，庙堂不以为忧，方添冗官，又改钞法。役数十万民，湮塞黄河，死者枕藉于道，哀苦声闻于天。致使愚民，误中妖术，不解偈言之妄诞，误信弥勒之真有，冀其治世，以苏其苦，聚为烧香之党，根据汝、颍，蔓延河、洛。妖言既行，凶谋遂逞，焚荡城郭，死戮士夫，荼毒生灵，千端万状。元以天下兵马钱粮大势而讨之，略无功效，愈见猖獗，然而终不能济世安民。是以有志之士，旁观熟虑，乘势而起，或假元氏为名，或托香军为号，或以孤军独立，皆欲自为，由是天下土崩瓦解。
>
> 余本濠梁之民，初列行伍，渐至提兵，灼见妖言，不能成事，又度胡运，难与立功，遂引兵渡江。

以下列数士诚罪状。檄文声讨张士诚，却跑出题外，攻击元政府还可说，连培养自己的红军也牵到了，一笔抹杀红军的革命意义，指斥其杀人放火，罪大恶极。使人看了以为这檄文必出于非红军系统的手笔。显然的这是刘基、宋濂这一儒生系统的策略，他们过去几年的努力，到这时才具体化，一脚踢开红军，自建一新系统，以求获得地主与巨绅的支持、士大夫的同情。这一檄文把元璋的一生划为两段，过去他是贫农和穷人的领袖，此后则是地主、巨绅的保护人；过去他一力破坏现状，此后则一转而为最保守的现状维持派了。

红军的宣传和教义都被这一纸檄文所打倒，红军最高领袖宋皇帝小明王兵将都无，放在滁州，毫无作用，自然也该跟着淘汰。这年年底元璋派廖永忠到滁州接小明王到应天，船到瓜步，在江心把船凿沉，永忠径回应天复命。小明王、刘福通死，宋亡。

第二个阶段的攻势，所用军力达二十万人。统帅是大将军徐达，副将军常遇春。在出师前商讨战略，常遇春力主直捣平江，以为巢穴既破，其余诸郡可不劳而下。元璋却决定采取叶兑的决策，他说："士诚起自盐枭，和湖、杭诸州守将都是憨不畏死之徒，相为手足。如先攻平江，湖、杭必然齐心并力来救根本，军力集中，不易取胜。不如先分其势，枝叶既去，根本动摇，使士诚疲于奔命，必然可以成功。"于是分兵攻湖州、杭州。元璋亲御戟门誓师，申诫将士以城下之日，毋杀掠，毋毁庐舍，毋发丘垄。士诚母葬在平江城外，毋侵毁。

第三个阶段攻势用叶兑的销城法，筑长围把平江团团围住，士诚外无救兵，突围又不成功。城破后被执到应天，自缢死。

士诚晚年不理政事，国事全交给其弟丞相士信，士信荒淫无识，信用叶、蔡、黄三个参谋，三人弄权舞弊，以致国事日非。元璋听得这情形，就说："我向来无一事不经心，尚被人欺；张九四一年到头不出门理事，岂有不败的道理！"士诚的百姓也有一个民谣："丞相做事业，专凭黄菜叶；一朝西风起——干瘪！"

平江合围后，元璋又遣将讨方国珍。

国珍在群雄中最先起事。他是黄岩人，世以贩盐、浮海为业。至正八年（1348）被仇人告他和海盗通谋，几兄弟杀了仇人，逃入大海，结集了几千人，四处抢劫。地方官发兵追捕，吃了败仗，官也给他俘虏了，只好招安，授定海尉；不久又起兵造反，元兵又吃败仗，统帅被俘。只好再度招安，授以大官，国珍也就听命。如此时降时叛，反复一次，官高一次，到至正十五年（1355）一直做到浙江行省参知政事，开治所于庆元（宁波），兼领温、台，全有三州之地。

元都北平，粮食仰给于东南，平均每年由海道运粮三百万石。东南乱起后贡赋不供，京师缺食。好容易张士诚、方国珍都归附了，士诚有粮，国珍有船，经过多次的接洽，由国珍每年替政府运粮十几万石，元因累进国珍官为浙江行省左丞相衢国公。到至正二十三年，士诚和元政府闹别扭，不肯再供给粮食，海运由此停止，给元政府以极严重的打击。

元璋攻取婺州后，和国珍邻境相望，国珍为人狡猾反复，在地理上北有张士诚，西有元璋，南有陈友定，三面受人包围，见元璋兵盛，不敢多树敌人，只好卑辞投顺，同时又受元官爵，替元运粮，两面讨好。到元璋攻取杭州后，国珍更加害怕，北通扩廓帖木儿，南联陈友定，打算结成犄角的形势，和元璋对抗。倚仗着有多数海船，事急时奔入大海，一逃了事。

元璋的攻势分水陆两路：陆路军进克台州、温州，直逼庆元；国珍逃入海中，又为水军所败，穷蹙无法，只好哀辞求降。从进攻到凯旋，前后不过三个多月。

第五节　南征和北伐

当元璋遣将平定方国珍的时候，同时决定了南征和北伐的大计。

元璋的领土，大体上据有现在湖北、湖南、河南东南部、江西、安徽、江苏、浙江。中部最繁盛、人口密度最高的区域，恰好把元帝国切断作南北两块。

南部除元璋以外，分作几个势力：以四川为中心的有夏国明玉珍，原是西系红军徐寿辉的部将，略地入蜀，得寿辉被弑的消息，自立为陇蜀王，以兵塞瞿塘，不与陈友谅通。至正二十二年（1362）即皇帝位于重庆，国号夏，建元天统。二十六年玉珍死，子升嗣位，是一个十岁的孩子。

云南有元宗室梁王镇守。两广也是元朝的势力范围。福建陈有定虽然跋扈，仍矢忠于元。

夏主幼弱，云南太远，暂时可以放开，成问题的是福建和两广。

北部在表面上都属于元朝，可是情形更复杂。大概地说，山东是王宣的势力范围，河南属扩廓帖木儿，关、陇则有李思齐、张思道诸军。扩廓和李、张不和，当元璋用兵江、浙的时候，他们正在同室操戈，拼个你死我活。目的是争军权，抢地盘，长期混乱的内战和政变，谁也管不到大局，各人都在想先把内敌消灭，统一军权，再来对付外敌，两方势均力敌，相持不下，正如鹬蚌相争，便宜了渔翁。朱元璋趁机会东征西讨，扩大地盘，充实实力。等到敌人兵临城下，这几个内战英雄才停止残杀，却又不甘合作，听任友军被个别击破，终之同归于尽，国亡家破。

元军的内讧可以追溯到几年以前。

红军起事后，政府军队完全无用，真正有作战能力的是由地主、巨绅所组织保卫乡里的义军。义军中最强的有两支：一支是起自沈丘的察罕帖木儿、李思齐，几年中连定河北、关、陕，复汴梁，定河南，檄书达江、浙，以兵分镇关、陕、荆、襄、河、洛、江、淮，屯重兵太行，正预备大举恢复山东时，和另一支义军发生冲突。

另一支是以义丁恢复襄阳的答失八都鲁，接着克复亳州，和刘福通作战有功。答失八都鲁死，子孛罗帖木儿领其众，移镇大同。晋、冀之地都由察罕帖木儿平定，察罕东征，孛罗帖木儿要强占晋、冀，两军交战几年，政府几次派人讲和调停，至正二十一年（1361）冬，双方才答应罢兵。察罕被刺，子扩廓领兵平山东，孛罗帖木儿又来争晋、冀，内战又起。

同时元政府和宫廷间也发生重大的政变。名相脱脱贬死，幸臣哈麻代其位。哈麻做了宰相，天良发现，觉得从前进西天僧，劝帝行秘密法，都不是见得人的事。阴谋废帝立太子，事发被诛死。太子母奇皇后和太子也不满意顺帝，仍旧阴谋废立，派宦官朴不花和丞相太平接洽，太平不肯，太子恨太平不肯帮忙，把他害死。这时扩廓帖木儿正和孛罗帖木儿相持不下。于是太子派丞相搠思监和朴不花倚扩廓为外援，皇帝派老的沙则为太子所痛恨，逃奔孛罗军中。太子怨孛罗收容老的沙，搠思监、朴不花等就诬害孛罗帖木儿和老的沙图谋不轨。至正二十四年（1364）四月诏命扩廓帖木儿出兵讨伐，孛罗知道这命令不出于顺帝之意，先发制人，举兵向阙。皇帝派只好杀搠思监、朴不花谢罪，孛罗才回大同。太子失败逃出，再征扩廓军讨孛罗，进攻大同。孛罗还是老文章，又举兵进攻都城，太子战败，逃到太原。孛罗入都，拜中书右丞相。二十五年太子又调扩廓及诸路兵进讨。孛罗战败，被刺死于宫中，战事算是结束了，扩廓入都代为丞相。

太子奔太原时，打算用唐肃宗灵武故事自立为帝，扩廓不从。到扩廓入都城时，奇皇后授意，令以重兵拥太子入城，逼顺帝禅位，扩廓又不肯。因之，太子母子都深恨扩廓，结了仇。

至正二十六年（1366），扩廓奉令统率全国军队，平定江淮。檄令关中四将会师大举。李思齐得檄大怒说："我和你父亲同起义兵，名位相等，你一个小孩子，乳发未干，敢命令我！"下令部下一甲不得出武关，张思道、孔兴、脱列伯三军亦不受节制。扩廓无法，只好把南征一事暂且搁起，西入关攻李思齐，思齐等四人也会兵，盟于含元殿旧基，并力拒扩廓，相持经年，数百战未能决。顺帝再三令扩廓罢兵南征，扩廓不听。恰巧扩廓部将貊高部兵多孛罗旧部，胁貊高叛，声讨扩廓。顺帝心忌扩廓兵权太重，太子又从中挑拨，廷臣也上章攻击扩廓跋扈，顺帝乃下诏解除扩廓兵权，分其兵隶诸将，置抚军院，以太子统率全国军马，专防备扩廓。

元璋派人侦探元政府和元军内讧的详细情形，决定趁机会南征、北伐同时并进。十月以徐达为征虏大将军，常遇春为副将军，率师二十五万，由淮入河，北伐中原。胡廷瑞为征南将军，何文辉为副将军，取福建。湖广行省平章杨璟、左丞周德兴、参政张彬取广西。

取福建兵分三路：胡廷瑞、何文辉率步骑从江西度杉关为正兵，汤和、廖永忠由明州（宁波）以舟师取福州为奇兵，李文忠由浦城攻建宁（建瓯）为疑兵。有定的根据地延平（南平）和福州椅角，建宁则为延平外线据点，驻有重兵。三路大军分别出发，正兵使敌人以主力应战，奇兵使敌人不测所以，疑兵分敌人兵力。

陈有定，福清人，徙居汀州清流，农人出身，沉勇喜游侠，轻财好义，颇为乡里所畏服。地方寇乱，投军立功平贼，友谅遣将入闽，有定击败之，悉复所失郡县，元授官福建行省参知政事，不久又分省延平，以有定为平章，尽有八郡之地，威福自擅，威震八闽，对元朝始终恭顺，年年由海道运粮食到大都，恪尽臣节。元璋克婺州后，就和有定接境。至正二十五年二月，有定进攻处州，为参军胡深所败，深乘胜追击，连下浦城、松溪，元璋调度江西驻军南下，两路会师，准备一举而下八闽，胡深兵败被俘，为有定所杀，平闽计划因之暂缓实现。

方国珍降后，战胜的舟师就趁势南下，有定和元朝本部隔绝，孤立无援，只好分兵固守，慷慨誓众，以死报国。福州、建宁相继失守，延平被围，城破，有定和僚属诀别，服毒自杀不死，被俘到应天。元璋责备他攻处州，杀胡深。有定不屈，厉声回说："国破家亡，死就算了，何必多说！"和他的儿子一起被杀。

从出兵到克复延平，一共费时四月。从克复延平到平定全闽，又费了八个月工夫。

平定两广的战略，也是分兵三路：第一路杨璟、周德兴、张彬由湖南取广西；第二路陆仲亨由韶州捣德庆；第三路是平闽舟师，以廖永忠、朱亮祖统领，由海道取广州。第一路军于至正二十七年十月出发，第二、三路军于洪武元年二月出发，所遇抵抗以第一路军最烈。由衡州入广西的进军路线，第一个名城永州（零陵），第二是全州，都经激烈血战才能占领。时宝庆、武冈犹为元守，为了免除后顾之忧，也次第分兵攻下，军锋直指靖江（桂林）。第二路军于三个月内平定北江和西江的三角地带，英德、清远、肇庆、德庆、连江都归掌握，隔断广州和靖江间的交通。第三路军几乎是兵不血刃，廖永忠在福州奉命后，先派人向元江西分省左丞何真劝告投降，行军到潮州，何真即遣使上印章、图籍、户口，奉表归附。广州附近州县都不战而下。沿西江入广西，梧、容、藤诸州以次降顺，北上会合第一军围攻靖江。合围两月，洪武元年六月靖江城破，七月广西平。两广俱归入版图。

福建、两广平定后，南部除掉四川、云南以外，都已统一，打成一片。大后方的人力和财力供给北伐军以无限的助力。

北伐军在出发前，元璋和刘基等筹定了作战的计划后，又和诸将缜密研究。常遇春提出意见，以为南方已定，兵力有余，如直捣元都，以我百战之师，敌彼久逸之卒，其胜可必。都城既克，乘胜长驱，以建瓴之势，余地可不战而下。元璋的作战计划恰好相反，他指出直攻大都的危险性，以为元建都近百年，城守必固，如悬师深入，顿于坚城之下，馈饷不继，援兵四集，进退不可，非我之利。不如先取山东，撤其屏蔽，旋师河南，断其羽翼，拔潼关而守之，据其户槛，天下形势入我掌握。而后进兵元都，则彼势孤援绝，不战可克。然后鼓行而西，云中、九原以及关、陇，可席卷而下。常遇春还是抱持着前次直攻平江的见解，以为巢穴根本一下，支干自然迎刃而解。他却没顾虑到孤军深入，后方的交通线如何保持，万一被敌人截断，兵员和粮食的补充便陷绝境。奇兵突击，固然可以侥幸取胜，却非万全之计。元璋的计划却是稳扎稳打，立于不败之地，步步扩大，占领地和后方联成一体。诸将都同声说好。

北伐军的统帅机构，也经严密组织。在平陈友谅以前，诸将都直属元璋，不相统率。九华山之役，常遇春坑杀汉降卒，徐达不能止，始以达为大将，尽护诸将。至是以达持重有纪律，战胜攻取，得为将之体，以为征虏大将军，统率全军。常遇春当百万之众，勇敢先登，摧锋陷阵，所向披靡，以为副将军。又担心遇春健斗轻敌，复谆谆告诫，如遇大敌当前，以遇春领前锋，和参将冯胜分左右翼各将精锐进击。右丞薛显、参政傅友德勇冠诸军，使独当一面。达则专主中军，策励群帅，运筹决胜，不可轻动。又复申严纪律，告谕将士，以这一次北伐，目的不在略地攻城，而在平削祸乱，解救生民疾苦，凡遇敌则战，所经地方和攻破城邑，勿妄杀人，勿夺民财，勿毁民居，勿废农具，勿杀耕牛，勿掠人子女，如有遗弃孤幼在营，父母亲戚来求，即时付还。

为使北方人民明了大军北伐的动机和目的，元璋命宋濂草了一道檄文，驰谕齐、鲁、河、洛、秦、晋、燕、蓟各地，这檄文是中华民族革命史上有名的文献，檄文道：

> 自古帝王临御天下，皆中国居内以制夷狄，夷狄居外以奉中国，未闻以夷狄居中国治天下者也。自宋祚倾移，元以北狄入主中国，四海内外，罔不臣服，此岂人力，实乃天授。彼时君明臣良，足以纲维天下；然达人志士，尚有冠履倒置之叹。自是以后，元之臣子，不遵祖训，废坏纲常，有如大德废长立幼，泰定以臣弑君，天历以弟鸩兄，至于弟收兄妻，子烝父妾，上下相习，恬不为怪，其于父子、君臣、夫妇、长幼之伦，渎乱甚矣！夫人君者斯民之宗主，朝廷者天下之根本，礼义者御世之大防，其所

为如彼，岂可为训于天下后世哉！

及其后嗣沉荒，失君臣之道，又加以宰相专权，宪台报怨，有司毒虐，于是人心离叛，天下兵起，使我中国之民，死者肝脑涂地，生者骨肉不相保，虽因人事所致，实天厌其德而弃之之时也。古云："胡虏无百年之运"。验之今日，信乎不谬。

当此之时，天运循环，中原气盛，亿兆之中，当降生圣人，驱逐胡虏，恢复中华，立纲陈纪，救济斯民。今一纪于兹，未闻有济世安民者，徒使尔等战战兢兢，处于朝秦暮楚之地，诚可矜悯。

方今河、洛、关、陕，虽有数雄，忘中国祖宗之姓，反就胡虏禽兽之名，以为美称。假元号以济私，恃有众以要君，凭陵跋扈，遥制朝权，此河、洛之徒也。或众少力微，阻兵据险，贿诱名爵，志在养力，以俟衅隙，此关、陕之人也。二者其始皆以捕妖人为名，乃得兵权；及妖人已灭，兵权既得，志骄气盈，无复尊主庇民之意，互相吞噬，反为生民之巨害，皆非华夏之主也。

予本淮右布衣，因天下大乱，为众所推，率师渡江，居金陵形势之地，得长江天堑之险，今十有三年。西抵巴蜀，东连沧海，南控闽、越，湖、湘、汉、沔，两淮、徐、邳，皆入版图，奄及南方，尽为我有。民稍安，食稍足，兵稍精，控弦执矢，目视我中原之民，久无所主，深用疚心。予恭承天命，罔敢自安，方欲遣兵北逐群虏，拯生民于涂炭，复汉官之威仪。虑民人未知，反为我仇，挈家北走，陷溺尤深，故先谕告。兵至，民人勿避，予号令严肃，无秋毫之犯，归我者永安于中华，背我者自窜于塞外。盖我中国之民，天必命我中国之人以安之，夷狄何得而治哉！予恐中土久污膻腥，生民扰扰，故率群雄奋力廓清，志在逐胡虏，除暴乱，使民皆得其所，雪中国之耻，尔民其体之！

如蒙古、色目，虽非华夏族类，然同生天地之间，有能知礼义，愿为臣民者，与中国之民抚养无异。

这是元璋幕中儒生系统的杰作，代表几千年来儒家的正统思想。这文字指出两点：第一是民族革命，强调夷夏的分别，中国人民应由中国人自己治理。过去不幸被外族侵入，冠履倒置，现在应该"驱逐胡虏，恢复中华"。这比之红军初起时，以复宋为号召的狭隘的恢复家族政权，进而为广泛地恢复民族独立，进步何止千里！以此为号召，自然更能广泛地博得全民的拥护和支持，更能吸引儒生和士大夫的注意。第二是文化系统的恢复，礼义为御世大防，换言之，即人生的行为规范，此规范是我民族所以生存所以发展之生命力量。蒙古入主中国，初时尚能遵守此规范，以纲维天下。中期以后，此规范乃被破坏，渎乱父子、君臣、夫妇、长幼之伦，实属不可容忍。北伐目的在"立纲陈纪，救济斯民"，恢复此世世相承之传统文化、生活习惯。这比之红军之弥勒佛或明王出世空幻的理想世界，进而为更切实具体的文化的生活习惯的正常化，自然更能广泛地博得全民的拥护和支持，更能吸引儒生和士大夫的注意。

指斥元廷则分作两点：第一是破坏传统文化，第二是政治贪污和腐化。

指斥元将，河、洛指扩廓帖木儿，扩廓原为汉人王保保，为乃舅察罕帖木儿养子，元帝赐名。关、陕指李思齐、张思道等。扩廓斥其以夷变夏，反用房名，跋扈要君。李、张斥其制造内乱，不忠负国。妖人指红军，说妖人已灭，事实上无异表白十三年来在红军系统下作战的这一实力，并非红军，至少也已和红军脱离关系。

末了说明要"拯生民于涂炭，复汉官之威仪"，逐虏雪耻之使命。

最后为了缓和蒙古、色目人的反抗，声明只要他们愿意加入中国文化系统，也就承认他是中国的公民，和中国人一样看待。

前一年讨张士诚的檄文只是消极地踢开红军系统，空洞地指斥元政府。到此方才积极地、具体地提出民族革命的口号，保持传统文化的政纲。这是儒生系统的第二次胜利，也是朱元璋的第二次转变。

这一檄文的影响，使北方的儒生士大夫消释了对红军破坏的恐惧心理，使北方的农民了解这支军队之来，是为了恢复秩序、安定生活。使北方的官吏明白他们并非被消灭的对象。也使蒙古、色目人明白，只要加入中国文化系统，便可得到保护，除了蒙古帝室和贵族，全被这檄文所吸引和感动，或则甘心降附，或则停止抵抗，或则起兵参加，使北伐军得以顺利进军，在很短的时间内，收复沦陷已经四百三十年的燕云旧壤，平定西北，统一全国。

北伐军分为两路：徐达一军由淮入河是主力；另一路以邓愈为征戍将军，

由襄阳北略南阳以北州郡，分元兵力。

北伐军的进展分为四个步骤：

第一步从出师到洪武元年（1368）正月平定山东，前后三个多月，沂州、益都、东平、济南、东昌以次平定。

第二步由山东西进：一路由南面克永城、归德、许州，和邓愈军联络，拊汴梁之背；一路由北面出郓城，渡黄河，抵陈桥，汴梁不战而降。进败元军于洛水，河南（洛阳）降，河南全境平定。别将冯胜克潼关，李思齐、张思道遁走。这是洪武元年三、四两个月间的事。

鲁、豫既定，潼关一军堵住张、李的出路。四月元璋亲到汴梁，大会诸将，重新检讨战局和战略。

当北伐军连克齐、鲁、河、洛的时候，元军正忙于内战，政局反复和军权转移，交相影响，纠缠不清。扩廓解除兵权后，退兵泽州，其部将关保乘机归附政府。元廷一面命貂高协同诸将守御山东，以关保一军赴援；一面以李思齐为副总统，守御关中。脱列伯、孔兴等出潼关渡河迎战，诸将互相观望，都不奉命。政府无法，只好做和事佬，划分防区，以潼关为界，以东属扩廓，以西属李思齐，各守分地。又命关保总统诸军，如扩廓拒命，即和貂高、李思齐东西合击。扩廓愤极，引军据太原，尽杀元廷所置官吏，于是顺帝下诏尽削扩廓官爵，令诸军四面围讨。时北伐军已下山东，取汴梁，元将望风降附，无一人抵抗，无一军堵截。小城降，大城也降；汉官、汉将弃城逃走，蒙古、色目也弃城逃走。真是所谓"土崩瓦解"，势如破竹。

北伐军克潼关，李思齐、张思道遁走，貂高、关保也为扩廓所擒杀，顺帝大恐，归罪于太子，罢抚军院，尽复扩廓官爵，令和李思齐分道南征，两人这才着了忙，正准备整军出发，可是事势已非，北伐军已经进军元都，挽救不及了。

第三步攻势，起于这年闰七月，徐达檄会诸将，会兵临清，水陆步骑沿运河直上，连克德州、通州，元兵数败无斗志。顺帝大惧，恐被俘虏，蹈徽、钦二帝的覆辙，二十七日夜三鼓，率后妃太子逃奔上都（开平，今察哈尔多伦县地）。八月一日北伐军入大都（今北京），沦陷四百三十年的名都，到这一天才光复旧物！从宋太祖、太宗、神宗以来所未能实践的整个民族的愿望，算是达到目的了；历史上的耻辱的污点，算是湔雪了；战国、秦、汉以来对北族的国防线——长城，从这一天起，又成为我民族生存自卫的堡垒了。中华民族重新做自己国土的主人，不但得救，而且复兴了！

元都虽下，元军实力依然完整。徐达、常遇春奉命西取晋、陕。从洪武元年八月起到第二年八月，整整一年，才完成第四步的战果。在这一年内，元军不但抵抗较烈，而且几次大规模反攻，在整个北伐战役中，可说是最艰苦的一段。

当西征军南取保定、真定，连下怀庆、泽、潞时，扩廓遣将以兵来争泽州，西征军大败。扩廓乘北平空虚，亲出雁门关，由保安州经居庸关攻北平。徐达得到消息，也不回救北平，径率大军直捣扩廓的根本太原。扩廓东进到半路，只好回军救援，半夜里被袭击；军溃，扩廓遁走，山西平。

洪武二年三月西征军入奉元路（西安），李思齐奔凤翔。西征军进抵凤翔，思齐又奔临洮。追到临洮，思齐势穷力迫，举众降。时元将攻通州，北平无重兵，于是分军，以常遇春、李文忠率步骑九万还救，直捣元都开平（上都），元帝北走。遇春暴卒，文忠代领其众，回师会大军并力西征。值元军围攻大同，文忠奋击大败之，生擒脱列伯，杀孔兴。元帝见屡次图谋都告失败，知道不行，从此打消了南向恢复的妄想。徐达一军克兰州、平凉，张思道走宁夏，为扩廓所执。其弟良臣以庆阳降，已而良臣复叛，固守了三个多月，援绝粮尽，城破被杀，陕西平。

李思齐、孔兴、脱列伯、张良弼（思道）兄弟，或降或死，元大将中只剩扩廓帖木儿还拥兵宁夏，时时出兵攻扰，边戍不得宁息。刘基对元璋说："不可看轻扩廓，此人真是将才！"洪武三年又命大将军徐达总大兵走西安，捣定西。扩廓方围兰州，回兵赴救，大败于沈儿峪，扩廓奔和林。五年又分道出塞取扩廓，到岭北为扩廓大败，士卒死了几万。八年扩廓死，西北边戍从此才得安睡，元璋和他的将军暗地里都吐了一口气。

察罕死后，扩廓继掌兵权，元璋遣使通好，七次去信，使人都被扣留，也不回信。出塞后，又再三遣人招谕，还是不理。最后派李思齐去，见面时以礼相待，辞回时还派骑士送到交界地方，正要分别，骑士说："奉主帅命令，请留一点东西作纪念！"思齐回答："我是一个使人，远道将命，哪来贵重东西呢？"骑士直说："我要的是你一只手臂！"思齐知道不免，只好砍了一只手臂给他，回来后不久就死了。元璋以此益发心敬扩廓。有一天大会诸将，问以谁是天下奇男子，诸将都说："常遇春将不过万人，横行无敌，真奇男子！"元璋笑说："遇春虽然是人杰，我还可以臣服他；可是我不能臣服王保保，这人真是奇男子！"

北方既定，洪武四年正月遣兵伐夏，兵分两路：汤和为征西将军，周德兴、廖永忠为副将，率舟师由瞿塘攻重庆；傅友德为征虏前将军，顾时为副将军，率骑兵由秦、陇攻成都。

明玉珍，随州人，农人出身，以信义为乡党所推重。徐寿辉起兵，玉珍集乡兵结棚自固，被逼加入红军。据蜀称帝后，折节下士，节俭爱民，求雅乐，开进士科，定赋税以十取一，下令去释、老二教，只奉弥勒，不务远略。天下大乱，四川独能休兵息民，百姓安居乐业，可说是当时唯一的乐园。在位五年，死时才三十六岁。子明升以十岁小孩继位，诸将争权，互相残杀，大权旁落，国势渐衰。

夏国小民弱，听说大兵压境，恃瞿塘天险，以铁索横断关口，凿两岸石壁，引铁索为飞桥，用木板平放，置炮石、木杆、铁铳，两岸也置炮，层层设险，以为舟师决不能过。汤和水军果然被阻，三个月不能前进一步。

夏人以为敌人进攻路线必由瞿塘，把重兵都分配在东线，北边防务空虚，傅友德军乘机进破阶州（武都）、文州，径趋绵、汉，以克地时日写木牌数千投汉江，顺流而下。夏东线军分兵回援汉州失利。廖永忠得到木牌，也从间道绕过敌后，和正面军前后夹攻，断飞桥，烧铁索，直下夔州，水陆并进，明升乞降。傅友德进围成都，成都和重庆归附，也降。十月，汤和等悉定川蜀诸郡县，夏亡。

第三章　开国皇帝

第一节　国号大明的意义

在至正二十七年的年底，北伐军和南征军分路出发，底定山东，降方国珍，入闽军也南北两路获胜，一片捷报声使应天的文武僚属感觉非常兴奋。揆量军力、人事，元政府的无能和腐败，元将的内讧，荡平全国已有九成把握。苦战了十几年，总得有个着落。经过一番慎重的考虑，朱元璋决定建国称帝，成立一个新朝代。洪武元年（1368）正月初四日，合祭天地于钟山之阳，即皇帝位于南郊，定有天下之号曰大明，建元洪武，是为明太祖，是历史上最伟大的第二个平民出身的开国皇帝。立妃马氏为皇后，世子标为皇太子，李善长、徐达为左右丞相，各文武功臣分别命官进爵。新朝廷上充满了欢欣的空气、蓬勃的景象。

大明这一国号的决定，事先曾经过长期的考虑。

历史上的朝代称号，都有其特殊的意义的，大别可以分作四类：第一类用初起时的地名，如秦、汉；第二类用所封的爵邑，如隋、唐；第三类用特别的物产，如辽（镔铁）、金；第四类用文字的含义，如大真、大元。大明非地名，也非爵邑，更非物产，应该归到第四类。

大明的国号出于明教，明教有明王出世的传说，其主要经典有《大小明王出世经》。经过了五百多年公开的、秘密的传播，明王出世成为民间所熟知、所深信的预言。这传说又和弥勒降生混合，弥勒佛和明王二位一体，韩山童自称明王起事，败死后，韩林儿自称小明王，西系明升也称小明王。明太祖原为小明王部将，继小明王而起，国号也称大明。

明太祖部下分红军和儒生两个系统，这一国号的采用，使两方面人都感觉满意。就红军方面说，他们大多数都起自淮西，受了彭莹玉的教化，其余的不是郭子兴的部曲，就是小明王的余党，或夏和汉的降将。国号大明，一来表示还是继承小明王这一系；二来告诉人"明王"已出，不必再费心多事；三来使人民安心，享受明王治下的和平合理生活。就儒生方面说，他们固然和明教无渊源，和红军处于敌对地位，他们用尽计算，劝诱明太祖脱离明教，遗弃红军，暗杀小明王，另建新朝代，对于这一个国号，却用儒家的看法去解释："明"意为光明，分之则为日月：礼有祀"大明"、"朝日"、"夕月"之文。千多年来"大明"和日月都列为正祀，无论是列为郊祭或特祭，都为历朝所重视，儒生所乐于讨论。而且新朝起于南方，和历史上的以北制南者异势，以阴阳五行之说附会之，则南方为火为阳，为祝融，色为赤；北方属水为阴，为玄冥，色为黑；元建都北平，起自更北的蒙古；以火克水，以阳消阴，以明制暗，都是汉以来的儒生所津津乐道的。历史上的宫殿名称有大明宫、大明殿，古神话里"朱明"一名词把国姓和国号联在一起，尤为巧合。以此儒生一系统也赞成用这国号。一从明教教义，一从儒家经说，并行不悖，人人都以为合乎自己的理想。这是明太祖的权术——一石两鸟的巧妙手段。

元末二十年的混战，导源于"明王出世"、"弥勒降生"两个宗教预言。明太祖深深了解这种预言的意义，他自己因此得到机会和成功，却不愿别人来利用。而且"大明"已经成为国号，应该保持国号的尊严，建国的第一年就下诏禁止一切邪教，尤其是白莲教、大明教和弥勒教。明教因为名犯国号，更被政府所注意，教产被没收，教徒被逐归农，明教徒只好又改换名称，藏形匿影，暗地里活动，渐渐衰微，不为人所注意了。

后来的事实证明了明太祖的先见，红军在西北的余党并没有完全消灭，过了四十多年又四处起事，领袖田九成自称后明皇帝，改元龙凤，帝号和年号都直承小明王，根本不承认这一新兴的朝代。一百年后，贵州苗人又自称夏国明家的后人，自称明王作乱。此外白莲教、弥勒教的教徒在各朝、各地的暴动和变乱，更是史不绝书。虽然都被政府用武力削平，却可看出这个时代里宗教和政治的关系。

第二节　帝国的规模

明太祖经过了二十几年的实际教育，在流浪生活中，在军队里，在作战时，在后方，随处学习，随时训练自己，更事事听人劝告，征求专家的意见，因此他在近代史上，不但是一个最伟大的军事统帅，也是一个最伟大的政治家。

他的政治才能，表现在他所奠定的帝国规模上。

在红军初起时，标榜复宋，恢复狭隘的家族政权，暂时的固然可以发生政治的刺激作用，可是一则这时去宋亡已九十年，宋遗民故老死亡已尽，第二三代的子孙对历史上的皇朝，不会太感觉依恋。二则韩家父子假托赵氏子孙，是尽人皆知的事实，假串的戏剧只能在开幕时作宣传的资料，事后也就人我两忘，不再有人提起了。明太祖北伐时，严正地提出民族自主独立的新政策，汉族应由汉人自己治理，应该用自己的方法生活，保存原有的文化系统。这一崭新的政策，博得全民族热烈的拥护，瓦解了元朝治下汉官、汉兵的敌对心理。在檄文中，并且更进一步指出，蒙古、色目人只要参加这文化系统，就一体保护，视为国家的公民。这一举措，把蒙古、色目人也吸引过来了，至少做到使他们停止抵抗的地步。在开国以后，这革命政策仍然被尊重为国策，对于参加汉族文化集团的外族，毫不歧视，蒙古、色目的官吏和汉人同样登用，在中央有做到尚书、侍郎的，地方则知府、知县一样临民办事，在军队中更多，甚至亲军中也有蒙古军队。这些人都由政府编置勘合，给赐姓名，和汉人无别，婚姻则制定法令，听其与汉人通婚，但务要两相情愿，如汉人不愿，听其同类自相嫁娶。在这制度下，蒙古、色目人熏育融冶，几代以后，都同化为中华民族的成员，有十几家军人世家，替国家立下了不可磨灭的功绩。对于塞外的部族，则继承元朝的抚育政策，告诉他们新朝仍和前朝一样，尽保护提携的责任，叫他们各安生理，不要疑惧。

相反的，却下诏恢复衣冠如唐制，其辫发椎髻胡服（男袴褶窄袖及辫线腰褶，妇女衣窄袖短衣，下服裙裳）、胡语、胡姓一切禁止。元俗丧葬作乐娱尸，礼仪尚右，也逐一改正，复汉官之威仪，参酌古代礼经和事实需要，规定了各阶级的生活、服用、房舍、與从种种规模标准，使人有所遵守。

红军之起，最主要的目的是要求经济的、政治的、民族的地位之平等，在政治和民族方面说，明朝的兴起已经完全达到目的，过去的被歧视的情形已经纠正过来，而且更进一步，一切平等，并不歧视外族。在经济方面，虽已推翻了外族对汉族的控制特权，但就整个中华民族说，则地主和农民之间的纠纷，尚未觅得解决的途径。

元末，大部分农民参加红军的破坏工作，地主的利益恰好相反，他们要维护秩序，保全生命财产，就不能不拥护旧政权。在混乱的局面之下，他们用尽可能的力量，组织私军，建筑堡塞，抵抗农民的袭击。这一集团的分子包括着现任和退休的官吏、乡绅、儒生和军人，他们有知识，有组织能力，在地方有威望，虽然各地方的地主各自作战，并不统一，却是一个潜在的最大力量，他们攻击红军，也不和无政治色彩的草寇和割据的群雄合作。可是等到有一个新政权建立，而这一新政权是能够维持地方秩序的时候，他们也就毫不犹豫，拥戴这一新政权。同时新朝的一批新兴的贵族、大臣、官吏，也因劳绩获得大量的土地，成为新的地主。新兴的政府对这两种地主的利益，不能不加考虑，因之农民的生活问题就被搁浅，永远不能提出一个彻底解决的办法。

明太祖和他的大部分臣僚都是农民出身的，他们过去曾身受过地主的压迫。但在革命的过程中，他们又不得不靠地主的人力、物力，和他们合作。在这样一种微妙的矛盾关系下，产生了对地主的双层的矛盾政策：正面是利用地主们的知识和社会声望，收罗做政治干部和向民间征收租粮的政府代理人——前者因为建国后政治机构刷新，内战二十年，学校停顿，人才缺乏，只好以有教养的地主来补充；后者因为地主和农民接近，情形较熟，收粮和运粮都比地方官吏经手方便省事，而且可以省去一层中饱。前者往往由布衣任用做方面大吏，甚至中央的九卿；后者则普遍任为粮长，管理本乡的赋税。反面则用残酷的手段，排除不肯合作的地主。一种常用的方法是逼迫迁徙，把各地的地主迁徙到濠州或京师——南京，根本削除他们在地方的势力。其次是用苛刑诛灭，假借种种政治案件，株连瓜蔓，一网打尽，族诛籍没。在洪武一朝，浙东西故家巨室几乎被消灭净尽。

为了对付农民的要求，其实是为了增加政府的收入，明太祖用了二十年的功夫，大规模举行土地丈量和人口普查，六百年来若干朝代若干政治家所不能做到的事情，算是划时代地完成了。丈量土地的目的是过去六百年来经实地调查，土地台账和实际不符，而且大部分都已丧失，半数以上的土地逃避国家租税，半数的土地面积和负担轻重不等，地主的负担转嫁给贫农，由之富者愈富，贫者愈贫。丈量以后，制成文册，记载田亩面积方圆，编列字号、田主姓名，名为"鱼鳞图册"，政府据之定赋税标准，不但政府因之而增加大量的收入，地主和贫农的负担，至少在理论上是可以比过去公平一点。

人口普查的结果，编定了黄册。组织成里甲，以一百一十户为里，推丁粮多的十户为里长，余百户为十甲，每甲十人，每年以里长一人、甲首一人管理一里一甲的事，先后以丁粮多少为序，从第一甲到第十甲每年轮流替国家服役，一甲服役一年，便有九年的休息。每隔十年，地方官以丁粮增减重新把黄册编定一次，使它合于实际。

鱼鳞图册以土地为主，诸原坂、坟衍、下隰、沃瘠、沙卤之别逐一详细记载。黄册以户为主，每户的家业，用旧管、新收、开除、实在四柱式分别登录。以鱼鳞图册为经，解决土地的争讼；以黄册为纬，规定赋役的法制。这法度虽然精密，可是地主舞弊的方法，也随之而进步，农民仍然和过去一样，要负几重义务，生活之困苦，并不因政权之转换而稍减。

新朝的建立，需要大量的各级干部人才，征用地主和前朝旧官僚，只能暂时应急，非久远之计。远在克婺州那年，明太祖即已重开郡学，建国前三年设国子学，后来改为国子监，分六堂，择府、州、县学诸生和品官子弟入学，由国家供给膳宿、衣服、零用钱，皇后也于监中积粮，养诸生妻子，务使诸生不操心于家事，安心向学。每月有月考，每日有日课，衣冠、步履、饮食都有法度，每年考试成绩满八分为及格，送交政府任用，不及格的仍留监读书。府、州、县也设有学校，教师由政府任命，师生膳宿都由政府供给。乡村则有社学，教育民间子弟，即使是下邑荒徼，山陬海涯，也一样有学校，一样有受教育的机会。全国学校都颁发有学规和禁例，严厉执行，犯规的轻则责处，重的甚至处死刑、充军。中央的国子监为政府储才之地，管理尤为严格，掌教的多为耆宿大儒，洪武初年大规模丈量土地的工作，和地方学校的教师，政府各部院的事务官，大多以监生充任，末年甚至以监生六十四人为行省布政、按察两使及参政、参议等官，平常的才任为府、州、县六品以下官，当时布列中外的官吏，以国子监生为最多最盛。

除国子监以外，政府官吏的来源是科举制度。国子监生可以不由科举，直接任官，而科举则必须经由学校，府、州、县学的生员（俗称秀才）每三年在省城会考一次，称为乡试；及格的为举人，第二年全国举人会考于京师，称为会试；会试及格的再经一次复试，地点在殿廷，叫作殿试，又称廷试。及格的分作一、二、三甲：第一甲只有三人，状元、榜眼、探花，赐进士及第；二甲若干人，赐进士出身；三甲若干人，赐同进士出身。乡试由布政司，会试由礼部主持。状元授修撰，榜眼、探花授编修，二、三甲考选庶吉士的都为翰林官。他们或授给事、御史、主事、中书舍人、评事、太常、国子博士，或授府推官、知府、知县等官。举人会试不及格，改入国子监，也可选做小京官，或授府佐，州、县正官或学校教官。

学校功课以《四书五经》为主，和刘向《说苑》、律令、书、数、《御制大诰》。各级考试专以四书和五经命题，文章有一定格式，用古人口气说话，只能根据几家指定的注疏发挥，绝对不许有自己的见解。体裁排偶，普通叫作八股，又称制义。这制度是明太祖和刘基商量决定的，五百五十年来的政治上一切人物都由这制度培养训练出来。学校和科举打成一片，官吏的登用又必由科举，科举的敲门砖是专重形式毫无内容的八股，甚至连古人的经典也经过检查，孟子书中有一段话说："民为贵，社稷次之，君为轻。"又说："君之视臣如草芥，则臣视君如寇仇。"这一些违反君主利益的话一概删去，孟子也被撵出孔庙，不许他吃冷猪肉。在这十分严厉的统制之下，学校的生员除了尊君和盲从古人之外，不许有新的思想。在参加考试时，即使古人所说的所解释的不合真理，也只能被牵着鼻子走，将错就错。于是整个士大夫阶级、整个思想界，上自当国的执政，下至社学的童生，都成为皇帝的崇拜者、拥护者，君权由此巩固，朱家万世一系的统治也安如泰山了。

太祖在攻克集庆以后，就厉行屯田政策，广积粮食，供给军需。他和刘基研究古代的兵制，征兵制的优点是全国皆兵，有事召集，事定归农，兵员素质好，来路清楚，国家在平时无养兵之费。缺点是兵员都出自农村，如有长期战争，即影响到农村的生产，而且兵源有限制，不适于大规模的作战。募兵制呢？好处是应募的多为无业游民，当兵是职业，数量和时间都可不受农业生产的限制；坏处是国家经常要维持巨额的常备军，军费负担太重，而且募兵来源不明，他们没有宗族乡里的牵挂，容易逃亡，也容易叛变。理想的办法是折衷于两者之间，具有两者的优点，却免去两者的缺点，使战斗力量和生产力量一致。

刘基创立的办法是卫所制度。

卫所的兵源有四种：第一是从征，即起事后诸将所统率的部队；第二是归附，包括削平群雄所得的部队和元朝的降兵；第三是谪发，指因犯罪被谪发当兵的；第四是垛集，即征兵，家出一丁为兵。前两种是定制时原有的军队，后两种则为补充军。这四种来源的军员都是世袭的，必须娶妻，世代继承下去，如无子孙继承，则由其原籍家属壮丁顶补。

组织分作卫、所两级，大体上以五千六百人为卫，卫有指挥使。卫分五个千户所，所一千一百二十人，有千户。千户所分十个百户所，所百十二人，有百户。百户下有总旗二，小旗十，小旗领军十人，大小联比以成军。卫所的分布，根据地理险要，有的地方设所，关联几个地方的设卫。集合一个区域的若干卫所，又设都指挥使司为地方最高军政机关，长官是都指挥使。洪武二十六年（1393），全国共有十七个都指挥司，内外卫三百二十九，守御千户所六十五，分别隶属于中央的五军都督府。

军食出于屯田，大略系仿汉赵充国的办法，在边塞开屯，且耕且守，一来省去运输之劳，二来充实军食。接着内地卫所也纷纷开屯耕种，以每军受田五十亩为一分，官给耕牛农具，教种植，复租赋，垦辟后每亩税一斗，边地守军以三分守城，七分屯种，内地则以二分守城，八分屯种，自足自给，养军两百万，不费国家一钱。

除军屯外，还有商屯。边军粮食发生问题时，政府就用"开中法"来接济，国家有粮食有盐，困难的是运输费用太大，商人有资本也有人力，却无法得到盐，两下里交换一下，商人运一定数量的粮食到边境，拿到收据就可向政府领到相当价值的盐，自由贩卖，博取重利，商人会打算盘，也嫌运费太大，索性自己雇人在边境开屯，就地缴纳。在这一交换过程中，不但边防充实了，政府省去运费，商人也借此发财，真可说一举而三得。而且边防荒地开辟了，不但增加国家的财富，也造成地方的繁荣。

军权分作两部分：统军权归五军都督府，军令权则属于兵部。武人带兵作战，文人发令运筹。在平时，卫所军各在屯地操练种田；战时，动员令一下，各地卫所军集合成军，临时指派都督府长官充任将军，统带出征，战事结束后，立刻复员，卫军各回原卫，将军解除兵权，也回原任。将不专军，军无私将，上下阶级分明，严守军纪，唐、宋以来的悍将跋扈、骄兵叛变的弊端，在这制度下是完全根绝了。

由于历史的继承和衍变，隋、唐以来的三省制度——中书出命令，门下管封驳，尚书主执行——中书和皇帝接触的机会最多，权也独重，渐渐的门下省不能执行职务，尚书也只能平决庶务，不能与闻国政。到元代索性取消门下省，把尚书省的官属六部也归并到中书，成为一省当政的局面。地方则分设行中书省，总揽军、官大政。其下有路、府、州、县，管理军民。

三省制的形成有它的历史背景和原因。就这制度本身说，把政治中枢分作三部分：一个专管设计，一个负责执行，而又另有个纠核的机构，驳正违误。三权并峙，在理论上是无可非议的（三省制和皇权的冲突——或者可以说限制，笔者将于下文"皇权的极峰"一节说明之）。可是在事实上，第一由于人的关系，如上文所说，中书独秉大政，门下无足重轻，尚书也不能与闻国政，到元代三省简化为一省。第二由于事的关系，从唐以来，便适应环境，因事设官，例如尚书都省原有户部，专管户口、财政，在国计困难时，政府要张罗财帛，为慎重其事，便特设盐铁使、户部使、租庸使、国计使等官，这些官都是由宰相或大臣兼任，户部位低权轻，职守都为诸使所夺，变成闲曹。兵部专管军政，后来又设枢密使，兵部又无事可做。礼部专掌礼仪，却又另有礼院。重床叠屋，千头万绪，甚至名实俱紊，居其官不知其职者十常八九。冗官太多，要官更多，行政效率愈来愈低。到元代更把蒙古的部族政治机构和宋制混合，便变成一个非常庞大的机构了。而且就替国家服务而论，也有官、职、差遣之分；国家的赏功酬庸，又有阶、勋、爵、食邑、功臣号等名目。其实除差遣（实际所任事务）以外，其他都是不大相干的。以上两个相反的趋势，前一个由繁而简，后一个由简而繁，却发生同样的恶果，政治机构混乱复杂，不但浪费国家的人力、财力，而且臃肿不灵，心脏麻痹，瘫痪的病象在在显露了。

明太祖初起时，也因承元制，无所更动。洪武九年（1376）改行中书省为承宣布政使司，设左右布政使各一人，掌一省之政令。布政使是中央派驻地方的代表，禀承中央，宣布政令。全国分浙江、江西、福建、北平、广西、四川、山东、广东、河南、陕西、湖广、山西十二布政使司。十五年增置云南布政使司，永乐元年（1403），以北平布政司为北京，五年置交趾布政司，十一年置贵州布政。宣德三年（1428）罢交趾布政，除两京外，定为十三布政司。布政使司的分区大体上继承元的行省，布政使的职权却只管民政、财政，和元代行中书省的无所不统，轻重大不相同。而且就地位论，行省官是以中央都省的机构分设于地方，布政使则是中央派遣于地方的使人。前者是中央分权于地方，后者则地方集权于中央，更不可同日而语。掌管司法、行政的另有提刑按察使司，长官为按察使，主管一省刑名按劾之事。布按二司和掌军政的都指挥使司合称三司，是地方的最高政府，民政、司法、军政三权分立，直接受中央统制。其下有府，长官为知府。有直隶州，地位等于府，长官是知州。府下有县，长官是知县。州、县是直接临民的政治单位。

中央机构的革新，稍晚于地方。洪武十三年（1380），胡惟庸案发后（详下章），废中书省，仿周官六卿之制，提高六部的地位，吏、户、礼、兵、刑、工六部，各设尚书一人、侍郎二人。吏部掌全国官吏选授、封勋、考课、甄别人才。户部掌户口、田赋。礼部掌礼仪、祭祀、宴飨、贡举（教育和考试）和外交。兵部掌军令和卫所、官军选授、简练。刑部掌刑名。工部掌工程、造作、水利、交通。这六部都直接禀承皇帝，奉行政令。

统军机关则改枢密院为大都督府，节制中外诸军。洪武十三年分大都督府为中、左、右、前、后五都督府，每府以左右都督为长官，各领所属都司卫所，和兵部互相表里。都督府长官虽掌军旅政事，却不直接统带军队，遇有征讨，才奉令出为将军，指挥作战，事定后交还将印，仍回原府办事。

监察机关原来是御史台，洪武十五年改为都察院。长官为左右都御史，其属有监察御史，分掌十二道（按照布政使司政区分道）。职专纠劾百司，辨明冤枉，凡大臣奸邪，小人构党作威福乱政，百官猥茸贪冒坏官纪，学术不正，和变乱成宪，都可随时举劾。监察御史在内监视各所属机关，在外有巡按、清军、提督学校、巡盐、茶马、监军等职务，就中巡按算是代皇帝巡狩，按临所部，大事奏裁，小事立断，是最威武的一个差使。

行政、军事、监察三权分立，官吏内外互用，其地位以级规定，官品一致，升迁调用都有一定的法度。百官分治，由皇帝总其大成，在这一新机构下，系统分明，职守固定，法令详密，组织简单，奠定下近六百年的政治基础。在过去，政事由三省分别处理，取决于皇帝，皇帝是国家的元首。在这新制度下，六部府院直属于皇帝，皇帝不但是国家的元首，而且是政治的领袖，君权、相权的合一，使皇权由之达于极峰。

历史的教训使明太祖深切地明白宦官和外戚对于政治的祸害。他以为汉、唐祸乱，多由阉侍。这一种人只可供洒扫、给使令，人数不可过多，也不可用为耳目心腹。如用为耳目，则耳目蔽；用为心腹，则心腹病。驾驭之道，是使之畏法，不使有功；畏法则检束，有功则骄恣。因定制内臣不许读书识字，又铸铁牌置宫门，文曰："内臣不得干预政事，犯者斩"。又令内臣不得兼外臣文武衔，不得御外臣冠服，官不得过四品，月米一石，衣食于内廷。外廷诸司不许和内监文移往来。这几条规定都针对着历史上所曾发生的弊端，使内侍名实相符地做宫廷的仆役。对外戚干政的对策，是不许后妃干政。洪武元年三月即命儒臣修《女诫》，纂集古代贤德妇女和后妃的故事，教育宫人。又定制皇后只得治宫人嫔妇事，宫门之外不得干预。宫人不得和外间通信，犯者死。群臣命妇朔望期见中宫，无故不得入内，人君无见外命妇礼。皇族婚姻选配良家子女，私进者勿受。太祖母族和妻族都绝后，后代也都遵守祖训，后妃必选自民家。外戚只是高爵厚禄，衣租食税，绝对不许预闻政事。在他在位的三十一年中，内臣小心守法，宫禁和外廷隔绝，和前代相比，算是家法最严的了。

次之，元人重吏，法令极繁，案牍冗泛，吏得贪缘为奸，为弊最甚，而且正因为案牍过于冗繁，非学习经年不能通晓，吏事成为专门之学，掌印正官不明格式，只好唯吏之言是听，结果是治国治民的都是吏而非官。小吏唯利是图，不明大体，政治（其实是吏治）自然愈闹愈糟。远在至正二十七年，明太祖便已注意到这个问题的严重，谕台省官立法务须简严，选深通法律的学者编定律令，经过缜密的商订，去烦减重，前后经过三十年，更改删定了四五次，编成《大明律》。条例简于唐律，精神严于宋律。在整个立法史上说，可说是最重要最伟大的一部法典。又于洪武十二年立"案牍减烦式"颁示诸司，使明白易晓，文吏无法舞弊弄权。从此吏员在政治上被斥为杂流，不能做官。

官、吏完全分开，官主行政，吏主事务，这是政治史上一个很大的变化。

和文吏相同的是文章的格式，唐、宋以来的政府文字，从上而下的制诰，从下达上的表奏，照例用骈俪四六，尽管有若干人主张复古，提倡改革，民间是成功了，政府却仍然用老套头。同一时代，却用两种文字：庙堂的骈偶文，民间的古文。明太祖很不赞成这办法，他以为古人为文章，以明道德，通世务。经典上的话都明白好懂，像诸葛亮的《出师表》，何尝雕琢为文？而诚意溢出，至今读了使人忠义感激。近世文士，立辞虽然艰深，用意却极浅近，即使写得和司马相如、扬雄一样好，别人不懂，中什么用！以此他要他的秘书（翰林）作文字，只要说明白道理，通世务，不要浮辞藻饰。到洪武六年，又下令禁用对偶文辞，选唐柳宗元《代柳公绰谢表》和韩愈《贺雨表》作为笺表法式。这一举措，不但使政府文字简单化，把庙堂和民间打通，现代人写现代话，就文学的影响说，也可以说极大——韩、柳以后提倡古文，他是最成功的一个人。

唐、宋两代还有一个坏习惯，政府任官令发表后，被任命的人照例要辞官上辞表，一辞、再辞，甚至辞到六七次；皇帝也照例不许，下诏敦劝，一劝、再三劝、六七劝，到这人上任才算罢休。辞的固不是真辞，劝的也不是真劝，只是双方在玩文字的把戏，误时误事，白费纸墨，明太祖觉得这种做法太无聊，也把它废止了。

第三节　建都问题和分封诸王

自称为淮右布衣、出身于平民而做皇帝的明太祖，在得了势力、称帝建国之后，最惹他操心的问题：第一是怎样建立一个有力的中心，第二是用什么方法来维持他的统治权。

远在初渡江克太平时（1355），陶安便劝他先取金陵，抚形势以临四方。冯国用也劝他定都金陵，以为根本。叶兑上书劝他定都建康，然后拓地江、广，进则临两淮以北征，退则划长江而自守。明太祖参酌诸谋士的意见，经过长期的考虑后，龙凤十二年（元至正二十六年，1366）六月，拓应天城，做新宫于钟山之阳，到次年九月新宫成，这是吴王时代的都城。

第二年称帝，北伐南征，所向胜利，到洪武二十年辽东归附，全国统一。在这二十年中，个人的地位由王而帝，所统辖的疆域由东南一隅而扩为全国，局面大不相同，吴王时代的都城是否可以适应这扩大以后的局面，便大成问题。而且元帝虽已北走，仍然是蒙古大汗，保有不可侮的实力，时刻有南下恢复的企图。同时沿海倭寇的侵轶，也是国防上重大的问题。以此国都的重建和国防的设计，是当是朝野所最瞩目的两大问题。

基于天然环境的限制，东南方面沿海数千里，时时处处有被倭寇侵犯的危险。东北和西北方面呢？长城外便是蒙古人的势力，如不在险要处屯驻重兵，则铁骑奔驰，黄河以北便非我有。可是防边须用重兵，如把兵权交给诸将，又怕尾大不掉，有造成藩镇跋扈的危机。如以重兵直隶中央，则国都必须扼驻国防前线，才能收统辖指挥之效。东南是全国的经济中心，北方为国防关系，又必须成为全国的军事中心。国都如建设在东南，则北边空虚，无法堵住蒙古人的南侵。如建设在北边，则国用仍须仰给于东南，转运劳费，极不合算。

帝国都城问题以外，还有帝国制度问题，是郡县制，还是封建制呢？就历史说，秦、汉、唐、宋之亡，没有强大的藩国屏卫，是许多原因中之一个。可是周代封建藩国，却又枝强干弱，威令不行。这两个制度的折衷办法是西汉初期的郡国制：一面设官分治，集大权于中央；一面又封建子弟，使为国家捍御。把帝国建都和制度问题一起解决，设国都于东南财赋之区，封子弟于北边国防线上，在经济上、在军事上、在统治权的永久维持上，都可以得到完满的解决，这是明太祖的折衷政策。

明太祖定都应天的重要理由是受经济的限制：第一因为江南富饶为全国冠，"财赋出于东南，而金陵为其会"。第二是吴王时代所奠定的宫阙，不愿轻易放弃，若另建都邑，则又须重加一番劳费。第三从龙将相都是江淮子弟，不愿轻去乡土。洪武元年四月攻取汴梁后，他曾亲到汴梁去视察，觉得虽然地位适中，可是四面受敌，形势还不及应天。而在事实上，则西北未定，为转饷屯军计，不能不有一个军事上的前线供应站，以便策攻。于是仿效成周两京之制，八月以应天为南京，开封（汴梁）为北京。次年八月陕西平定，北方全入版图，形势改变，帝都重建问题又再度提出。廷臣中有人主张关中险固，金城天府之国。有人主张洛阳为全国中心，四方朝贡道里适均。也有人提议开封是宋朝旧都，漕运方便。又有人提出北平（元大都）宫室完备，就之可省民力。太祖以为这些建议都有片面的理由，只是都不适应现状。长安、洛阳、开封，过去周、秦、汉、魏、唐、宋都曾建国，但平定之初，民力未苏，若重新建都，供给力役都出江南，未免劳民。在北平，宫室也得略有更动，还不如仍旧在南京，据形势之地，长江天堑，龙蟠虎踞，足以立国。次之，临濠（濠州）前江后淮，以险可恃，以水可漕，也是一个可以建都的地方。于是定议以临濠为中都，命有司建置城池宫阙，从洪武二年九月开始营建，到八年四月，经刘基坚决反对，以为凤阳虽是帝乡，但就种种条件说，都非建都之地，方才停工，放弃了建都的念头。到洪武十一年（1378）正月才改南京为京师。踌躇了十年的建都问题，到这时才下决心正名定都。

京师虽已奠定，但为了防御蒙古，控制北边，明太祖仍时时有迁都西北的雄心。选定的地点仍是长安和洛阳。洪武二十四年八月命皇太子巡视西北，比较两地的形势，太子回朝后献陕西地图，提出经略建都的意见。次年四月太子薨，迁都问题只好暂时搁下。

京师新宫原来是燕尾湖，填湖改造，地势中下、南高而北低，就地理家的看法是不合建造的法则的。皇太子死后，明太祖很伤心，百无聊赖中把太子之死归咎于新宫的地势，这年年底他亲撰《祭光禄寺灶神文》说：

> 朕经营天下数十年，事事按古有绪。维宫城前昂后洼，形势不称，本欲迁都，今朕年老，精力已倦。又天下新定，不欲劳民。且废兴有数，只得听天。唯愿鉴朕此心，福其子孙！

六十五岁的老皇帝，受了这严重的打击，失去勇气，就从此不再谈迁都问题了。

分封诸王的制度，决定于洪武二年（1369）四月编《祖训录》的时候，皇第二子到皇第十子的封王在洪武三年四月，可是诸王的就藩却在洪武十一年定鼎京师之后。从封王到就藩，前后相隔九年，原因第一等候诸子成年，第二都城未定，牵连的立国制度也不能决定。到京师决定后，第一批就藩的是第二子秦王、第三子晋王。以后诸子逐一成年，也都分王出外，遍布在全国各军略要地。

诸王分封在国防前线、防止蒙古入侵的有九王，都敷险隘，控要害，有塞王之称。就长城的起讫，又可分作外、内二线：外线东渡榆关，跨辽东，南被朝鲜，联开原，控扼东北诸夷，以广宁为中心，建辽国。经渔阳、卢龙，出喜峰，包大宁（热河），断绝蒙古南略道路，以大宁为中心，建宁国。北平天险，为元故都，建燕国。西按古北口，濒于雍河，巩居庸，蔽雁门，以谷王驻宣府（察哈尔宣化），代王驻大同。逾河而西，历延、庆、韦、灵，又逾河北保宁夏，倚贺兰，以庆王守宁夏。又西渡河领张掖、酒泉诸郡，西扃嘉峪，护西域诸国，以甘州为中心，建肃国。内线则是太原的晋王和西安的秦王。内地则开封有周王，武昌有楚王，青州有齐王，长沙有潭王，兖州有鲁王，成都有蜀王，荆州有湘王。

诸王在其封地建立王府，置官属，冕服车旗邸第下皇帝一等，公侯大臣伏而拜谒，无敢钧礼。地位虽然极高，却没有土地，更没有人民，不预民政，王府以外，便归中央所任命的各级官员统治。每年有一万石米的俸禄和其他赏赐。唯一的特权是军权。每王府置亲王护卫指挥使司，设三护卫，护卫甲士少者三千人，多者至万九千人。陟边诸王，兵力尤厚，如宁王所部至有带甲八万，革车六千，所属朵颜三卫皆骁勇善战。秦、晋、燕三王的护卫特别经中央补充，兵力也特强。祖训规定："凡王国有守镇兵，有护卫兵，守镇兵有中央的常选指挥掌之，其护卫兵从王调遣。如本国是险要之地，遇有警急，其守镇兵、护卫兵并从王调遣。凡朝廷调兵须有御宝文书与王，并有御宝文书与守镇官。守镇官既得御宝文书，又得王令旨，方许发兵。无王令旨，不得发兵。"这规定使亲王成为地方守军和中央军令机关的联系人，亲王是皇帝在地方的军权代表，平时以护卫军监视地方守军，单独可以应变，有事时指挥两军也可抵抗外来的侵袭。诸塞王每年秋天勒兵巡边，远涉塞外，校猎而还，谓之肃清沙漠。凡塞王都预军务，内中晋、燕屡次受命将兵出塞及筑城屯田，大将如宋国公冯胜、颍国公傅友德皆受节制。军中小事专决，大事方请示中央，军权独重，立功也最多。

以亲王守边，专决军务，内地各大都会，也以皇子出镇，屏藩翼卫，星罗棋布，国都虽然在东南，也安如磐石，内安外攘，不会发生什么问题了。

第四节　大一统和边疆政策

明太祖以洪武元年称帝建国，但是大一统事业的完成，却还须等候二十年。

元顺帝北走以后，蒙古人残留在国内的势力还有两大支：一支是云南的梁王，一支是东北的纳哈出，都奉元正朔，雄踞一方。云南和蒙古本部完全隔绝，势力孤单，明太祖的注意力便先集中在西南。从洪武四年（1371）消灭了割据四川的夏国后，便着手经营，打算用和平的方式使云南自动归附，先后派遣使臣王祎、吴云到云南招降，都被梁王所杀。到洪武十四年便决意用武力平定，派出傅友德、蓝玉、沐英三将军分两路进攻。

这时云南在政治上和地理上分作三个系统：第一是直属于蒙古大汗以昆明为中心的梁王。第二是在政治上隶属于蒙古政府，却又享有自治权利，以大理为中心的土酋段氏，以上所属的地域都被区分为路、府、州、县。第三是在上述两系统底下和南部（现今思普一带）的非汉族诸部族，就是明代人叫作土司的地域。在这三系统中，汉化程度以第一为最深，第二次之，第三最浅或竟未汉化。现在贵州的西部，在元代属于云南行省，其东部则另设八番、顺元诸军民宣慰使司，管理罗罗族及苗族各土司。元至正二十四年（1364），明太祖平定湖南、湖北，和湖南接界的贵州土人头目思南（今思南县）宣慰和思州（今思县）宣抚先后降附。平夏后，四川全境都入明版图，和四川接境的贵州其他土司大起恐慌，贵州宣慰和普定府总管即于第二年自动归附。贵州的土司大部分都已归顺明朝，云南在东北两面便失去屏蔽了。

明兵从东北两面进攻：一路由四川南下取乌撒（今云南镇雄、贵州威宁等地），这地方是四川、云南、贵州三省的接壤处，恰似犬牙突入，在军事上可以和在昆明的梁王主力军呼应，并且是罗罗族领域的中心。一路由湖南西取普定（今贵州安顺），进攻昆明。从明军动员那天算起，不过一百多天的工夫，明东路军便已直抵昆明，梁王兵败自杀，明军再回师和北路军会攻乌撒，把蒙古军消灭了，附近东川（今云南会泽）、乌蒙（今云南昭通）、芒部（今云南镇雄）诸罗罗族都望风降附，昆明附近诸路也都以次归顺。洪武十五年正月，置贵州都指挥使司和云南都指挥使司，树立了军事统制的中心。二月，又置云南布政使司，树立了政治的中心。又分别派官开筑道路，广十丈，以六十里为一驿，把川、滇、黔三省联系起来。布置既定，又再向西进攻大理，经略西北和西南部诸地，招降麽些、罗罗、掸、僰诸族，分兵南下，以次勘定各土司。分云南为五十二府、六十二州、五十四县，在要害处设兵置卫。云南边外的缅甸和八百媳妇（今暹罗地）都遣使内附，置缅中、缅甸和老挝（今暹罗）八百诸宣慰司。又令沐英以西平侯世守云南。沐家世代都有军事上和政治上的人才，他们竭力输入汉文化，兴学校，修水利，垦荒地，云南的经济因之开发，人文因之日盛。

纳哈出是元朝世将，太平失守后被俘，明太祖放他北还。元亡后拥兵虎踞金山（在开原西北，辽河北岸之怀德，境邻吉林），养精蓄锐，伺机南下，和蒙古大汗的中路军，扩廓帖木儿的西路军，互相呼应，形成三路对明的局面。在东北，除金山纳哈出军以外，辽阳、沈阳、开原一带也都有蒙古军屯聚。洪武四年（1371），元辽阳守将刘益降后，即置辽东指挥使司，七月又置辽东都指挥使司，总辖辽东军马，逐渐把辽、沈、开原等地征服。同时又从河北、陕西、山西各地几次分兵大举深入蒙古，击破扩廓的主力。时元顺帝于前一年死，子爱猷识里达腊继立（年号宣光，庙号昭宗）。明兵进击，克应昌（今热河经棚县以西、察哈尔北部之地），元主远遁漠北。到洪武八年扩廓死后，蒙古西路和中路的军队日渐困敝，不敢再深入内地侵掠。明太祖乘机以次经营甘肃、宁夏一带，更进一步招抚西部各羌族和回族部落，给以土司名义或王号，使其分化，不能合力入寇，同时也利用他们来阻挡蒙古人的南下。在长城以北今内蒙地方，则就各要害地点设置军事中心，逐步把蒙古人赶往漠北，不使近塞。西北的问题解决，再转回头来对付东北。

洪武二十年（1387），命冯胜、傅友德、蓝玉等将军率兵北征纳哈出。大军出长城松亭关，筑大宁（今热河黑城）、宽河（今热河宽城）、会州（今热河平泉）、富峪（平泉之北）四城，留兵屯守，切断纳哈出和蒙古中路军的呼应。再东向用主力军由北面包围，纳哈出孤军无援，只好出降，辽东全定。于是置北平行都司于大宁，东和辽阳、西和大同相望，为国防前线的三个据点。又西和开平卫（元上都，今察哈尔多伦县地）、兴和千户所（今察哈尔张北县地)、东胜城（今绥远托克托县及内蒙古茂明安之地）连成长城以外的第一道国防线，从辽河以西数千里，设卫置所，声势联络。到洪武二十二年，蒙古主脱古思帖木儿被弑，部属分散，以后篡乱相寻，势力日衰，帝国北边的边防也因之而博得一个短时期的安宁。

东北蒙古军虽已消灭，还有女真族的问题亟待解决。女真这一部族原是金人的后裔，分为建州、海西、野人三种。过去两属于蒙古和高丽，部落分散，时时纠合向内地侵掠。明太祖所采取的对策：一面封韩王于开原，宁王于大宁，以控扼辽河之首尾；又封辽王于广宁（今辽宁北镇），以阻止蒙古及女真之内犯。另一面采分化政策，把辽河以东诸女真部族，个别招抚，分为若干卫所，使其自成单位，给其酋长以军官名义并指定住处，许其世袭，并且给以玺书为进贡和互市的凭证，满足他们的经济要求，使其不能团结为患。到明成祖即位后，越发遣使四出招抚，拓地至今黑龙江口，继续设置卫所，连太祖时代所设的共百八十四卫，置奴儿干都司以统之，现在的俄领库页岛和东海滨省都是当年奴儿干都司的辖地。

辽东平定后，大一统的事业遂完全告成。

和前代一样，这大一统的国家还有许多属国和藩国，围拱在它的四周。从东面算起，洪武二十五年高丽发生政变，大将李成桂推翻亲元的王朝自立，改国号为朝鲜，成为大明帝国最忠顺的属国。东南有琉球。藩国则西南有安南、真腊、暹罗、占城和南洋群岛诸岛国，在内地和边疆则有许多羁縻的部族和土司。

藩属和帝国的关系，照历代传统的办法，在帝国方面有三道手续：第一是宣告新朝成立，叫他们缴还元代所颁的印绶册诰，表示他们已和元室断绝关系。第二是遣使重新颁赐新的印绶册诰，表示他们自此受新朝的册封，在名义上是新朝的藩国。第三是逐年颁赐大统历，使之遵奉正朔，永为藩臣。在藩国方面则必须遣使称臣入贡；新君即位，必须请求帝国承认，遣使册封。所享受的权利是通商，和皇帝的优渥的赏赐。和他国发生纠纷或被攻击时，得请求帝国调解和援助。至于藩国的内政，则可完全自主，帝国从不加以干涉。帝国在沿海特别设三个通商口岸，名为市舶司，和藩国通商：宁波市舶司指定为日本的通商口岸，泉州市舶司通琉球，广州市舶司则通占城、暹罗、西洋诸国。

明太祖接受了元代用兵海外失败的教训，并且了解一个自足自给的国家，没有理由发动侵略的战争。除非是无故被侵略，不能不起来作战。以此立定主意，和各国和平相处，保境安民。生怕后世子孙不能遵守这政策，又特别在他的《皇明祖训》中郑重告诫说：

> 四方诸夷皆限山隔海，僻处一隅，得其地不可以供给，得其民不足以使令。若其不自揣量，来挠我边，则彼为不祥。彼既不为中国患，而我兴兵轻犯，亦不祥也。吾恐后世子孙倚中国富强，贪一时战功，无故兴兵，致伤人命，切记不可。但胡戎与中国边境，互相密迩，累世战争，必选将练兵，时谨备之。
>
> 今将不征诸国名列于后：
>
> 东北：朝鲜国。
>
> 正东偏北：日本国——虽朝实诈，暗通奸臣胡惟庸谋为不轨，故绝之。
>
> 正南偏东：大琉球国、小琉球国。
>
> 西南：安南国、真腊国、暹罗国、占城国、苏门答剌国、西洋国、爪哇国、湓亨国、白花国、三弗齐国、渤泥国。

内地的部族和土司也和藩属一样，要进贡，继承要得帝国承认，内政也可自主。所不同的是：藩国接待属礼部主客司，册封承袭都用诏旨；部族土司领兵的则直属兵部，土府县属吏部，体统不同。平时有纳税、开辟驿路的义务。遇有大征伐，有出兵从征的义务。内部发生纠纷，政府得随时改变他们的组织，甚至收回治权，直属中国，即所谓"改土归流"。土司衔号有宣慰司、宣抚司、招讨司、安抚司、长官司、土知府、土知县等名目，地位都是世袭，有一定的辖地和土民。土司和政府的关系，在土司方面是借中央所给予的地位和威权，来震慑部下百姓；在中央方面，则用爵赏政策牢笼土司，使其约束土民，维持地方安宁，可以说是互相为用的。

大概地说来，明代西南部各小民族的分布，在湖南、四川、贵州三省接壤处是苗族活动的中心，向南发展达到贵州。广西则是瑶族（在东部）、壮族（在西部）的根据地。四川、贵州、云南三省接壤处是罗罗族的大本营。四川西部和云南西北部则有麽些族。云南南部有僰族（即摆夷）。四川北部和青海、甘、宁有羌族（番人）。

在上述各区域中，除纯粹由土官治理的土司而外，还有一种参用流官的制度。流官即中央所任命的、有一定任期、非世袭的地方官。大致是以土司为主官，另外派遣流官去帮他治理地方。相反的，在设立流官的州、县，境内却有不同部族的土司存在，以此，在同一布政司治下，有流官的州、县，有土官的土司，有土流合治的州、县，也有土官的州、县，即在同一流官治理的州、县内，也有汉人和非汉人杂处的情形。中央政府对付这些部族的政策，在极边区域，只要他们禀承朝命，治民合理，和汉人相安无事，便听任其世世相承，不加干涉。在内地则采逐渐同化政策，如派遣流官助治，和开设学校，建设道路，派遣土人子弟到京师国子监读书，提高他们的文化和生活水准，使之加入大文化集团，享受国民的一切权利。

治理西北羌族的办法分两种：一种用其酋长为卫所长官，世世承袭；一种因其土俗，建寺并赐番僧封号，使悉心内向。羌族的势力日益分化，兵力愈弱，西边的问题也就解决了。现在的西藏和西康，当时叫作乌斯藏和朵甘，是喇嘛教的中心地，僧侣兼掌政事，也因仍元制，按照宗教地位，封为国师、法王等名号，令其抚安番民，定期朝贡。又以西番肉食，对茶叶特别爱好，于边境创立茶课司，令番人以马换茶，对入贡的赏赐也以茶和布匹代替。西边诸族国，一来贪入贡和互市的利益，二来要保住世代袭官的权利，三来有僧侣劝导，共尊中国，都服服帖帖，不敢生事。有明一代，西边太太平平，无寇乱之患，不能不归功于这种边疆政策的实施。

第四章　恐怖政治

第一节　几件大案

明太祖继元立国，有惩于元代之以纵弛失败，矫枉过正，特用严刑治国，诛杀屠戮，几无虚日。用恐怖的手段，肃清贪污官吏，排除有野心的文武臣僚，恐吓知识分子，造成至高无上、森严可怖的皇权。

在他在位的三十一年中，根据他自己的著作《大诰》、《大诰续编》、《大诰三编》和《大诰武臣》的统计，所列凌迟、枭示、种诛有几千案，弃市以下的有一万多案，《三编》所定算是最宽容了，所记进士、监生罪名，从一犯到四犯的仍有三百六十四人，最优待的办法是暂赦死刑，仍回原职，戴斩罪办事！内中最大的案件有胡惟庸案、蓝玉案、空印案和郭桓案。前两案属于政治阴谋，后两案则为贪污。前两案株连被杀者有五万人，后两案也有好几万。从开国元勋到列侯、神将，诸司官吏到州县胥役，进士、监生，富人、地主，僧道、屠沽，甚至亲侄、亲甥，一有不是，立刻丧身灭族。在他这一朝，差不多各阶层的比较有作为的领袖人物，都被杀完了，杀得全国寒心，人人战战兢兢，不知命在何日。尤其是在朝的官吏，和皇帝最接近的，死的机会也最多。朝官每天上朝，先和妻子诀别，立下遗嘱，幸而不死，居然活着回来，便举家相庆。有的被判处做苦工或充军，亲朋也都来道喜。在这紧张惨酷的空气下，贪污是绝迹了，行政效率是提高了，国家的纲纪是建设起来了，治权是稳定了，可是国家民族的元气也被斫丧了！

　　胡惟庸案发生于洪武十三年，蓝玉案发生于洪武二十六年，前后相隔十三年，主犯虽不同，其实是一个案子。

　　胡惟庸是太祖初起兵占领和州时的帅府旧部，和李善长同乡，因李善长的举荐，逐渐进用，洪武三年就拜中书省参知政事，六年七月拜右丞相。

　　中书省综掌全国军、民大政，丞相对一切庶务都有专决的权力，统率百司，只对皇帝负责。这制度对于一个平庸的唯唯否否、不敢做主的丞相，或是一个嬉游逸乐、不理国事的皇帝，也许不会引起什么问题。或者一方面性情谦和退让，一方面性情刚断果决，柔刚互济，也许可以适合。但是胡惟庸是一个干练有为的野心家，在中书省年代久了，大权在手，威福自任，不肯放下。明太祖呢？赤手建国，英明果断，苦战几十年才得到的大权，岂肯轻易倒持太阿，授人以柄。困难的是皇帝和丞相的权力，从来没有清楚的界限，理论上丞相是辅佐皇帝治理天下的，相权是皇权的代表，事实上如一切庶务都归丞相处决，皇帝只好高拱无为，签字盖印。反之，如皇帝躬亲庶务，则丞相也成为虚设，伴食画诺。这两个人都好揽权，又都刚性，不肯相让，结果相权和皇权发生摩擦，皇帝有兵权，失败的当然是丞相。在胡惟庸以前，第一任丞相李善长小心怕事，徐达经常统兵在外，冲突还不明显（刘基自己知道性子太刚，一定合作不来，坚决不干）。接着是汪广洋，数黜数进，终于赐死。中书官稍有权的如杨宪，也不免一死。胡惟庸是任期最长、冲突最久的一个，惟庸死而中书省遂废，相权和皇权合一。洪武二十八年太祖立下政治遗嘱说："朕罢丞相，设府部都察院分理庶政，事权归于朝廷，嗣君不许复立丞相，臣下敢以请者置重典！"就整个历史说，胡惟庸是最后一个丞相。

　　胡惟庸之死只是这件大案的一个引子，他的罪状是擅权枉法。以后明太祖要消除有野心的文武臣僚，便把这案情放大：一放为通倭，再放为通元。倭寇和蒙古是国家当时的两大敌人，通敌当然是谋反。三放为串通李善长谋逆，四放为蓝玉谋逆案。罪状愈多，牵连的罪人也愈多，由甲及乙，由乙及丙，一网打尽，名为株连，被杀的都是以家族为单位，杀一人也就是杀一家。坐胡案死的著名人物有：御史大夫陈宁、中丞涂节、太师韩国公李善长、吉安侯陆仲亨、平凉侯费聚、南雄侯赵庸、荥阳侯郑遇春、宜春侯黄彬、河南侯陆聚、宣德侯金朝兴、靖宁侯叶升，申国公邓镇（愈子）、济宁侯顾敬、淮安侯华中

（云龙子）、临江侯陈镛、营阳侯杨通（璟子）、毛骧、李伯升、丁玉和宋濂之孙慎，宋濂也因此被贬死茂州。坐蓝党死的除凉国公蓝玉以外，有：吏部尚书詹徽、户部侍郎傅友文、开国公常升（遇春子）、景川侯曹震、鹤庆侯张翼、舳舻侯朱寿、东莞伯何荣（真子）、普定侯陈桓、宣宁侯曹泰、会宁侯张温、怀远侯曹兴、西凉侯濮玙、东平侯韩勋、全宁侯孙恪、沈阳侯察罕（纳哈出子）、徽先伯桑敬、都督黄辂、汤泉等。胡案有《昭示奸党录》，蓝案有《逆臣录》，把口供和判案都详细记录，让全国人民都知道这些人是该杀的。李善长死时已经七十七岁了，替明太祖办了三十九年事，儿媳妇是太祖的女儿——公主，和皇帝是两亲家，末了却落得全家诛戮。他死后一年，有人替他上疏讼冤说：

> 善长与陛下同心，出万死以取天下，勋臣第一，生封公，死封王，男尚公主，亲戚拜官，人臣之分极矣。借令欲自图不轨，尚未可知；而今谓其欲佐胡惟庸者，则大谬不然。人情爱其子，必甚于兄弟之子；安享万全之富贵者，必不侥幸万一之富贵。善长与惟庸，犹子之亲耳，于陛下则亲子女也。使善长佐惟庸成，不过勋臣第一而已，太师、国公、封王而已矣，尚主纳妃而已矣，宁复有加于今日？且善长岂不知天下之不可幸取？当元之季，欲为此者何限？莫不身为齑粉，覆宗绝祀，能保首领者几何人哉！善长胡乃身见之，而以衰倦之年身蹈之也？凡为此者，必有深仇激变，大不得已；父子之间，或至相挟以求脱祸。今善长之子祺，备陛下骨肉亲，无纤芥嫌，何苦而忽为此？若谓天象告变，大臣当灾，杀之以应天象，则尤不可；臣恐天下闻之，谓功如善长且如此，四方因之解体也。今善长已死，言之无益，所愿陛下作戒将来耳。

明太祖看了，句句都有道理，无话可驳，只好算了。

二案以外，开国功臣被杀的有德庆侯廖永忠——谋杀小明王的凶手，洪武八年以僭用龙凤不法等事赐死。十三年永嘉侯朱亮祖父子被鞭死。十七年临川侯胡美以犯罪伏诛。二十五年江夏侯周德兴以帷薄不修伏诛。二十七年定远侯王弼、永平侯谢成、颍国公傅友德诛。二十八年宋国公冯胜赐死。周德兴是太祖孩提之交，傅友德、冯胜功最高，他们的被杀，别无罪过，正合着古人说

"飞鸟尽，良弓藏；狡兔死，走狗烹"的话。

不但列将以次诛夷，甚至替他坚守南昌七十五日、力拒陈友谅、造成鄱阳湖大捷、奠定王业的功臣——亲侄朱文正，也只以"亲近儒生，胸怀怨望"的罪过被鞭死。亲甥李文忠南征北伐，从十几岁起便替他打仗，也因为左右多儒生，好贤下士，有政治野心的罪过被毒死。刘基运筹帷幄，不但有定天下的大功，并且是奠定帝国规模的主要人物，却被猜忌最深。洪武元年，便被休致回家。又因为隔得太远，太祖不放心，硬拉回到南京，终于把他毒死。徐达为开国功臣第一，小心谨慎，也逃不过，洪武十八年病了，生背疽，最忌蒸鹅，病重时皇帝却赐蒸鹅，只好流着泪，对使者吃了，不多日就死了。

武臣之外，文臣被杀的也着实不少，有记载可考的，有：宋思颜、夏煜、高见贤、凌说、孔克仁，这几人都是初起时的幕府僚属。朝官有：礼部侍郎朱同、张衡，户部尚书赵勉，吏部尚书余熂，工部尚书薛祥、秦逵，刑部尚书开济，户部尚书茹太素，春官王本，祭酒许存仁，左都御史杨靖，大理寺卿李仕鲁，少卿陈汶辉，御史王朴；外官有：苏州知府魏观，济宁知府方克勤，训导叶伯巨，晋王府左相陶凯等。茹太素是个刚性人，爱说真话，几次为了话不投机被廷杖，降官。一天，太祖在便殿赐宴，赐他酒吃说："金杯同汝饮，白刃不相饶。"太素接着说："丹诚图报国，不避圣心焦。"太祖听了倒也很感动。不几日又得罪，和同官十二人都戴着脚镣办事，后来还是被杀。李仕鲁劝太祖不要太尊崇佛道，太祖不理会，李闹起迂脾气，当面交还朝笏，要告休回家，立刻被武士摔死阶下。陶凯起了一个别号叫耐久道人，触了忌讳被杀。叶伯巨在洪武九年以星变上书论用刑太苛说：

> 臣观历代开国之君，未有不以仁德结民心，以任刑失民心者。国祚长短，悉由于此。古者之断死刑也，天子撤乐减膳。诚以天生斯民，立之司牧，固欲其并生，非欲其即死。不幸有不率教者入于其中，则不得已而授之以刑耳。议者曰：宋、元中叶，专事姑息，赏罚无章，以致亡灭。主上痛惩其弊，故制不宥之刑，权神变之法，使人知惧而莫测其端也。臣又以为不然：开基之主，垂范百世，一动一静，必使子孙有所持守；况刑者民之司命，可不慎欤！夫笞、杖、徒、流、死，今之五刑也；用此五刑，既

无假贷，一出乎大公至正可也。而用刑之际，多裁自圣衷，遂使治狱之吏，务趋求意旨，深刻者多功，平反者得罪，欲求治狱之平，岂易得哉！近者特旨杂犯死罪，免死充军，又删定旧律诸则，减宥有差矣，然未闻有戒敕治狱者务从平恕之条，是以法司犹循故例。虽闻宽宥之名，未见宽宥之实；所谓实者，诚在主上，不在臣下也。故必有罪疑唯轻之意，而后好生之德洽于民心，此非可以浅浅期也。何以明其然也？古之为士者以登仕为荣，以罢职为辱；今之为士者，以溷迹无闻为福，以受玷不录为幸，以屯田工役为必获之罪，以鞭笞箠楚为寻常之辱。其始也，朝廷取天下之士，网罗捃摭，务无余逸，有司敦迫上道，如捕重囚。比到京师，而除官多以貌选，所学或非其所用，所用或非其所学。洎乎居官，一有差跌，苟免诛戮，则必在屯田工役之科，率是为常，不少顾惜，此岂陛下所乐为哉，诚欲人之惧而不敢犯也。窃见数年以来，诛杀亦可谓不少矣，而犯者相踵；良由激劝不明，善恶无别，议贤议能之法既废，人不自励而为善者怠也。有人于此，廉如夷、齐，智如良、平，少戾于法，上将录长弃短而用之乎？将舍其所长苛其所短而置之法乎？苟取其长而舍其短，则中庸之材争自奋于廉智；倘苛其短而弃其长，则为善之人皆曰某廉若是，某智若是，朝廷不少贷之，吾属何所容其身乎？致使朝不谋夕，弃其廉耻，或事掊克，以备屯田工役之资者，率皆是也，若是非用刑之烦者乎！汉尝徙大族于山陵矣，未闻实之以罪人也。今凤阳皇陵所在，龙兴之地，而率以罪人居之。怨嗟愁苦之声，充斥闾邑，殆非所以恭承宗庙意也……臣愿自今朝廷宜存大体，赦小过，明诏天下，修举八议之法，严禁深刻之吏，断狱平允者超迁之，残酷衰敛者罢黜之；凤阳屯田之制，见在居屯者听其耕种起科，已起户口见留开封者悉放复业。如此则足以隆好生之德，树国祚长久之福，而兆民自安，天变自消矣。

此书一上，立被逮捕，死在刑部狱中。

照规定，每年布政司府州县派计吏到户部核算钱粮军需诸事，数目琐碎畸零，必须府合省，省合部，一层层上去，到部里审核通过，才算完事。省府离京师远的六七千里，近的一二千里，如有问题改造新册，必得用印，来回就得一年。为免往返麻烦，照例都带有空印文书，遇有部驳，随时填用空印文书。洪武十五年，太祖忽然发觉这事，以为一定有弊，全国地方长吏，凡是主印的一律处死，佐贰官杖一百充军边方。其实计吏所预备的空印文书只有半边印，不一定用得着，而且也不能作为别用。全国各机关都明白这道理，连户部也照例默认，只是差一点没成为法律。可是案发后，政府中人谁也不敢说明这情形，有一个不怕死的老百姓拼着命上书把这事解释清楚，也无用处，末了还是把地方长吏一杀而空，当时最有名的好官济宁知府方克勤（建文朝大臣方孝孺的父亲）也死在这案内，这上书人也被罚充军。

郭桓是户部侍郎，洪武十八年，太祖怀疑北平二司官吏和郭桓通同舞弊，从六部左右侍郎以下都处死刑，追赃七百万，供词牵连到诸直省官吏，系死者又数万人。追赃所牵连遍全国，中产阶级几乎全被这案闹得人亡家破。这案激动了全国人心，大家都指斥告发此案的御史和审判官，议论沸昂，太祖只好用手诏条列郭桓等罪状，说明这些人的该死，又把原审官也杀了，再三申说，求国民的谅解。

严刑重法，接连地发生这几次大案，凡是做官的随时随地都有死的威胁和恐怖，提心吊胆，过不成日子，有的人实在受不了，只好辞官，回家当老百姓；不料这又触了皇帝的忌讳，以为他们不肯替国家办事，看不起他，答复是杀头！没有做官的读书人，或者前朝遗老，躲在家里不敢出来应考做官；他又以为这些人看不起他，不肯替国家做事，下命令叫各地方官用种种方法逼他们出来，立下一条法律，叫作"寰中士夫不为君用"，处置的办法也是杀！例如贵溪儒士夏伯启叔侄断指立誓不做官，苏州人才姚润、王谟被征不肯出来，都被处死，并且全家籍没。总之，在太祖一朝的读书人和官吏，恰像被合围的鸟兽，紧紧地困在几层圈子里，出去是死，不出去也得死，不死的是太渺小的虫蚁和聪明一点的狐狸，有法不让人注意。大将中汤和最乖觉，知道皇帝对武人不放心，赶紧交还兵权，回家养老，算侥幸老死。文臣中袁凯一看颜色不对，立刻装疯装瞎，吃尽苦头，也得善终。

吴人严德珉由御史升左佥都御史，因病辞官，太祖发脾气，把他黥配南丹，后遇赦放还，布衣徒步，谁也不知道他是官。到宣德朝，还很健朗，一天因事被御史所逮，跪在堂下，供说："我也曾在台勾当公事，通晓三尺法度。"

御史问是何官，回说："洪武中台长严德珉。"御史大惊谢罪。第二天去拜访，早已挑着铺盖走了。有一个教授和他喝酒，见他脸上刺字，头戴破帽子，问老人家犯什么罪，德珉说了详情，并说先时国法极严，做官的多不保首领，这破帽子真不容易戴呢！说完还北面拱手，嘴里连说："圣恩！圣恩！"

洪武一朝的历史可以说是血写的。

第二节　文字狱

明太祖虽然通文，却苦于识字不多，学问不到家，往往以文字疑误，发脾气杀人。他是穷和尚出身，最忌讳被人揭穿，例如光头、秃头、僧人等字样。当和尚不安分，又去跟红军造反，做贼、强盗等字样也使他难受。其他方面的嫌忌，想入非非，更不一而足。总之，他的出身太寒伧，尽管他自己口口声声说什么"淮右布衣"、"出身寒微"、"江右匹夫"，卖弄他同符汉高，平民皇帝，却绝不许人家对他如此说。洪武一朝文人被杀的特别多，追究原因却都不过是语言文字的过失，而且就文字字面论，或者就作者的写作动机论，都可以说是完全没有恶意的。

地方三司和卫所逢年过节或为特殊事由上呈皇帝的表笺，照例由学校教官代作。当时以文字嫌疑被杀的，有浙江府学教授林元亮，他替海门卫作《谢增俸表》，有"作则垂宪"一句话。北平府学训导赵伯庸为都司作《万寿贺表》，有"垂子孙而作则"一语。福州府学训导林伯璟为按察使撰《贺冬表》，有"仪则天下"一语。桂林府学训导蒋质为布按作《正旦贺表》，有"建中作则"四字。常州府学训导蒋镇为本府作《正旦贺表》，有"睿性生知"一语。澧州学正孟清为本府作《贺冬表》，有"圣德作则"一语。陈州府学训导周冕为本府作《万寿贺表》，有"寿域千秋"一语。怀庆府学训导吕睿为本府作《谢赐马表》，有"遥瞻帝扉"一语。祥符县学教谕贾翥为本县作《正旦贺表》，表文内有"取法象魏"一辞。亳州训导林云为本府作《谢东宫赐宴笺》，有"式君父以班爵禄"一语。尉氏县教谕许元为本府作《万寿贺表》，有"体乾法坤，藻饰太平"两句。德安府学训导吴宪为本府作《贺立太孙表》，有"永绍亿年，天下有道，望拜青门"三句。为了这几个字，几句话，这一些为人师表的教官，祸从天上来，到死还不明白他的罪过是什么。原来明太祖把字念别了：把"则"念成"贼"，"作则"即"作贼"，"生"和"僧"同音，"帝扉"读成"帝非"，"取法"读成"去发"，"式君父"读作"失君父"，"法坤"有点像"发髡"，"有道"又像是"有盗"，"藻饰太平"念成"早失太平"！

　　杭州府学教授徐一夔贺表有"光天之下，天生圣人，为世作则"等语，太祖读了大怒说："'生'者僧也，骂我当过和尚；'光'是薙发，说我是秃子；'则'音近贼，又骂我做过贼！"立刻传旨把他杀了。吓得礼部官魂不附体，求皇帝降一表式，使臣民有所遵守，太祖就亲撰一文传播全国。

　　有一个和尚叫来复，上了一首谢恩诗，有"殊域"和"自惭无德颂陶唐"字样，太祖又大生气，以为"殊"字分为"歹朱"，明明骂我；又说"无德颂陶唐"，是说我无德，虽欲以陶唐颂我而不能；又把他杀了。

　　其他文人被杀者，如：苏伯衡任处州教授，以表笺误论死。户部侍郎高启告归后，以为苏州知府魏观作《上梁文》腰斩。张羽为太常丞，投江死。徐贲仕至布政使，下狱死。孙蕡仕经历，王蒙知泰安州，和王行曾都以党案死。郭奎参朱文正军事，张孟兼仕至佥事，傅恕为博野令，谢肃为福建佥事，都坐事死。戴良被征后自杀。不死者如：张宣谪为驿丞，杨基谪输作，乌斯道谪役定远，唐肃谪佃濠梁，都算万分侥幸了。

　　明太祖本来不是挑剔文字、使小心眼的性格，他之所以这样做，有一个故事的背景。在开国以后，他很看重文人，以为治国非用文人不可。一般勋臣很不平，太祖告诉他们，世乱用武，世治用文，并非偏心。有人就说："不过文人好挖苦毁谤，譬如张九四厚礼文儒，把文人捧得极高，但替他起名字，却起为'士诚'"。太祖说："这名字就很好。"那人说："不然，孟子里有'士诚小人也'这句话，把这句话割裂，骂他是小人，他哪里懂得，被人家叫了半辈子！"太祖由此起了戒心，唯恐人借古书、借成语损他，全国章奏全都一一过目，文字狱就是这样引起来的。

　　晚年，他所最喜欢的青年才子解缙，说他对文人"取之尽锱铢，用之如泥沙"，说得一点也不错。

　　已入网的文人被如此残杀虐待，使在网外的加倍警戒，不肯上做官这一

钩，如杨维桢之"白衣宣至白衣还"，抵死不肯做官。胡翰、赵埙、陈基修
《元史》成后，即刻回家。张昱被征，以老不仕。王逢以文学被征，其子为通
事舍人，叩头乞免，都得逍遥网外，终其天年。开国谋臣陈遇、秦从龙只肯出
主意，不肯露面做官，也是这个办法，果然明太祖对他俩始终优礼，和刘基之
功成被毒，宋濂之白发谪死，真是不可同日而语了。

在明太祖初期幕府里的主要人物，还有一人名田兴，在功成后即隐遁江
湖，太祖几次派人找他，他都不理会。到洪武三年，又专使以手书敦劝说：

> 元璋见弃于兄长，不下十年，地角天涯，未知云游之处，何尝暂时忘
> 也。近闻打虎留江北，为之喜不可抑，两次诏请，更不得以勉强相屈。文
> 臣好弄笔墨，所拟词意，不能尽人心中所欲言，特自作书，以表一二，愿
> 兄长听之：

> 昔者龙凤之僭，兄长劝我自为计，又复辛苦跋涉，参谋行军，一旦金
> 陵下，告遇春曰："大业已定，天下有主，从此浪迹江湖，安享太平之
> 福，不复再来多事矣"。我故以为戏言，不意真绝迹也！皇天厌乱，使我
> 灭南盗，驱北贼，无才无德，何敢妄自尊大，天下遽推戴之，陈友谅有
> 知，徒为所笑耳。三年在此位，访求山林贤人，日不暇给。兄长移家南
> 来，离京甚近，非但避我，且又拒我；昨由去使传言，令人闻之汗下。虽
> 然，人之相知，莫如兄弟，我二人者不同父母，甚于手足。昔之忧患，与
> 今之安乐，所处各当其时，而平生交谊，不为时势变也。世未有兄因弟
> 贵，唯是闭门逾垣以为得计者也。皇帝自是皇帝，元璋自是元璋；元璋不
> 过偶然做皇帝，并非做皇帝便改头换面，不是朱元璋也。本来我有兄长，
> 并非做皇帝便视兄长如臣民也。愿念兄弟之情，莫问君臣之礼。至于明朝
> 事业，兄长能助则助之，否则听其自便。只叙兄弟之情，断不谈国家之
> 事。美不美，江中水；清者自清，浊者自浊。再不过江，不是脚色！

结果还是不理，神龙见首不见尾，是第一等人物，也是最了解明太祖个性的一
个人物。

第三节　锦衣卫和廷杖

在旧式的政体之下，皇帝只是代表个人和家族，以及外环的一特殊阶级的利益，比较被统治的万民，他的地位，不但孤立，而且永远是在危险的边缘，尊严的、神圣的宝座之下，酝酿着待爆发的火山。为图权威和利益的持续，他们不得不想尽镇压的法子。公开的律例和刑章、公开的军校和法度不够用，他们还需要造成恐怖空气的"特种"组织、"特种"监狱和"特种"侦探，来监视着每一个可疑的人和可疑的官吏。他们用秘密的方法侦伺、搜查、逮捕、审讯、处刑。在军队中，在学校中，在政府机关中，在民间，在集会场所，甚至交通孔道，大街小巷，处处都有这样人在活动。执行这些任务的"特种"组织，在汉有"诏狱"和"大谁何"，在唐有"丽景门"和"不良人"，在宋有"诏狱"和"内军巡院"，在明初则有锦衣卫。

锦衣卫是内廷亲军，是皇帝的私人卫队，不隶于都督府。其下有镇抚府，专治刑狱，可以直接取诏行事，不必经过外廷法司。锦衣卫的正式职务是"掌侍卫缉捕刑狱之事"，凡盗贼奸宄街途沟洫密缉而时省之。主要的是"侦察不轨妖言"。"不轨"指政治上的反动或党派，"妖言"指宗教的集团如弥勒教、白莲教、明教等。明太祖出身于红军，深知"弥勒降生"和"明王出世"等传说，对于渴望改造生活的一般农民，所发生的政治作用，他尤其了解聚众结社对现实政权是有如何巨大的威胁。他已掌握政权，也已为这政权立下基础，唯一的问题是如何才能永远，子子孙孙都能不费事地继承这政权。他所感觉的严重危机有两方面：其一是并肩起事的诸将，个个都身经百战，枭悍猛鸷。其二是出身豪室的文臣，他们有地方的势力，有政治的声望，又有计谋，他自己在位一天，固然镇压得了，但也还杌陧不安，身后的继承人呢，太子忠厚柔仁，只能守成，不能应变。到太子死后，他已是望七高年，太孙不但幼稚，而且比他父亲更不中用，成天和一批腐儒接近，景慕三王，服膺儒术，更非制驭枭雄的角色。他为要使自己安心，要替他儿孙斩除荆棘，便不惜用一切可能的残酷手段，大兴党案，锄杀功臣；又用整顿吏治、乱世用重刑的口实，把内外官吏、地主、豪绅也着实淘汰了一下。锦衣卫的创立和授权，便是负担这个作用。经过几次的大屠杀以后，臣民侧足而立，觉得自己的地位已经安定了，为着缓和太过紧张的空气，洪武二十年（1387），下令焚毁锦衣卫刑具，以系囚付刑部。再隔六年，胡党、蓝党都已杀完，不再感觉到政治上的逼胁了，于是又解除锦衣卫的典诏狱权，诏内外狱毋得上锦衣卫，大小案件都由法司治理，天下从此才算太平了。

和锦衣卫互相表里的一件恶政是廷杖。锦衣卫是明太祖始创的一个杰作，廷杖却是抄袭元朝的。

在元以前，君臣之间的距离还不十分悬绝，三公坐而论道，和皇帝是师友。宋代虽然臣僚在殿廷无坐处，却也礼貌大臣，绝不加以非礼的行为。"士可杀不可辱"这一传统的观念，上下都能体会。蒙古人可不同了，他们根本不了解士的地位，也不能用理论来装饰朝廷的庄严。他们起自马上，生活在马上，政府的臣僚也就是军队的将校，一有过错，拉下来打一顿，打完照旧办事，不论是中央官、地方官，在平时或是在战时，臣僚挨打是家常便饭，甚至中书省的长官，也有在殿廷被杖的记载。明太祖继元而起，虽然一力"复汉官之威仪"，摈弃胡俗胡化，对于杖责大臣这一故事，却习惯地继承下来，著名的例子，亲族被杖死的有朱文正，勋臣被鞭死的有永嘉侯朱亮祖父子，大臣被杖死的有工部尚书薛祥，部曹被廷杖的有茹太素。从此殿陛行杖，习为故事，士大夫不但可杀，而且可辱，君臣之间的距离愈来愈远，"天皇圣明，臣罪当诛"，礼貌固然谈不到，连主奴的恩意也因之而荡然无存了。

这两件事，到后来都为他的儿孙所取法，以为是"祖制"。而且变本加厉，锦衣卫之上又来一个东厂或西厂，或在东西厂之上又加一个内行厂。都由太监提督，连锦衣卫也在被侦缉之列，明人合称为厂卫。使一般士大夫都吓得提心吊胆，常晏起早阖，不敢偶语，骑校过门，如遇大盗。廷杖则去衣受笞，血肉横飞，皇帝用之以钳制言官，阉人用之以诛锄异己。一直到亡国，这个"祖制"才与国同亡。

太祖不但用锦衣卫来侦伺臣下，甚至亲自主持，不管大臣小臣、现任官卸任官，都在被侦伺之列。例如罗复仁官至弘文馆学士，说一口江西话，质直朴素，太祖虽叫他作老实罗，但还是不放心。有一天，忽然一个人跑到罗家，罗家在城边一个小胡同里，复仁正爬在墙上粉刷墙壁，见皇帝来慌了，赶紧叫他女人抱一个小凳子请皇帝坐下。明太祖见他实在穷，不过意，说："贤士岂宜居此！"即刻赏他城中一所房子。宋濂以文辞经术受知为侍从，性格最为诚谨，有一天请客喝酒，太祖也派人侦察，第二天当面问他，昨天喝酒了没有？请的客是谁？备了什么菜？宋濂一五一十老老实实说明，他方释疑，笑说："全对，你没有骗我。"又如吴琳以吏部尚书告休回家，太祖特地派人去暗中察看，见一农人坐小凳，起拔稻苗布田，貌甚端谨，使者前问："此地有吴尚书这人在否？"农人敛手对曰："琳便是。"使者回去告诉，太祖甚是高兴。又如南京各部皂隶都戴漆巾，只有礼部是例外。诸司门前都有门额，只有兵部没有。据说这也是锦衣卫逻卒干的事，因为各机关都常常有专人在秘密侦察。有一天，礼部皂隶睡午觉，被取去漆巾；兵部有一晚未守夜，也被取去门额。发觉后都不敢作声，也就成为典故了。

第四节　皇权的极峰

就整个历史的演进说，皇帝的权力到明太祖可以算是达到了最高峰。

第一，在明太祖以前，在三省制度下，政府的领袖是三省长官（中书省为中书令，门下省为侍中，尚书省为尚书令，唐、宋以来以三省长官官高不除人，多以他官兼任，有同中书门下平章事、同平章事、参知政事等名目），六部属于尚书都省。到元代改三省为一省，明太祖杀胡惟庸后，又废中书省，提高六部的地位，直属于皇帝，皇帝除为国家的元首外，又为事实上的政府领袖，一切庶务都直接由皇帝处理，皇权和相权合一，加上原有的军权、立法权、司法权，举凡人类政治社会中一切权力都集中在一人之手，这种局面是前所未有的。

第二，在明太祖以前，在三省制度下，皇权是有限制的。三省的职权是中书取旨，门下封驳，尚书施行。中书省有中书舍人掌起草诏令，中书省在得到皇帝同意或命令，就由舍人起草，舍人在接得词头（命令大意）后，认为不合的便可以缴还词头，不给起草。在这局面下，皇帝就得改换主意，如坚持不改，虽还可以第二次第三次发下，但舍人仍可以第二次第三次缴还，除非皇帝罢免他的职务，否则还是拒绝起草。门下省有给事中专掌封驳，凡百司奏抄，侍中审定，则先读而署之，以驳正违失。凡制敕宣行，大事复奏而请施行，小事签名颁下。其有不便者，涂窜而奏还，叫作涂归，又称批敕。这制度规定皇帝所颁诏令，得经过两次审查，第一次是中书省专主起草的中书舍人，他认为不合的可以拒绝起草，舍人把诏令草成后，必须经过门下省的第二次审查，由给事中签名副署，才行下到尚书省施行。如被封驳，便当作为罢论。倘两省官都能尽职，坚定地执行他们的职权，便可防止皇帝的过举和政治上的不合法行为。元废门下省，给事中并入中书省，到明废中书省后，中书舍人成为抄录文件的书记，给事中无所隶属，只好兼领谏职，和稽察六部百司之事。皇帝的意志和命令即为法律，任何人都得遵守，直接颁下，虽然给事中还保持有名义上的副署权和封驳权，却本末倒置，以侍从规谏和稽察部司为主。皇权不受任何限制，这也是过去所未有的局面。

第三，在明太祖以前，守法在理论上是皇帝的美德。法有两种：一种是成文法，即历朝所制定的法典；一种是不成文法，普通政治上的相沿传统属之。两者都所以纲纪政事，维持国本。皇帝地位虽高，也不能以喜怒爱憎，凭个人的感情来破法坏法；即使有特殊情形，也必须先经法的制裁，然后运用皇帝的特赦权或特权来补救。著例如汉文帝的幸臣邓通，在帝旁有怠慢之礼，丞相申屠嘉因言朝廷之礼不可以不肃，罢朝坐府中，檄召通到丞相府，不来且斩。通求救于帝，帝令诣嘉，免冠顿首徒跣谢，嘉谓小臣戏殿上，大不敬，当斩，史令行斩之。通顿首，首尽出血不解。文帝预料丞相已把他困辱够了，才遣使向丞相说情，说这是我的弄臣，请你特赦他。通回去见皇帝，哭着说："丞相几杀臣！"又如宋太祖时有朝臣当迁官，太祖素恶其人不与，宰相赵普坚以为请，太祖生气说："我偏不给他迁官，你怎么办？"普说："刑以惩恶，赏以酬功，是古今来的通道。而且刑赏是天下之刑赏，非陛下之刑赏，岂可以个人的喜怒来破坏？"太祖生气极了，不理赵普，竟自走开，赵普也跟着走，太祖走入宫门，普立于宫门口不肯走，太祖没奈何，只好依他。到明太祖，他一方面制定法典叫人遵守，犯法者必死，他自己却法外用刑，在《大诰》里所规定的十种死罪，都出于法典之外。他专凭喜怒杀人，完全不依司法程序。他在政治上的设施也不依成法，自我作古。他的性格，他的权力，和古所未有的地位，使得没有人敢拿法来限制或劝告他。他这种反法坏法的行径，他自己也知道不对，晚年屡次训诫太孙，以自己治乱世当用重刑，以后治平世则当用轻刑，又禁止使用他所常用的种种非刑。洪武二十八年诏："朕起兵惩创奸顽，或法外用刑，本非常典。后嗣止循律典，不许用黥刺、剕、劓、阉割之刑，臣下敢以请者置重典"。自己不守法，却强迫别人守法，皇帝的感情决定人类和社会的命运，这种局面也是前所未有的。

他用残酷的、恐怖的屠杀手段，推翻八百年来的传统政治制度，组织新的分部负责政府，而由自己综揽大权，乾纲独运。又接连不断地兴起大狱，杀了十几万社会上层的领袖人物，利用锦衣卫来侦伺臣民，用廷杖来折磨士气，立"寰中士夫不为君用"之法，强迫知识分子和他合作。在三十年为一世的长期统治下，开国功臣被杀完了，谋臣、策士也非死即被放逐，社会上层的豪绅、地主也被淘汰得差不多了。举国上下都诚惶诚恐，拱手听命。他不但是国家的元首，也是国军的最高统帅，政府的最高负责领袖，同时是最高的立法人和审判官，他有无限的财政支配权，他用学校和科举来造成忠顺的干部，他用里甲轮役的方法来使国民为他服务，他收复了沦陷于外族四百三十年的疆域，他建立了汉族自主的大帝国，他是大明帝国的主人，也是几十个属国和藩国的共主，同时也是历史上伟大的民族英雄之一，有史以来权力最大、地位最高的皇帝。

他统治这帝国三十一年，诚然过于严酷，过于残暴，可是这也有个分野，他用一条线来划分：一边是有势力和有钱的，一边是被欺侮的穷人。他的严酷和残暴，似乎专用以对付"有"的阶级；对于"无"的穷人，他便用另一种态度、另一种方法。

他了解四民之中，农民最劳最苦。当春之时，鸡鸣而起，驱牛秉耒而耕，及苗既种，又须耘耨，炎天赤日，形体憔悴。及至秋成，输官之外，所余无几，一遇水旱虫蝗，则举家皇皇，毫无办法。可是国家的赋税出于农民，力役也出于农民，要使国家富强，必须使农民能够安居乐业。

安抚农民的办法，积极地为农民兴利，消极地为农民除害。

兴利的事业主要的是增产，他在立国后，即下令凡民田五亩至十亩者栽桑麻木棉各半亩，十亩以上倍之。末年又令户部劝谕民间，但有隙地皆令种植桑枣，授以种植法，又益种棉花，蠲其税，使农民的衣的问题得以自给。棉花的种植由此遍于全国，过去平民常服的麻衣，遂渐为棉布所代替。其次是水利，在国初即诏所在地方官，民以水利条上者即具奏。又特谕工部官，凡陂塘湖堰可蓄泄以备水旱者，皆因其地势修治之。分遣国子生及人才遍到全国各处督修水利，凡开塘堰四万九百八十七处。复次是劝导农民合作，就里甲的基础，由户部负责劝谕，一里之间，凡遇婚姻死丧、疾病患难，富者助财，贫者助力，春耕秋获之时，一家无力，百家贷之。每乡里各置木铎，选年老者每月六次持铎徇于道路，每里置一鼓，凡遇农桑时月，晨起击鼓会田所，怠惰者里老督责之，里老不劝督者罚。

除害的事业是天灾的赈免，和贪官污吏的肃清。

太祖定制，凡四方有水患，蠲免赋税。暨年无灾伤，也择地瘠民贫的地方特别优免。凡岁灾尽蠲二税，且贷以米，或赐以米布和钞。又设预备仓，令老人运钞易米以储粟，旱伤州县，如地方官不奏，许者民申诉，处地方官以极刑。二十六年又谕户部，凡岁饥，许地方官先发仓庾存米赈贷，然后奏报，著为令。在位三十多年中，所赐布钞达数百万，米百余万，所蠲租税无数。

地方官贪酷害民者，许人民到京师陈诉，赃至六十两以上者枭首示众，仍剥皮实草。府、州、县、卫之左特立一庙以祀土地，为剥皮之场，名曰皮场庙。官府公坐旁各悬一剥皮实革之袋，使之触目惊心。洪武十八年诏逮各地官吏之为民害者赴京师筑城，官吏有罪，笞以上悉谪凤阳屯田，至万余人。地方官就任都赐予路费，其家属也赐予衣料，使其不致侵渔百姓。考绩以农桑和学校为准。来朝时又特别告诫以天下新定，百姓财力都困，如鸟初飞，木初植，勿拔其羽，勿撼其根。由此，一时地方守令都惴惴畏法，洁己爱民，吏治风气，焕然不变。

洪武一朝，政虐于上，民安于下，恐怖政治的作用，就肃清贪污一点说，是非常成功的，后来的仁、宣之治，就是这时代打的基础。

第五章　家庭生活

第一节　马皇后

说到明太祖的家世，他的祖父原是逃亡的淘金户，父亲是贫农，外祖是巫师。家世寒微，父、祖以上的名讳都记不得。马皇后的父亲马公是宿州人，和郭子兴是好朋友，犯了杀人罪，逃亡到定远，把小女儿托子兴抚养，他的名字也无人知道。一个是亲兵，一个是养女，就家世和身份说，真是门当户对。

至正十二年（1352），郭子兴和他的次妻小张夫人主张，替两人择吉完婚。亲兵升格为元帅赘婿，这婚姻提高了明太祖在军中的身份，被人称为朱公子，对他日后事业的影响很大。这一年明太祖二十五岁，马皇后二十一岁，照那时代的习俗，两人都已过了结婚年龄了。

女人读书识字，在从前只有世代书香的官宦人家才有偶然的例子，马皇后自然不能例外。那时代的女人照例缠足，但她却是天足，原因是：一则淮西地瘠民贫，穷人家妇女都得下田工作，小脚做不得活；二来她是养女，成天要操作，没爹娘替她照顾，长大了也只好听其自然。为了这双脚，十几年后，她做了全国第一个女人，母仪天下时，还被她的臣民所挖苦。有一次，明太祖秘密出外察访，看见墙上一幅漫画，画了一个大脚女人怀里抱着一个西瓜，认为是讥讽他的太太——淮西妇人好大脚。查不出是谁干的，一生气把这条街的人全杀了。

她虽没有受过教育，长得也不大好看，但却是一个好妻子、贤内助。

郭子兴秉性迟疑猜忌，直性不能容人，耳朵软，好听信谗言。明太祖则英断果决，善抚士卒，两人性格不相合，又有人从中挑拨，感情一日比一日坏。当有事时，对明太祖亲信如左右手，等到事情解决，又立刻疏远，不大理会。太祖左右亲信将校谋士逐渐被召离去，兵权也被解除一部分。太祖曲意小心，侍奉愈谨，还是不能消释子兴的疑惧心理。在这种危难情形下，多亏马皇后从中调解，以私蓄和将士所献赂遗给小张夫人，请她在子兴面前说好话，两下里的感情才不致破裂。有一次，太祖被子兴禁闭起来，饿得发昏，马皇后偷偷怀了炊饼救他，把胸口都烫焦。平时也准备了干粮腌肉，宁愿自己挨饿，使丈夫吃饱。太祖渡江，她率将士家属留守和州，克集庆后，和吴、汉战争无虚日，她亲制甲士衣鞋，供给军队。陈友谅入寇，应天形势危急，她尽出宫中金帛犒师。到洪武元年，明太祖即帝位后，册为皇后。

马皇后经过了多年的努力，不但认得字，而且读得书史，替她丈夫管理札记，临时要查问什么事，立刻翻出应用，节省了皇帝不少的精力。明太祖常常对群臣称述她的贤德，比之于芜蒌豆粥、滹沱麦饭，可和历史上的唐长孙皇后媲美，回宫后说起，她说："我怎么敢比长孙皇后？我听说夫妇相保易，君臣相保难；陛下不忘和我同贫贱，也愿不忘和群臣同艰难，始终相保。"

她心地仁慈，明太祖在前殿办事，有时发脾气，回宫后她总是用好话劝谏，太祖虽然严酷，有时也强不过，敷衍一下，救活了无数的人命。朱文正得罪，将置重刑，经她苦劝才不将事情闹大。李文忠守严州时，有人诬告他有异心，也经她极力解释，才得保全。宋濂因孙慎坐胡党，被逮论死，她在太祖前替宋濂求情说："民家替子弟延师，尚且要讲礼貌，全始全终，何况皇帝家的师傅？而且他住在家里，也一定不知情。"太祖不理，到吃饭时，她不喝酒，也不吃肉，说是替宋先生做福事。太祖恻然，也吃不下饭，宋濂才因此得特赦免死，安置茂州。李希颜是一个老学究，规范严峻，被征为诸王师，他还照教蒙童的老办法，诸王有顽皮不听话的，就打额角，诸王哭了，跑到父亲前告诉，太祖一面用手摸儿子，一面生气，正要发作，她又劝说："先生用圣人之道教育我们的儿子，怎么可以生气？"太祖才释然，不把这事挂在心上。吴兴富民沈秀，绰号沈万三，家资富可敌国，他见同时的地主、豪绅，不是被迁徙，就是灭族，自动捐出家产一部分，助筑都城三分之一；后来又自动请求犒军，他本意是想免祸，不料更触忌讳，罪状是以一匹夫而犒赐皇帝的军队，必有阴谋，非杀不可。她又多方劝解，这个全国第一的富翁才得免死充军云南，他的家产当然收归国库。

她平时常劝太祖不要以喜怒加刑赏，赈灾不如先备蓄积，得宝不如得贤，仁厚愈于刻薄。又说："法屡更必弊，法弊则奸生。民数扰必困，民困则乱生。"她注意朝官会食殿廷的饮食，求皇帝使光禄寺改善。替国子监生立红板仓，积粮养活学生的家属。她个人的生活却力崇节俭，穿的衣服直洗到破都不肯换新的。太祖的饮食每次亲自省视，对妃嫔不妒忌，对诸子不偏爱。太祖要访求她的族人做官，她力辞以为爵禄不可私外家，可是每次提到父母早死，都悲哀流涕。

洪武十五年（1382）八月，马皇后病死，年五十一岁。病时怕连累医生得罪，不肯服药。临死还劝太祖求贤纳谏，慎终如始。谥为"孝慈皇后"。太祖恸哭，从此不再立后。义子沐英镇守云南，得到消息，痛哭至于呕血。宫人追念慈爱，作歌追颂她道：

> 我后圣慈，化行家邦。抚我育我，
> 怀德难忘。怀德难忘，于斯万年。毖彼下泉，悠悠苍天！

第二节　一大群儿孙

旧时代的旧习俗，多妻是处高位者应有的特权，皇帝的配偶除正妻为皇后以外，其他妾御有贵妃、妃、嫔等不同名目。多妻的结果是多子，明太祖有二十六子、十六女，孙、曾辈更多得不可胜数。

太祖诸妃，就种族论，有高丽妃，有蒙古妃，汉族的更不用说。就来源论，有初起时掳来的，有出自元宫的，有陈友谅的妃嫔，有即位后用正式法令采选的。内中郭惠妃是他旧主郭子兴次妻小张夫人的女儿。子兴三子：长子先已战死，次子天叙被杀于集庆，三子天爵以天叙枉死，其父旧部尽归太祖，不免怨望，也为太祖所杀。子兴绝后，孤女自然只好做她父亲帐下亲兵的妾媵子。蒙古妃和高丽妃都生有子女，传说明成祖即蒙古妃所生，太祖子孙中有蒙古的、高丽的血统，是毫无问题的。

太祖本人在早年没有机会受到好教育，因之他对诸子的教育特别注意。特建大本堂，取古今图籍充其中，征四方名儒教太子和诸王，分番夜直，选才俊之士充伴读。时时赐宴赋诗，商榷古今，评论文字无虚日。诸子师傅中最重要、最著名的是宋濂，专负责教育皇太子，先后十几年，凡一言一动，皆以礼法讽劝，使归于道，至有关政教和前代兴亡事，必拱手剀切说明，并且指出这事论理应该如此作，不该那样。皇太子也悉心受教，言必称师父。又命博士孔克仁授诸子经，功臣子弟也令入太学读书，太祖把教育的方针指示出来说："人有积金，必求良冶而范之，有美玉必求良工而琢之；至于子弟有美质，不求明师而教之，岂爱子弟不如金玉也？盖师所以模范学者，使之成器，因其材力，各俾造就。朕诸子将有天下国家之责，功臣子弟将有职任之寄。教之之道，当以正心为本，心正则万事皆理矣；苟道之不以其正，为众欲所攻，其害不可胜言。卿等宜辅以实学，毋徒效文士记诵辞章而已。"

学问要紧，德性尤其要紧。学问方面有名儒经师启迪训导，德性方面也要有端人正士来陶镕默化，于是又以梁贞、王仪为太子宾客，秦庸、卢德明、张昌为太子谕德，把职务告诉他们说："范金磐玉，所以成器；尊师重傅，所以成德。朕命卿等辅导太子，必先养其德性，使进于高明。于帝王之道，礼、乐之教，及往古成败之迹，民间稼穑之事，朝夕与之论说，日闻谠言，自无非僻之干。积久以化，他日为政，自然合道"。

到皇太子成年以后，果温文儒雅，俨然是个儒者。太祖对他的第三步教育是政事的实习，洪武十年令自今政事并启太子处分，然后奏闻。他面谕太子道："自古创业之君，历涉勤劳，达人情，周物理，故处事咸当。守成之君，生长富贵，若非平昔练达，少有不谬者。故吾特命尔日临群臣，听断诸司启事，以练习国政。唯仁不失于疏暴，唯明不惑于邪佞，唯勤不溺于安逸，唯断不牵于文法。凡此皆心为权度。吾自有天下以来，未尝暇逸于诸事务，唯恐毫发失当，以负上天付托之意。戴星而朝，夜分而寝，尔所亲见；尔能体而行之，天下之福也。"叫太子学他的勤劳，学他的明断，做一个守成的仁王。

他鉴于前代不立储贰，以致引起家庭惨变和政治危机之失，在为吴王时即立长子为世子，即皇帝后又立为皇太子。他鉴于前代官僚自成系统，和廷臣分开，易生嫌隙之失，以政府重臣兼任东宫官属。他一心一意地用尽思虑，要替国家训练出一个第二代的好皇帝，他的理想的继承人。

洪武二十五年四月，皇太子薨，九月立太子第二子允炆为皇太孙。他对太孙的教育还是和对他父亲一样，也是学问、德性并重，裁决庶务，学习办事的方法。

诸子中，除第九子和第二十六子早殇，第四子燕王后来举兵靖难、篡位为明成祖外，其他二十三子都封王建国。

因为太祖对于教育特别注意，诸子成人后都有所表现。洪武二十六年以后，开国诸将诛夷殆尽，北边对蒙古的防务，就由第二子秦王、第三子晋王、第四子燕王负责，其他封在边境的诸小王也领兵跟着几位长兄巡逻斥堠，校猎沙漠。在文学方面有表现的也有好几个，如第五子周王好学能词赋，著《元宫词》百章；又以国土夷旷，庶草蕃庑，考核其可佐饥馑者四百余种，绘图疏之，名《救荒本草》，对植物学很有贡献。十七子宁王撰《通鉴博论》、《汉唐秘史》、《史断》等著作数十种。八子潭王、十子鲁王、十一子蜀王、十六子庆王都好学礼士。十二子湘王尤文武全才，读书每至夜分，开景元阁，招纳俊乂，日事校雠，志在经国。膂力过人，善弓马刀槊，驰马若飞。在行军时，缥囊载书以随，遇山水胜境，辄徘徊终日。尤善道家言，自号紫虚子。风度襟怀，在诸子中最为杰出。

相反的，不争气的也有两个：一个是十三子代王，早年多过失是不用说了，到晚年头发白了，还带着几个不肖子弟，窄衣秃帽，游行市中，袖锤斧伤人，干些不正经的勾当。末子伊王封在洛阳，年少失教，好武不乐居宫中，时时挟弹露剑，驰逐郊外，奔避不及者手击之，髡裸男女，以为笑乐。

太祖对诸子期望大，管教严，决不姑息。二子秦王以多过失，屡受责备，以皇太子救解，得免废灭。死后他亲谥为"愍"，册文说："哀痛者父子之情，追谥者天下之公。朕封建诸子，以尔年长，首封于秦，期永绥禄位，以藩屏帝室。夫何不良于德，竟殒厥身，其谥曰'愍'"。十子鲁王饵金石，毒发伤目，太祖很不喜欢，死后也追谥为"荒"。八子潭王，王妃於氏父兄都以胡党被杀，被召入朝，夫妇阖宫自焚死。

皇族的禄饷一概由政府支给。洪武九年定诸王、公主岁供之数：亲王米五万石，钞二万五千贯，锦四十匹，纻丝三百匹，纱罗各百匹，绢五百匹，冬夏布各千匹，绵二千两，盐二百引，茶千斤。亲王嫡长子年及十岁，立为王世子，长孙立为世孙。诸子封郡王。郡王嫡长子承袭，诸子封镇国将军，孙辅国将军，曾孙奉国将军，四世孙镇国中尉，五世孙辅国中尉，六世以下皆奉国中尉。帝女封公主，亲王女封郡主，郡主女封县主。凡皇族出生，由政府命名，成人后由国家主婚，一生的生活到死后的丧葬全由国家负担。郡王以下的禄饷照比例递减。到洪武二十八年，皇族人数日益众多，国家财力感觉困难，乃更定为亲王岁禄万石，郡王二千石，以下以次递减。不到两百年工夫，皇族孳生蕃殖，竟到了使国家无法维持的地步。嘉靖四十一年（1562）时统计，全国岁供京师粮四百万石，而诸府禄米凡八百五十三万石。以山西言，存留地方的粮食一百五十二万石，可是宗禄就要二百一十二万石。以河南言，存留八十四万三千石，宗禄却要一百九十二万石。即使把地方经费，不作别用，全数都拿来养活皇族，也还不够一半，只好打折扣和欠支，郡王以上的底数大，还可过好日子，至于以下的就不免饥寒了。政府无法应付，又就原数裁减，再打折扣，国家的预算算是勉强做好，可是皇族疏远的越发无法过活。他们既不能应科举做官，又不许做工、行商，坏皇家的体面，穷极无聊，一部分人便欺骗敲诈，无恶不作，使社会秩序大受影响。同时人数过多，政府照顾不过来，穷皇族无钱贿赂礼部官吏的，不但一辈子没有名字，甚至到头发白了，还不能婚嫁。到明朝末年，政府觉悟到过去的不是办法，才把科举的和政治的大门打开，皇族可以应科举，可以做官，让他们自谋出路。可是太晚了，不久就亡国了。

到明亡时，据不完全的统计，明太祖的直系子孙，有十几万人。

第三节　他的教养和性格

明太祖的出身是穷和尚，起事后和儒生接近。自以出身寒贱，要震炫世人耳目，神道设教，又和几个道士往来，让他们来装点神异。在他的一生中，和尚、儒生、道士，都替他尽了最大的作用。

先就儒家的影响说。

从渡江到建国，在他幕府中的儒生，如：范常、陶安、夏煜、孙炎、杨宪、秦从龙、陈遇、孔克仁、范祖干、叶仪、吴沈、许干、叶瓒玉、胡翰、汪仲山、李公常、戴良、刘基、宋濂等人，都和他朝夕讨论，讲述经史。经过十几年的熏陶和自己的努力，他不但了解经义，不但能写通俗的白话文，并且能作诗，能欣赏文学的优美了。

在未称帝以前，闲时常和儒臣列坐赋诗，范常诗每先成，太祖笑说："老范诗质朴，像他的为人。"初下徽州，朱升请题字，即亲书"梅花初月楼"赐之。和陶安论学术，赐之门帖曰："国朝谋略无双士，翰苑文章第一家。"征陈友谅，过长沙王吴芮祠，见胡闰所题诗，大为爱好。鄱阳湖战胜，和夏煜等草檄赋诗。宋濂喝不得酒，强把他灌醉了，制楚辞以赐，又赐以良马，亲制《白马歌》。

即位后，更加喜欢弄笔墨，毛骐、安然、陶安死，他亲写祭文。桂彦良做晋王傅，又作文送他。宋讷读书，火燎其衣及胁，亲自作文劝诫。张九韶致仕，作文送行。

他会写散文，他主张文章应该明白显易，通道术，达时务。读曾鲁文后，非常高兴，说："读陶凯文后，已起人意；鲁又如此，文运其昌乎！"以刘三吾主考会试，疑有弊，亲撰策问复试。

他喜欢研究音韵，元末《阴氏韵府》是他常读的书。以旧韵出江左，命乐韶凤参考中原正音订定，名《洪武正韵》。他甚至会作赋，和儒臣欢宴大本堂，自作《时雪赋》；亲撰《凤阳皇陵碑》，粗枝大叶，通篇用韵。也会作骈文，徐达初封信国公，亲制诰文说："从予起兵于濠上，先存捧日之心；来兹定鼎于江南，遂作擎天之柱。"末尾说："太公韬略，当宏一统之规；邓禹功名，特立诸侯之上。"俨然是个四六作家了。

对历史尤其熟悉，他尝和太子讨论汉七国反事，太子以为曲在七国，太祖说："这是讲官偏说。景帝做太子时，以博局杀吴王世子，及为帝，又听晁错之说，黜削诸侯，此七国所以反也。"论内官则以为古之宦竖，不过司晨昏而已。自汉邓太后以女主临朝，以阉人为常侍等官，从此权倾人主。读《宋史》见宋太宗改封桩库为内藏库，他批评说："人君以四海为家，因天下之财，供天下之用，何有公私之别！太宗，宋之贤君，亦复如此。他如汉灵帝之西园，唐德宗之琼林大盈库，更不必深责也。"谕翰林张信等以论思为职，则引唐陆贽、崔群、李绛等为训。教官吴从权不知民事，则谕以宋胡瑗教诸生，皆兼时务。到处引征史实，作为当前问题的参考。

对经学，他跟宋濂读《春秋左氏传》、陈南宾读《洪范九畴》。他读蔡氏

《书传》，以其所说象纬运行和朱子《书传》相反，特征宿儒订正。以《孟子》书中有草芥寇仇等不利皇权的民主论调，特命儒臣删去，编为《孟子节文》。他自己的著作有《御注洪范》，多用陈南宾说。

对释教，他在即位后又非常接近，当时用诏旨征东南戒德名僧，在蒋山大开法会，他和群臣去顶礼膜拜。僧徒中有应对称意的，辄赐金襕袈裟衣，召入禁中，赐坐讲论。吴印、华克勤等都还俗做到大官。他以为和尚与尘世绝缘，无所牵涉，寄以心腹，用做耳目，使其侦察官民动静，由此其徒得意横行，谗毁大臣。刘基、徐达之见猜，李善长、周德兴之被谤，都与和尚有关。僧徒恃宠，请立职官，于是改先所置善世院为僧录司，设左右善世、左右阐教、左右讲经、觉义等官，高其品秩。道教也照样设官，度僧、尼、道士至逾数万。他自己并著有《集注金刚经》一卷。

道士替太祖帮忙的有周颠和铁冠子。

周颠十四岁时得了狂疾，在南昌市中乞食，说话语无伦次，人家都叫他为颠。常跑去见长官说："告太平"，无人懂得。太祖克南昌时，他疯头疯脑来见，回南昌又跟回来，一天又来求见，问他何事，又回说："告太平"。太祖腻了，叫人拿铜缸把他盖住，用火烧，等柴炭烧完，打开缸看时，他正在出汗。太祖觉得奇怪，叫他到蒋山寺里住去，过了几天，和尚来说，颠和小沙弥抢饭吃，闹脾气有半个月不吃东西了。太祖去看，一点也看不出他饿，请他大吃一顿，又给关在一间空房子里，一个月不给他东西吃，还是不在乎。这事情传说遍了，诸将争着请他吃酒馔，随吃随吐，只有跟太祖吃饭，才规规矩矩，像个样子，大家都信服了，以为他是仙人。

太祖大举征陈友谅，行前问他，这次如何？说："行"。又问："友谅已经称帝，消灭他怕不容易？"他仰头看天说："天上没有他的座位。"到安庆舟师出发无风，又找人问他，回说："只要走，风就来了。"果然一会儿大风起来，一口气直驶到小孤山。

铁冠子姓张名中，谈祸福多中。佯狂玩世，征陈友谅时也在军中。事先克定南昌解围和大胜的时日。

周颠后来不知所终，时人以为仙去，太祖亲撰《周颠仙人传》记其事。

太祖所常读的道教经典是《道德经》。

太祖利用神道设教的真意，当时即已被人指出。洪武二十一年（1388）解缙上万言书说：

> ……陛下天资至高，合于道微，神怪诞妄，臣知陛下洞瞩之矣。然犹不免所谓神道设教者，臣谓必不然也。一统之舆图已定矣，一时之人心已服矣，一切之奸雄已慑矣，天无变灾，民无患害，圣躬康宁，圣子圣孙，继继绳绳，所谓得真符者矣。何必兴师以取宝为名，谕众以神仙为征应者哉！

果然，一切已都不成问题，从此以后，他对释、道两教的兴趣减低，不再侈谈神异了。

他这狡狯的利用是非常成功的，一直到现在，隔了快六百年了，民间还流行着许多洪武皇帝的神异故事，以为他是真命天子。传说中主要的一个是：天上有二十八宿，轮流下凡做人主；元天历元年（1328），天上娄宿不见，到洪武三十一年（1398），娄宿复明。他所颁发的洪武钱，乡间百姓很看重，以为可给小儿辟邪。他的儿时故事，也最为乡童所乐于传说。

用天命真主之说，来补救他的出身和门第的缺陷，他除利用佛道之外，又巧妙地把元朝诏书的开头，白话文的"长生天气力里，大福荫护助里，皇帝圣旨"，文言的"上天眷命"，改为"奉天承运皇帝诏曰"云云，表示他确是上天所命、应运而生的皇帝。

他是穷措大出身的，对于饮食起居，似乎并不十分奢侈，一般做皇帝的享受，在他是认为满足的。至正二十六年建宫室时，典营缮者打好图样请他看，他把雕琢得太考究的都去掉了。宫殿造成后，朴素无饰，他叫人写了许多可以鉴戒的历史故事和《大学衍义》。有人提议某处产一种很美的石头，可以铺地，他拿节俭的大道理痛切教训了一顿。凡是乘舆服御诸物应该用金的，都用铜代替。他不但自己厉行节俭，对人也是如此。有一次，他看见有一个内侍穿着新靴在雨中行走，一个舍人穿着一套值五百贯的漂亮衣裳，都着着实实地责备了一顿。司天监把元顺帝费尽心机做成的自动宫漏进献，他看了说："废万几之务，用心于此，所谓做无益害有益也。"把它打碎了。陈友谅尝造镂金床，极为工巧，既亡，江西行省以床进，太祖叹曰："此与孟昶七宝溺器何异!"也把它打碎了。

他的父、祖都是贫农,他的思想也彻头彻尾是贫农的保守思想。他只愿安分地省事地保有旧有的一份,决不愿冒险地费力地开拓新鲜的一份。有人告诉他山东有银场可开发,西戎有水银坑,磁州有铁矿,他都不接受,或训斥,或杖责,甚至把提议人充军。

他不喜无谓的恭维,禁止臣下笺文颂美,也不喜欢浮辞虚文,禁止表章四六骈偶。在朝会时不用女乐,在宫廷中不事兴建。

他虽神道设教,自诩神异,却不相信神仙,他告诉宋濂说:"秦始皇、汉武帝好尚神仙,以求长生,卒无所得。假使他们移这份心思来治国,国家怎会不治?以我看来,人君能清心寡欲,使百姓安田里,足衣食,熙熙皞皞而不自知,也就是神仙了。"有道士献长生术,他说:"我所要的是全国人民的长寿和快乐。"置之不理。有人迎合他的心理,学宋朝大中、祥符年间的办法献天书,用上天的意旨证明他是真命天子,他把这人杀了。他也不信祥瑞,洪武二年,有瑞麦一茎三穗和五穗的,群臣称贺,他说:"我做皇帝,只要修德致和,寒暑适宜,就算国家之瑞,倒不在乎以物为瑞。历史上汉武帝获一角兽,产九茎芝,好功生事,使海内空虚。后来宣帝时又有神爵甘露之瑞,都闹得山崩地裂,汉德于是乎衰。由此看来,祥瑞靠不住,灾异却是不可不当心的。"他命令今后四方或有灾异,无论大小,皆令有司,及时飞奏。

他对失败的敌人并不加以侮辱,洪武三年李文忠克应昌,获元主孙买的里八剌,并知元主已死,捷报到南京,百官称贺,太祖命礼部榜示,凡曾经仕元的不必参加称贺。又以元主不战而北走,谥为顺帝,亲自作文致祭。俘虏到京,礼臣请行献俘典礼,以为唐太宗尝行之,太祖说:"唐太宗是待王世充的,若遇隋之子孙,恐不行此礼。元人入主中国,百年之内,生齿甚繁,家给人足,我的祖先,亦预享其太平。"只令服本俗衣入朝。这话虽然具政治作用,使蒙古族消释反感,却也充分表示他的政治家的风度。对以死殉节的敌人则表示钦佩,元将石抹宜孙、福寿、余阙、李黼战死,都为立祠于所守城邑,让后人永远纪念他们的忠烈。对始终不屈的敌人尤其衷心敬礼,扩廓帖木儿拥兵犯边,百战不挠,是他最大最危险的敌人,他却许为天下第一奇男子,以不得臣之为恨。反之,危素是元朝老臣,文章头领,投降后为翰林侍读学士。一天，太祖在东阁，忽听履声橐橐，问："楼上何人？"答是："老臣危素。"太祖说："原来是你！我道是文天祥！既是元朝老臣，何不到和州看守余阙庙去！"这老臣被谪去替元朝死节的忠臣看庙，不一年，就羞愧死了。

他执法极严，令出必行。初起兵时，因粮食不足，下令禁酒，胡大海方统军攻越，其子首犯令，王恺请勿诛以安大海心。太祖说："宁可使大海叛我，不可使法不行。"遂亲杀了他。赵仲中为起兵时勋旧，命守安庆，陈友谅来攻，仲中弃城走，常遇春替他讲情，太祖不许，说："法不行，无以惩后。"还是把他杀了。平章邵荣百战功高，和徐达齐名，也以细故立被诛杀。冯胜攻高邮，城中诈降，胜使康泰等先入城中，高邮人关门尽杀之。太祖召胜还，决大杖十，令步行至高邮。胜愧愤，竟攻克高邮。末年驸马都尉欧阳伦以贩带私茶违犯国法，虽贵为帝婿，也不免赐死。

和历代皇帝比起来，明太祖对于女人算是最不留意的，虽然事实上他有几十个妃妾。在他的著作《大诰》中有过一次极有趣的自白：

> 朕当未定之时，攻城略地，与群雄并驱十有四年余，军中未尝妄将一妇人女子。唯亲下武昌，怒陈友谅擅以兵入境，既破武昌，故有伊妾而归。朕忽然自疑，于斯之为，果色乎？豪乎？智者鉴之！

这一个故事不久便演变成另一个传说，说是陈友谅妻阇氏没入掖廷后，未几生遗腹子潭王，到封国时，阇氏哭告他说：儿父是陈友谅，儿父被杀，国被灭，我被俘辱，忍死待儿成人，儿他日当为父报仇。后来潭王果然举兵造反，太祖遣太傅徐达的儿子去讨伐他，潭王坚闭城门，抱着他的幼儿绕城行走，并取铜牌书其上云："宁见阎王，不见贼王！"因掷于城外，遂举火阖宫尽焚，携其子投隍堑而死。其实这传说是冤枉明太祖的：第一，潭王是达定妃所生，和齐王同胞。第二，陈友谅死于至正二十三年（1363），潭王生于洪武二年（1369），前后相隔六年。第三，潭王因妃父於显坐胡党死，被诏入朝，疑惧自焚，和陈友谅全不相干。

他的理想的模范人物是汉高祖，第一个提醒他的是李善长。

他心目中时时有个汉高祖在，处处事事都以汉高祖自比。他所常读的书是《汉书》，常提到的古帝王是汉高祖。

当灭陈友谅后，兵势日盛，他便取法汉高。他尝和他的幕僚孔克仁闲谈说："秦政暴虐，汉高帝起布衣，以宽大驭群雄，遂为天下主。今群雄蜂起，可是都不知修法度以明军政，此其所以无成也。"说了很是叹息。有一次读《汉书》时，宋濂和孔克仁都在座，太祖问："汉治道不纯者何故？"克仁以为"王道霸道相杂"。太祖又问："谁应负责？"克仁说："责在高祖。"太祖说："不然，高祖创业，遭秦灭学，民憔悴甫苏，礼、乐之事，来不及讲究。孝文为令主，正当制礼作乐，以复三代之旧，乃逡巡未遑，使汉业终于如是。帝王之道，贵不违时。三代之王，有其时而能为之；汉文有其时而不为；周世宗则无其时而为之者也。"又问："汉高祖起布衣而为帝，所操何道？"克仁对说："知人善任使。"太祖说："项羽南面称孤，仁义不施而自矜伐功。高祖知道这毛病，承以柔逊，济以宽仁，所以把他打败。现在豪杰非一，我守江左，任贤抚民，以观天下之变，如徒与角力，一时怕也不容易成功。"

他研究汉高祖的个性和行事最为透彻，在他自己有所作为时，自然有意地或无意地要受汉高祖的影响。举例说，汉高当天下未定，即命萧何营未央宫，他也在南征北伐军未出发前，先建金陵宫阙。汉初徙齐、楚大族昭氏、屈氏、景氏、怀氏、田氏以实关中，他也徙江南富人十四万户于中都。汉初分王子弟，他也分封诸子于各省。汉初赐民爵七大夫以上，他也诏天下富民年八十以上赐爵里士，九十以上赐爵社士。汉高祖醢韩、彭，他也大杀功臣，一杀再杀，杀到后来他的子孙无人可用。

"前王后王，其揆一也"。相隔一千六百年的两位同乡开国皇帝，竟是一脉渊源的师生，也是历史上的趣事。

第四节　晚年的悲哀

明太祖的智力是绝人的，他长于高瞻远瞩，当机立断，在众多谋士将军的意见中，采取最健全的一说。在平定群雄后，他和群臣论取天下大略说："朕遭时丧乱，初起乡土，本图自全。及渡江以来，观群雄所为，徒为生民之患，而张士诚、陈友谅尤为巨蠹，士诚恃富，友谅恃强；朕独无所恃，唯不嗜杀人，布信义，行节俭，与卿等同心共济。初与二寇相持，士诚尤逼近，或谓宜先击之；朕以友谅志骄，士诚器小，志骄则好生事，器小则无远图，故先攻友谅。鄱阳之役，士诚卒不能出姑苏一步，以为之援。向使先攻士诚，浙西负固坚守，友谅必空国而来，吾腹背受敌矣。二寇既除，北定中原，所以先山东，次河洛，止潼关之兵，不遽取秦、陇者，盖扩廓帖木儿、李思齐、张思道皆百战之余，未肯遽下，急之则并力一隅，猝未易定。故出其不意，反旆而北，燕都既举，然后西征，张、李望绝势穷，不战而克。然扩廓犹力抗不屈，向令未下燕都，骤与角力，胜负未可知也。"这是说明他的战略的成功。

在另一个场所，他又说："当元之季，君宴安于上，臣跋扈于下，国用不经，征敛日促，水旱灾荒，频年不绝，天怒人怨，盗贼蜂起，群雄角逐，窃据州郡不得已，起兵欲图自全。及兵力日盛，乃东征西讨，削除渠魁，开拓疆宇。当是时，天下已非元氏有矣。向使元君克畏天命，不自逸豫，其臣各尽乃职，罔敢骄横，天下豪杰曷得乘隙而起？朕取天下于群雄之手，不于元氏之手。"这是说明他的战略之所以成功。

以后，洪武四年的灭夏，十四年的征云南，二十年的定辽东，事前都由他亲授妙算，制敌决胜，事后的抚靖布置，也由他发踪指示，诸将只是奉行而已。

他的励精图治的精神，夙兴夜寐，几十年不懈，在历代帝王中也是屈指可数的。他未明求衣，秉烛治事，全国大小一切事务，都由他一人做最后决定。历史上记载他在某八天中曾处理批阅诸司奏札一千六百六十件，计三千三百九十一事。冗长空洞的奏折，当然容易使他发怒，刑部主事茹太素上万言书，太祖叫人念了，大发脾气，打了一顿，第二晚叫人再念，觉得内中有四件事还有理，五百字已够，因令中书定奏对式，不许繁文乱听。此后读奏札虽然省一点事，可是从中书省废后，六部府院直隶皇帝，政务越发繁忙，他虽然精力过人，拼着命干，毕竟也觉得不济了。

他是赤手起家的，除他自身外，两个哥哥和几个堂房兄弟，都在壬辰起兵那年死去，父系亲属只有亲侄文正一人，真够上"门单户薄"四个字。母族绝后，妻族也绝了，无期功强近之亲。到文正得罪被杀后，诸子都还幼弱，国是未定，一人独踞高位，前后左右，没有一个可以寄托心腹的人。他要撑持着，时刻提防着、警戒着，保卫自己，不使被人暗算。他白天整天紧张，晚上也不得安睡，他把所有的人都假定是敌人，他猜疑人人都对他怀有恶意，雄鸷枭厉的将军想篡位，舞文弄墨的文臣要揽权，咬文嚼字的儒生讽刺他。从他得了大权、做了皇帝以后，他害了猜疑病。

他早年过的是衣食不足的穷苦生活。中年驰驱军中，在兵火喧天、白刃相接的极度紧张的劳苦的生活中，完成了自己的教育。四十岁以后，又操劳于政务，把全副精力整个时间都为国家工作，体力的消耗之外，再加上对人对事的不安，精神永远集中在这一点。他容易暴怒，甚至于失常态，他的性格变得更加残酷，他极少机会微笑，在他的脸盘上，绝无温和的表情，正和他的心中缺少温情一样。他用屠杀来减轻他的不安，他杀一个人或杀一批人，正如他在散步时踢开一块挡路的石头那样轻易。

可惊的是他的精神虽有点失常，他的智力却并不减退。他的大儿子标忠厚仁弱，有点像汉惠帝。他用全副力量来教育他，使这一个候补皇帝将来能继承他，制礼作乐，做一个守成令主。到他五十岁左右的时候，体力有点来不及了，便让他儿子来帮忙，裁决庶务，一来减轻自己的工作，二来也借此机会训练儿子，教他如何做皇帝。可惜的是父子俩性格恰好相反，一个要严，一个要宽，不免引起冲突。老皇帝眼看着下一代不如自己，也只好叹一口气，闷在肚子里。免不了自己动手，大兴党狱，把一些平素不顺眼的和靠不住的文武臣僚，一网杀尽，替他儿子斩除荆棘，将来好做现成皇帝。

好容易皇太子的学业和政治教育都已完成，太祖自以为付托得人，国和家都可绳绳继继，长治久安了。却又变生意外，太子于洪武二十五年（1392）病死，六十五岁的老皇帝受了这致命的打击，伤心的程度是可以想象的。

太子死后，立太子嫡子允炆为皇太孙，才十六岁。

皇太孙仁弱像他的父亲，年龄又小，没有经过历练。太祖虽然也叫他帮自己办事，终是替他发愁，生怕自己一旦死去，诸将、大臣不服这孩子的调度。只好又动辣手，借题目杀了几个将军；又兴蓝案，把他平日所猜疑的、当时战功最高、最了不得的大将蓝玉和他的部将一起杀完，最后连开国元勋仅存的傅友德、冯胜，也无故诛夷，将帅一空。他想这小孙子将来再不会有人来和他为难，做祖父的算是用尽心血了。

他的政治教育，一半出于实际经验，另一半则得之于历史教训。他明白皇位继承是维持帝国和平最重要的制度。皇位继承必须有一个规定的合理的法则，才不致引起家族的纠纷和政变。最合理的法则无过于宗法制度下的嫡长承袭。在皇太子正位后，他要使诸王安分，翼卫中朝，洪武六年命群臣采汉、唐以来藩王善恶可为劝戒者编作一书，名为《昭鉴录》，二十八年又颁布《皇明祖训》条章，把一切做皇帝、做藩王和臣下所应遵守的和不该做的事都详细记载，并定制后代有人要更改祖训的，以奸臣论，杀无赦。他希望用教育、用制度使各藩王忠心于这未来的小皇帝——朱家的族长。

可惜他的心思白用了，第二子秦王、第三子晋王都雄武有英略，见太子仁懦，都有异心，也都被他发觉，要治重罪，亏得太子友爱，尽力解救，方才无事。秦王死于洪武二十八年，晋王死于洪武三十一年，都死在他之前，算是没有出事。他费尽了心机，父子兄弟间却还不免钩心斗角，这对他自然也是一个精神上的打击。

他的猜疑病愈来愈重，成日成年生活在忧疑恐惧之中，体力愈来愈坏，脾气也愈来愈大，体力和精神互相影响。到洪武三十一年（1398），他已达七十一岁的高龄，这年五月间，便病倒在床上，不能动弹，病了整整三十天，终于离开他手创的帝国，离开他的继承人，离开他的臣民，结束了一生的恩怨，安静地死去。

他被葬在南京城外的孝陵，庙号太祖，谥曰"高皇帝"。

死后遗诏说："朕膺天命，三十有一年，忧危积心，日勤不怠，务有益于民。奈起自寒微，无古人之博知，好善恶恶，不及远矣。今得万物自然之理，其奚哀念之有？皇太孙允炆仁明孝友，天下归心，宜登大位，内外文武臣僚同心辅政，以安吾民。""忧危积心"四字真可说是形容他这三十一年生活的最恰当词句。

太孙继立后不久，他的第四子燕王棣果然起兵造反（1399），以靖难为名，建文四年（1402），篡位自立，是为明成祖。离太祖之死，还不到五年。

他的相貌不甚体面，晚年尤其严厉，看着叫人害怕。他曾找了很多画工，给他画像，他都不喜欢。有高手画师把他画得十分逼真，以为一定可以得赏了，他还是不说好。后来有一个聪明画师画得一像，有点像他，却满面温和，充满慈祥。他看了极高兴，还叫传写几本，分赐诸王。他的真像，现在南京城外明孝陵享堂里还有一幅。

附录 朱元璋年表

纪年	公元	元璋年龄	纪 事	
元天顺帝 天历元年	1328 年	1 岁	九月丁丑，元璋生。	
元顺帝 至元三年	1337 年	10 岁	正月，广州增城县民朱光卿反，伪称大金国，旋讨平。 二月，棒胡反于汝宁、信阳，以烧香惑众、妄造妖言作乱，命河南行省左丞庆童讨之。己丑，汝宁献所获棒胡弥勒佛小旗、伪宣敕等。 四月，禁汉人、南人不得执持军器，凡有马者拘入官。同月，合州大足县民韩法师反，自称南朝赵王。同月，惠州归善县民聂秀卿、谭景山等造军器，拜戴甲为定光佛，与朱光卿相结为乱，命江西行省左丞沙的捕之。	
至元四年	1338 年	11 岁	六月，袁州民周子旺反，僭称周王，寻擒获伏诛。漳州路南胜县民李志甫反，围漳城。	

续表

纪年	公元	元璋年龄	纪 事	
至元五年	1339 年	12 岁		四月，申汉人、南人不得执军器弓矢之禁。 十一月，开封杞县人范孟反，伪传帝旨，杀河南平章政事月禄等，已而捕诛之。
至元六年	1340 年	13 岁		五月，禁民间藏军器。
至正元年	1341 年	14 岁		湖广、山东、燕南强盗纵横至三百余处，选官捕之。
至正四年	1344 年	17 岁	是年春，淮北大旱，继以瘟疫，元璋父、母、长兄、次兄皆病死。 秋九月，入皇觉寺为沙弥。一月后，云游淮西颖州一带。	七月，益都县盐徒郭火你赤作乱，上太行，入壶关，至广平，杀兵马指挥，复还益都。
至正五年	1345 年	18 岁		在淮西游方未归。
至正六年	1346 年	19 岁	在淮西。	盗扼李开务之闸河，劫商旅船，官兵不能捕。
至正七年	1347 年	20 岁	在淮西。	四月，临清、广平、滦河、通州等处盗起，遣兵捕之。 十一月，沿江盗起，剽掠无忌，有司莫能禁。
至正八年	1348 年	21 岁	是年底，回皇觉寺。	海宁州、沭阳县等处盗起，遣兵讨之。台州方国珍为乱，聚众海上，命江浙行省参政讨之。
至正九年	1349 年	22 岁		冀宁、平遥等县曹七七反，命刑部郎中讨之。

纪年	公元	元璋年龄	纪　事
至正十年	1350 年	23 岁	方国珍攻温州。
至正十一年	1351 年	24 岁	四月，诏开黄河故道，命贾鲁以工部尚书为总治河防使，发汴梁、大名等十三路民十五万，庐州等戍十八翼军二万，自黄陵冈南达白茅，放于黄固、哈只等口，又自黄陵西至阳青村，合于故道，凡二百八十里有奇。仍命中书右丞玉枢虎儿吐华、同知枢密院事黑厮以兵镇之。五月，颍州刘福通为乱，以红巾为号，陷颍州。韩山童被捕身死，其妻杨氏与子韩林儿在逃。六月，刘福通据朱皋，攻破罗山、真阳、确山，遂攻舞阳、叶县等处。江浙左丞孛罗帖木儿为方国珍所败，元帝遣使招谕方国珍。八月，萧县李二及彭大、赵均用等攻陷徐州。李二号芝麻李，与其党亦以烧香聚众而反。蕲州罗田人徐寿辉与黄州麻城人邹普胜等举兵为乱，以红巾为号。十月，据蕲水为国都，称帝，国号天完，建元治平。

续表

纪年	公元	元璋年龄	纪 事	
至正十二年	1352 年	25 岁	闰三月，元璋投郭子兴部下为兵。	徐寿辉部将陆续陷汉阳、兴国府、武昌、安陆府、沔阳府、江州、岳州、袁州、瑞州、徽州、信州、饶州、杭州。 二月，郭子兴等起兵于濠州。元丞相脱脱征徐州，克之。芝麻李败死，彭大、赵均用奔濠州。答失八都鲁起义兵复襄阳，察罕帖木儿、李思齐同起义兵，屡战有功，元政府各授以官。
至正十三年	1353 年	26 岁	元璋略定远，下滁州。	张士诚陷泰州、高邮，称诚王，国号大周，建元天祐。
至正十四年	1354 年	27 岁	是年在滁州。	元丞相脱脱大败张士诚于高邮，分兵围六合，元璋率兵赴援。元帝削脱脱官爵，安置淮安路，又诏使西行，鸩死于吐蕃境。
元顺帝 至正十五年 宋小明王 龙凤元年	1355 年	28 岁	正月，元璋克和州，奉郭子兴命总诸将。 四月，常遇春归元璋。 五月，廖永安、俞通海以水军降，元璋遂下采石，取太平。小明王命郭天叙为都元帅，张天祐、朱元璋为左右副元帅。 九月，郭、张二帅攻集庆，皆死之，于是子兴部将尽归元璋。	二月，刘福通等迎立韩林儿为皇帝，号小明王，国号宋，建都亳州，建元龙凤。 三月，子兴卒。 十二月，答失八都鲁大败刘福通于太康，遂围亳州，小明王奔安丰。

纪年	公元	元璋年龄	纪 事	
元顺帝 至正十六年 宋小明王 龙凤二年	1356 年	29 岁	二月，元璋攻集庆，下之，改名应天府。遣徐达攻镇江，拔之。六月，邓愈克广德。小明王升元璋为枢密院同佥，不久又升为江南等处行中书省平章。	徐寿辉迁都汉阳。张士诚陷平江，以为国都，改名隆平府。李武、崔德等破潼关。
元顺帝 至正十七年 宋小明王 龙凤三年	1357 年	30 岁	是岁，元璋占据长兴、常州、宁国、江阴、常熟、徽州、池州、扬州等地。	二月，刘福通遣毛贵陷胶州、莱州、益都、滨州。六月，刘福通犯汴梁。关先生、破头潘、冯长舅、沙刘二、王士诚寇晋冀。白不信、大刀敖、李喜喜趋关中。九月，徐寿辉部将倪文俊谋弑其主不果，自汉阳奔黄州，其下陈友谅袭杀之。友谅自称平章。元以张士诚为太尉，方国珍为江浙行省参政，使由海道运粮入都。明玉珍据重庆路。答失八都鲁死，其子孛罗帖木儿代领其众。
元顺帝 至正十八年 宋小明王 龙凤四年	1358 年	31 岁	二月，元璋以康茂才为营田使。十二月，自将攻婺州，下之，改为宁越府。	五月，刘福通陷汴梁，自安丰迎小明王入居之，因以为国都。关先生、破头潘等陷辽州虎林，复陷上都，烧宫阙，转略辽阳。陈友谅陷龙兴路、吉安路。

续表

纪年	公元	元璋年龄	纪 事	
元顺帝 至正十九年 宋小明王 龙凤五年	1359 年	32 岁	元璋兵克诸暨、衢州、处州等地，命宁越府立郡学。 小明王升元璋为仪同三司江南等处行中书省左丞相。	汴都为察罕帖木儿所破，刘福通奉小明王退安丰。 陈友谅以江州为都，迎徐寿辉居之，自称汉王。
元顺帝 至正二十年 宋小明王 龙凤六年	1360 年	33 岁	陈友谅犯应天，元璋大败之，遂复太平。 徐寿辉旧将以袁州降于元璋。	陈友谅陷太平，弑其主徐寿辉而自立，国号大汉，改元大义，遂回驻于江州，遣将陷辰州。 明玉珍闻徐寿辉被弑，自立为陇蜀王，塞瞿塘，不与友谅通。 孛罗帖木儿与察罕帖木儿互相攻杀，元帝下诏调解，皆不听。
元顺帝 至正廿一年 宋小明王 龙凤七年	1361 年	34 岁	元璋击陈友谅于江州，友谅奔回武昌，遂分兵徇南康、建昌、饶州、蕲州、黄州、广济等处，皆下之，又下抚州。 小明王封元璋为吴国公。	
元顺帝 至正廿二年 宋小明王 龙凤八年	1362 年	35 岁	友谅部将胡廷瑞以龙兴降于元璋，改为洪都府。瑞州、吉安、临江相继下。	明玉珍称帝，国号夏，建元天统。 察罕帖木儿死，其子扩廓帖木儿代领其军。

纪年	公元	元璋年龄	纪 事	
元顺帝 至正廿三年 宋小明王 龙凤九年	1363 年	36 岁	张士诚将吕珍攻安丰，元璋自将救之。陈友谅大举攻洪都，围八十五日不下，元璋急撤安丰援兵往救，大战于鄱阳湖，友谅中流矢而死，其子陈理突围奔回武昌，元璋亲往围之。	刘福通已突围，奉小明王居滁州。张士诚自立为吴王，停止运粮至元都。
元顺帝 至正廿四年 宋小明王 龙凤十年	1364 年	37 岁	元璋自立为吴王，建百官。陈理降，汉亡。	孛罗帖木儿举兵向阙，入大都，元帝命为中书右丞相，节制天下兵马。
元顺帝 至正廿五年 宋小明王 龙凤十一年	1365 年	38 岁	元璋以徐达为大将军，规取江北、淮东张士诚之地，先取泰州及高邮。	孛罗帖木儿被杀，扩廓帖木儿代为相，已复令总制关、陕、晋、冀、山东兵马，听便宜从事。
元顺帝 至正廿六年 宋小明王 龙凤十二年	1366 年	39 岁	徐达等下淮安、濠州、宿州、徐州等地，淮东悉入元璋版图。 **五月**，命徐达、常遇春讨张士诚，连下湖州、杭州，大军进围平江。 **十二月**，元璋遣廖永忠迎小明王于滁州，中途沉之于江，宋亡。	李思齐、张良弼等屯兵关中，不服扩廓调度，双方又连兵不已。明玉珍死，其子明升嗣立，改元开熙。

纪年	公元	元璋年龄	纪　事	
元顺帝 至正廿七年	1367 年	40 岁	徐达等执张士诚，吴亡。 元璋命汤和等征方国珍，降之。又以徐达为征虏大将军，北伐中原，胡廷瑞等取福建，杨璟等取广西。徐达等下山东诸郡。	元削扩廓帖木儿兵权，置抚军院，以皇太子总制天下兵马。
元顺帝 至正廿八年 明太祖 洪武元年	1368 年	41 岁	正月，元璋称帝，国号大明，建元洪武，是为明太祖，立世子标为皇太子，妃马氏为皇后。汤和克延平，执陈友定，福建平。 命汤和等以舟师攻取广东，广州守臣降。杨璟等下宝庆、全州、靖江等地。徐达等下汴梁，以应天为南京，开封为北京。 八月，徐达等入元都，改大都曰北平府。保定、真定、怀庆、泽州、潞州相继下。	闰七月，元帝出奔上都。

纪年	公元	元璋年龄	纪　事	
洪武二年	1369 年	42 岁	奉元、凤翔、临洮相继下，李思齐降。 常遇春攻克开平，元帝奔和林。常遇春卒于军。 元军攻大同，李文忠败之。 徐达下庆阳。定内侍官制。编《祖训录》。 定诸王封建之制。	
洪武三年	1370 年	43 岁	命徐达、李文忠等分道北征。李文忠获顺帝孙买的里八剌以归，嗣君北遁。 封诸子为王。 大封功臣。	元顺帝崩，太子嗣立。
洪武四年	1371 年	44 岁	汤和、廖永忠率舟师由西路入川，傅友德率步骑由秦陇伐蜀。 傅友德连下阶州、文州、隆州、绵州。廖永忠克夔州，明升出降，夏亡。 元平章刘益以辽东降。	
洪武五年	1372 年	45 岁	命徐达为征房大将军，出雁门，趋和林，李文忠趋应昌，冯胜取甘肃，征扩廓帖木儿。徐达败绩。 命邓愈征吐蕃。 诏以农桑、学校课有司。	

纪年	公元	元璋年龄	纪 事	
洪武六年	1373 年	46 岁	颁《昭鉴录》，训诫诸王。 扩廓帖木儿犯大同，徐达遣将击败之。 颁定大明律。	
洪武七年	1374 年	47 岁	李文忠、蓝玉大败元兵。遣元皇子买的里八剌北归。	
洪武八年	1375 年	48 岁	诏天下立社学。	元扩廓帖木儿卒。
洪武十年	1377 年	50 岁	以羽林等卫军益秦、晋、燕三府护卫。 邓愈、沐英讨吐蕃，大破之。 命政事启皇太子裁决奏闻。	
洪武十三年	1380 年	53 岁	左丞相胡惟庸以擅权诛，坐其党死者甚众。 废中书省及丞相等官，提高六部官秩。 改大都督府为中、左、右、前、后五军都督府。 燕王棣之国北平。 安置宋濂于茂州，死于道。	
洪武十四年	1381 年	54 岁	命傅友德、蓝玉、沐英征云南。 傅友德等大败元兵于白石江，遂下曲靖，元梁王自杀，云南平。	

纪年	公元	元璋年龄	纪　事	
洪武十五年	1382 年	55 岁	蓝玉、沐英克大理，分兵徇鹤庆、丽江、金齿，俱下。 皇后马氏崩。 置殿阁大学士。	
洪武十六年	1383 年	56 岁	召征南师还，沐英留镇云南。	
洪武十七年	1384 年	57 岁	曹国公李文忠被毒死。 禁内官预外事，敕诸司勿通内官监文移。	
洪武十八年	1385 年	58 岁	魏国公徐达中毒死。 户部侍郎郭桓坐盗官粮诛，死者数万人。	
洪武二十年	1387 年	60 岁	冯胜、傅友德、蓝玉同征纳哈出，冯胜率师出松亭关，下大宁、宽河、会州、富峪四城，纳哈出降，东北平。	
洪武廿三年	1390 年	63 岁	晋王棡、燕王棣率师征元丞相咬住、太尉乃儿不花，颍国公傅友德等皆听节制。齐王榑率师从燕王棣北征，燕王棣师次迤都，咬住等降。韩国公李善长党胡惟庸案发，坐诛，牵连而死者甚众，作《昭示奸党录》布告天下。	

续表

纪年	公元	元璋年龄	纪　事
洪武廿四年	1391年	64岁	天下郡县赋役黄册成。 八月，皇太子巡抚陕西，十一月，还京师。
洪武廿五年	1392年	65岁	皇太子标薨，立长孙允炆为皇太孙。 沐英卒于云南，其子沐春袭封西平侯，镇云南。
洪武廿六年	1393年	66岁	凉国公蓝玉被杀，功臣同死者甚众。 冯胜、傅友德备边北平，其属卫将校悉听晋王、燕王节制，诏二王军务大者始以闻。
洪武廿七年	1394年	67岁	颍国公傅友德坐诛。
洪武廿八年	1395年	68岁	宋国公冯胜坐诛。 谕群臣禁以后法外用刑。嗣君不许置丞相。皇亲唯谋逆不赦，余罪宗亲会议取上裁。法司只许举奏，勿得擅逮。勒诸典章，永为遵守。 八月，秦王樉薨。 颁《皇明祖训》条章于中外，后世有言更祖制者以奸臣论。
洪武卅一年	1398年	71岁	二月，晋王枫薨。 闰五月，太祖崩，年七十一。

纪年	公元	元璋年龄	纪　事	
惠帝 建文元年	1399 年		太孙允炆继位，禁诸王奔丧。 八月，周王橚有罪，废为庶人，徙云南。诏诸王勿得节制文武吏士。湘王柏自焚死。代王桂、齐王榑、岷王楩有罪，废为庶人。燕王棣举兵反，自称靖难之师。谷王橞自宣府奔京师。诏削燕王属籍，以长兴侯耿炳文为征虏大将军讨之。耿炳文与燕兵战于滹沱河，败绩，以曹国公李景隆代之。燕王入大宁，以宁王权及朵颜三卫卒归北平。	
建文二年	1400 年		保定知府叛降燕。李景隆与燕战，败绩，景隆奔德州，复奔济南，燕兵陷德州，攻济南，铁铉、盛庸御之，三月不下。铁铉击败燕兵，遂复德州。燕兵犯济宁，薄东昌，盛庸击败之。	

续表

纪年	公元	元璋年龄	纪 事
建文三年	1401 年		盛庸与燕兵战于夹河,大败之,再战不利。使人谕燕王罢兵,王不奉诏。中官被黜者奔至燕,具言京师空虚,燕王遂决意南下。
建文四年	1402 年		燕兵自馆陶渡河,连陷东阿、汶上、兖州、济阳。陷沛县,薄徐州。燕兵攻宿州,平安追及于淝河,斩其将王真,遇伏败绩,宿州陷。徐辉祖败燕兵于齐眉山,会召还。诸将与燕兵大战于灵璧,败绩。盛庸军溃于淮上,燕兵渡淮趋扬州,扬州降。盛庸败燕兵于浦子口,复战不利,命陈瑄率舟师往援,陈瑄降燕。镇江守将叛降燕。燕兵渡江至龙潭,帝遣使谕割地讲和,不听,燕兵犯金川门,谷王橞、李景隆叛降燕,京师陷。大索齐泰、黄子澄等五十余人,榜其姓名曰奸臣。杀其亲族,坐死者甚众。燕王即皇帝位,复周王橚、齐王榑爵,徙封谷王橞于长沙。论靖难功,封公侯伯有差。

纪年	公元	元璋年龄	纪　事	
成祖 永乐元年	1403 年		代王、岷王各还旧封。以北平为北京顺天府。徙封宁王权于南昌。 代王有罪，削其护卫。 岷王有罪，削护卫。 始命内臣出镇及监京营。	
永乐三年	1405 年		中官郑和率舟师使西洋诸国。	
永乐四年	1406 年		齐王榑有罪，削护卫官属，留之京师。 朱能、沐晟、张辅分道讨安南。 齐王废为庶人。	
永乐五年	1407 年		张辅大败安南兵，擒其王献京师，安南平，置交阯布政司。 郑和还，械至海贼陈祖义等，斩之。	
永乐六年	1408 年		岷王楩复有罪，罢其官属。 郑和再使西洋。	
永乐八年	1410 年		亲征漠北。	
永乐九年	1411 年		郑和还自西洋，献所俘锡兰山国王亚烈苦奈儿并其家属。	
永乐十年	1412 年		郑和复使西洋。 辽王植有罪，削其护卫。	
永乐十二年	1414 年		亲征瓦剌。 废晋王济熿为庶人。	